数字普惠金融丛书 　　　　　　　　　　　　　　　丛书主编 王洪章

基于空间面板模型的数字普惠金融非线性经济效应研究

Nonlinear Economic Effects of
Digital Inclusive Finance Based on Spatial Panel Models

刘柏森 著

东北财经大学出版社
Dongbei University of Finance & Economics Press
大连

图书在版编目（CIP）数据

基于空间面板模型的数字普惠金融非线性经济效应研究 / 刘柏森著. —大连：东北财经
大学出版社，2024.12. —（数字普惠金融丛书）. —ISBN 978-7-5654-5482-0

Ⅰ. F832.1-39

中国国家版本馆 CIP 数据核字第 2024S8S412 号

东北财经大学出版社出版发行

大连市黑石礁尖山街217号　邮政编码　116025

网　　址：http://www.dufep.cn

读者信箱：dufep@dufe.edu.cn

大连图腾彩色印刷有限公司印刷

幅面尺寸：170mm×240mm　字数：265千字　印张：18

2024年12月第1版　　　　2024年12月第1次印刷

责任编辑：刘　佳　　　　责任校对：徐　群

封面设计：张智波　　　　版式设计：原　皓

定价：79.00元

教学支持　售后服务　　联系电话：（0411）84710309

版权所有　侵权必究　　举报电话：（0411）84710523

如有印装质量问题，请联系营销部：（0411）84710711

前　言

随着信息技术的迅猛发展，数字普惠金融作为一种新兴的金融服务模式，正深刻改变着全球金融生态。它通过数字技术，打破了传统金融服务的地域和门槛限制，为小微企业、农民、低收入群体等传统金融服务难以覆盖的群体提供了更加便捷、高效和低成本的金融服务。数字普惠金融的兴起，不仅促进了金融包容性的提升，也为经济增长、产业结构升级、城乡收入差距缩小、居民消费水平提高、对外直接投资增长等方面带来了新的机遇和挑战。然而，数字普惠金融与经济社会发展之间的关系并非简单线性的，而是呈现出复杂的非线性特征。一方面，数字普惠金融的发展可以通过提供多元化的融资渠道、降低融资成本、促进技术创新等途径，直接推动经济增长、产业结构升级、居民消费水平提高、对外直接投资增长；另一方面，数字普惠金融也可以通过改善市场环境、提高资源配置效率、促进信息对称等间接方式，对这些方面产生积极作用。但同时也可能带来金融风险增加、数字鸿沟扩大、技术门槛提高等问题，对经济社会发展产生负面影响。因此，对其经济效应进行深入研究，不仅具有重要的理论价值，也对实践具有指导意义。

为了更深入地理解数字普惠金融的非线性经济效应，本书拟构建半参数空间面板模型，分别从五个方面展开研究。

第一部分是数字普惠金融与经济增长。该部分将分析数字普惠金融发展对经济增长的影响，并探讨其非线性特征。我们将构建半参数空间面板杜宾模型，考虑地区间的空间依赖性和异质性，以便更准确地揭示数字普惠金融对经济增长的影响机制和作用效果。研究结果表明，数字普惠金融的发展对经济增长具有显著的正向非线性动态促进效应，该效应存在阶段性特征和区域差异。

第二部分是数字普惠金融与产业结构升级。该部分将探讨数字普惠金融发展对产业结构升级的影响，并分析其非线性特征。我们将构建半参数空间面板滞后模型，考虑地区间的空间依赖性和异质性，以便更准确地揭示数字普惠金融对产业结构升级的影响机制和作用效果。研究结果表明，数字普惠金融发展对产业结构升级具有显著的正向非线性动态促进效应，该效应存在阶段性特征和区域差异。

第三部分是数字普惠金融与城乡收入差距。该部分将分析数字普惠金融发展对城乡收入差距的影响，并探讨其非线性特征。我们将构建半参数空间面板滞后模型，考虑地区间的空间依赖性和异质性，以便更准确地揭示数字普惠金融对城乡收入差距的影响机制和作用效果。研究结果表明，数字普惠金融发展可以有效缩小城乡收入差距，该效应存在阶段性特征和区域差异，同时也受到其他因素的影响，需要综合施策。

第四部分是数字普惠金融与居民消费。该部分将探讨数字普惠金融发展对居民消费的影响，并分析其非线性特征。我们将构建半参数空间面板误差模型，考虑地区间的空间依赖性和异质性，以便更准确地揭示数字普惠金融对居民消费的影响机制和作用效果。研究结果表明，数字普惠金融发展对于提升居民消费水平具有显著的正向非线性动态促进效应，该效应存在阶段性特征和区域差异。

第五部分是数字普惠金融与对外直接投资。该部分将分析数字普惠金融发展对对外直接投资的影响，并探讨其非线性特征。我们将构建半参数空间面板误差模型，考虑地区间的空间依赖性和异质性，以便更准确地揭示数字普惠金融对对外直接投资的影响机制和作用效果。研究结果表明，数字普惠金融发展对于扩大对外直接投资具有显著的正向非线性动态促进效应，该效应存在阶段性特征和区域差异。

本书的创新之处在于，采用半参数空间面板模型，能够更准确地处理地区间的空间依赖性和异质性，更全面地揭示数字普惠金融的非线性经济效应；分别从五个方面进行深入研究，涵盖了数字普惠金融与经济社会发展各个方面的关系，更加全面地反映其影响；结合实证分析和理论分析，深入探讨数字普惠金融的非线性经济效应的内在机制，为政策制定提供更有针对性的建议。

本书深入阐释了数字普惠金融的非线性经济效应，为政策制定者提供科学依据，推动数字普惠金融与经济社会的协同发展；有助于促进数字普惠金融的健康发展，降低金融风险，缩小数字鸿沟，推动经济高质量发展和共同富裕；为相关领域的学术研究提供新的视角和方法，推动数字普惠金融研究的深入发展。

本书获得辽宁省教育厅基本科研业务费资助（项目批准号：ZZ202423）。本人的硕士研究生参与了文献收集、数据采集与部分章节的写作，其中，卢倩倩参与了第 4 章和第 5 章的数据采集与部分写作，许胜男参与了第 6 章和第 7 章的数据采集与部分写作；此外，本人指导的学生雷浩然、刘玥文和袁蕾参与了本书的校对工作。本书还得到了东北财经大学出版社工作人员的大力支持。在此对所有为本书的成稿与出版付出辛勤劳动的人员致以深深的谢意。

由于本人学识有限，可供使用的资料也有限，本书难免会存在各种不足乃至一些错误，在此深表歉意，也欢迎学界同仁和各位读者不吝赐教。

刘柏森

2024 年 10 月

目　录

第1章 绪论

1.1 研究背景与意义

1.1.1 研究背景

近些年来，我国经济发展呈现出稳健向好的态势，实现了从高速增长向高质量发展的转变。在过去的几十年里，我国经济实力大幅提升，成为了世界第二大经济体。这一成就离不开改革开放政策的推动，以及科技进步、产业结构升级、消费水平提高等多方面的支持。在经济增长方面，虽然近些年来我国经济增速逐渐放缓，但仍保持在世界较高水平。根据国家统计局数据，2010年我国国内生产总值（GDP）为40.12万亿元，而到2020年已增长至101.60万亿元，十年间年平均增长率为7.9%。尽管近年来受到全球经济下行压力、贸易摩擦等因素的影响，我国经济增速有所波动，但总体上看，仍保持了较为稳定的增长态势。在产业结构方面，我国产业结构不断优化，第三产业占比逐年提高。随着消费升级和城镇化进程的推进，第三产业逐渐成为经济增长的重要引擎。根据国家统计局数据，2010年我国第三产业增加值占比为43.1%，而到2020年已增至54.5%。与此同时，高技术产业、绿色产业等新兴产业快速发展，为经济增长注入了新动力。在科技创新方面，我国科技创新能力不断提升，为经济发展提供了强大支撑。近年来，我国加大了科技创新投入，研发经费支出逐年增长。根据世界银行数据，2010 年我国研发经费支出占 GDP 比重为 1.76%，而到 2019 年已提高至 2.24%。在人工智能、5G 通信、新能源等领域，我国取得了世界领先的成果，为经济发展注入了新活力。在区域发展方面，我国区域发展差距逐渐缩小，东部沿海地区与中西部地区的发展水平差距逐渐缩小。在国家政策扶持和各地区自身努力下，中西部地区经济增长速度加快，基础设施不断完善，产业集聚效应逐渐显现。根据国家统计局数据，2010 年中西部地区生产总值增速分别为 12.1% 和 11.1%，高于全国平均水平。在居民消费方面，我国居民消费水平不断提高，消费结构持续优化，消费模式创新加快，为经济增长提供了强大动力。根据国家统计局与国家发展和改革委员会的数据，2021 年全国居民人均消费支出达到 24 100 元，较 2012 年的 12 054 元增加了 12 046 元，年均名义增长率为 8.0%。居民消费结构逐渐从基本生活需求向品质化、个性化方向发展，教育、文化娱乐、健康等发展型和享受型消费支出占比逐年提高。网络购物、在线教育、线上娱乐等新型消费模式迅速崛起，成为居民消费的重要组成部分。我国城乡居民消费差距逐渐缩小，农村居民消费水平不断提高，农村市场潜力逐步释放。对外直接投资方面，根据商务部等部门的统计数据，2022 年中国对外直接投资流量达到 1 631.2 亿美元，为全球第 2 位，连续 11 年位列全球前三；此外，截至 2022 年末，中国对外直接投资存量达 2.75 万亿美元，连续 6 年排名全球前三。总之，近些年来，我国经济发展取得了举世瞩目的成就。在经济增长、产业结构、科技创新、区域发展、居民消费和对外直接投资等方面，我国都取得了显著的成就。

然而，我们也应看到，当前我国经济发展仍面临诸多困难和挑战。在经济发展方面，经济增长速度逐渐放缓。根据国家统计局数据，2022 年我国 GDP 增长率为 5.0%，较过去几十年两位数的增长速度明显下降，这表明我国经济已进入了新常态化，高速增长阶段已结束，面临着增长动力转换和结构调整的压力。在人口老龄化方面，我国人口老龄化问题日益严重。根据第七次全国人口普查数据，2020 年我国 65 岁及以上人口占比达到 13.5%，较 2010 年上升 4.4 个百分点。人口老龄化将导致劳动力供给减少，消费需求减弱，从而对经济增长产生负面影响。在产业结构调整方面，产业结构调整压力较大，产业结构仍存在一定程度的失衡。一方面，钢铁、煤炭等传统产业产能过剩问题突出；另一方面，新兴产业尚未形成足够支撑，新旧动能转换不畅。根据国家统计局数据，2022 年我国粗钢产量为 10.7 亿吨，产能利用率仅为 76.0%。在区域发展方面，区域发展不平衡依旧存在，区域发展仍存在较大差距。东部沿海地区经济发展水平较高，而中西部地区经济发展相对滞后。根据国家统计局数据，2020 年我国东部地区生产总值占比为 53.9%，而中西部地区的地区生产总值占比分别为 20.1% 和 25.8%。在企业创新方面，企业创新能力不足。尽管我国在科技创新方面取得了显著成果，但企业整体创新能力仍然不足，创新效率比较低。根据世界银行统计数据，2019 年我国研发经费支出占 GDP 比重为 2.24%，低于发达国家平均水平，然而企业创新能力的提升对于我国经济转型升级是至关重要的。在城乡收入差距方面，虽然我国城乡收入差距的状况表现出逐渐缩小的趋势，但依然存在一定的差距。根据国家统计局数据，2022 年我国城乡居民人均可支配收入之比为 2.49，较 2010 年的 2.99 有所下降，这表明城乡收入差距在逐年缩小。然而，城乡之间在收入水平、消费能力、教育、医疗等方面仍存在明显差异，农村居民在收入增长、就业机会、社会保障等方面相对滞后。此外，地区间发展不平衡也加剧了城乡收入差距，根据国家统计局数据，2022 年我国东部地区与西部地区城乡收入差距仍较大。

综上所述，我国经济发展面临的问题和困境主要包括增长速度放缓、人口老龄化日趋严重、环境污染与资源约束、产业结构调整压力、区域发展不平衡、企业创新能力不足等。面对这些挑战，我国需要继续深化改革，推动经济高质量发展，实现经济可持续发展。

随着信息技术的迅猛发展和数字化浪潮的席卷，数字普惠金融作为一种新兴的金融服务模式，正在深刻改变着传统金融业的格局，为我国经济发展注入了新的活力。数字普惠金融通过大数据、人工智能、区块链等先进技术的应用，实现了金融服务的普惠化、高效化和智能化，为中小微企业、个体工商户、农村地区及中低收入群体提供了更为便捷、低成本的金融服务，对于促进经济发展、缩小贫富差距、实现社会公平具有重要意义。

1.1.2 研究意义

（1）理论意义

第一，丰富和完善数字普惠金融经济效应的理论体系。现有关于数字普惠金融的研究多集中于其线性经济效应，而忽视了其复杂的非线性特征。本书通过引入半参数空间面板模型，对数字普惠金融在经济增长、产业结构升级、城乡收入差距、居民消费及对外直接投资等多个领域的非线性经济效应进行深入研究，填补了现有理论在这些复杂经济关系非线性分析上的空白。这不仅拓展了数字普惠金融理论的研究边界，还为其经济效应的评估提供了更为精细和科学的工具，有助于构建更加完整、系统的理论框架。

第二，推动计量经济学与金融学理论的交叉融合。空间计量经济学是近年来发展迅速的一个分支，其中，半参数空间面板模型是一种结合了参数空间面板模型和非参数空间面板模型的新型统计模型，具有非常强的数据拟合能力和灵活性，能够有效解决金融数据中的非线性、异方差等问题。本书运用半参数空间面板模型探索数字普惠金融的非线性经济效应，不仅提高了经济效应估计的准确性和可靠性，还促进了计量经济学与金融学在理论层面的深度对话与融合，为两大学科的理论创新提供了新的动力和方向。

第三，深化对非线性经济效应的理解与认识。传统经济学研究往往侧重于线性关系的探讨，而现实经济中存在着大量的非线性现象。本书通过半参数空间面板模型的应用，深入剖析了数字普惠金融在不同经济领域的非线性经济效应，揭示了其作用机制的复杂性和多样性。这有助于我们更加全面、深入地理解经济系统的运行规律，为经济政策的制定提供更加科学的理论依据。

第四，完善区域经济与金融发展的理论体系。本书在探讨数字普惠金融经济效应的过程中，特别关注了其在不同区域间的空间溢出效应和区域差异。这一研究有助于我们更加全面地理解区域经济与金融发展的内在联系和互动机制，为完善区域经济与金融发展的理论体系提供了重要支持。同时，本书的研究成果也为区域政策制定者提供了有益的参考，有助于推动区域经济的均衡与协调发展。

（2）实践意义

第一，为政府决策提供科学指导。本书的研究成果可以为政府制定数字普惠金融相关政策提供有力支持。通过深入分析数字普惠金融在不同经济领域的非线性效应，政府可以更加精准地把握其政策效果，从而制定出更加符合实际、具有针对性的政策措施。这有助于推动数字普惠金融的健康发展，充分发挥其在促进经济增长、优化产业结构、缩小城乡收入差距等方面的积极作用。

第二，促进金融机构的创新与发展。本书的研究成果还可以为金融机构提供有益的参考。金融机构可以根据数字普惠金融的经济效应特征，调整其业务布局，创新金融产品和服务模式，以更好地满足市场需求。同时，金融机构还可以借助本书的研究成果，加强风险管理能力，提高金融服务效率和质量。这有助于金融机构在激烈的市场竞争中保持竞争优势，实现可持续发展。

第三，推动经济社会高质量发展。本书的研究成果对推动经济社会高质量发展具有重要意义。通过深入分析数字普惠金融在经济增长、产业结构升级、城乡收入差距、居民消费及对外直接投资等方面的非线性效应，可以揭示其对经济社会发展的多方面贡献。这有助于我们更加全面地认识数字普惠金融在推动经济社会高质量发展中重要作用，从而进一步加大对其发展的支持力度，推动经济社会实现更加全面、协调、可持续的发展。

第四，促进区域经济的均衡与协调发展。本书通过半参数空间面板模型，揭示了数字普惠金融在不同区域间的空间溢出效应。这意味着，一个地区的数字普惠金融发展不仅能够直接促进当地经济增长和社会进步，还可能通过空间传导机制对周边地区产生积极影响。这种区域间的互动与协同作用，为政府制定区域协调发展战略提供了重要依据。通过优化数字普惠金融的区域布局，可以加强区域间的经济联系与合作，促进资源要素的合理流动与优化配置，从而推动区域经济的均衡与协调发展。

1.2 文献综述

1.2.1 数字普惠金融的相关研究

数字普惠金融的概念是在2016年G20杭州峰会通过的《G20数字普惠金融高级原则》中首次被正式提出的。该原则认为数字普惠金融"泛指一切通过使用数字金融服务以促进普惠金融的行动"。

自数字普惠金融概念被提出后，国内外很多学者对数字普惠金融展开了大量研究，主要侧重于以下几个方面：一是界定数字普惠金融的概念与内涵，二是构建指标体系对数字普惠金融进行测度，三是研究数字普惠金融的空间特征及动态演变，四是探讨哪些因素影响了数字普惠金融的发展。本节将从上述四个方面对文献上关于数字普惠金融的已有研究成果进行归纳总结。

（1）数字普惠金融的概念界定与内涵研究

数字普惠金融的概念界定，是一个非常重要的问题，已有很多学者对该问题进行了广泛研究。数字普惠金融是指通过运用数字技术，如大数据、云计算、区块链等，推动普惠金融的发展，使得金融服务能够更广泛、更深入地覆盖到社会各个阶层和群体，特别是那些传统金融服务难以触及的偏远地区、弱势群体。这一概念的提出，标志着金融服务正逐步向数字化、智能化、个性化方向发展。由于数字普惠金融是基于普惠金融衍生出来的，国内外学者从不同角度均对普惠金融和数字普惠金融的概念进行了阐述。

国外方面，Claessens（2006）首次提出了普惠金融的概念，认为普惠金融是一种容易让弱势群体享受到的金融服务。随着数字技术的不断发展，Chakravarty和Pal等人（2013）进一步将普惠金融与数字技术相结合，提出了数字普惠金融的概念，强调通过数字技术降低金融服务门槛，扩大服务范围。Peric（2015）将数字普惠金融拆分成数字普惠与金融的概念，从数字金融的角度出发，强调其利用数字技术手段促进发展中国家和新兴经济体包容性增长的特点。Gomber等（2017）认为数字普惠金融是基于大数据、区块链等新型技术，其信用体系建设对于完善国家农村信用体系、加强金融机构的风险管理能力具有重要意义，并且能够有效压缩金融服务相关成本，拓宽居民获得金融服务的有效渠道。Naumenkova等（2019）进一步明确数字普惠金融的核心原则和关键，即数字化基础的金融服务方法和远程服务的金融服务方法。Tay等（2022）认为数字普惠金融是指所有社会都可以通过数字方式享受节省成本的金融服务或产品。

国内方面，很多学者在数字普惠金融的概念界定上也进行了积极探索。在早期研究阶段，人们主要关注数字普惠金融的定义和特征，强调其与传统普惠金融的区别。学者们普遍认为，数字普惠金融是普惠金融与数字技术的结合，其核心在于利用数字技术降低金融服务成本，扩大金融服务覆盖面，使更多人能够获得便捷、高效、低成本的金融服务。例如，黄益平和黄卓（2018）认为数字普惠金融是以数字互联网技术为金融服务，相比传统数字金融增加了普惠的内涵。易行健和周利（2018）认为，数字普惠金融是借助数字技术，为传统金融服务难以覆盖的群体提供便捷、高效、安全的金融服务。这一定义突出了数字技术在普惠金融发展中的重要作用。曾燕等（2019）认为数字普惠金融是"数字技术"和"普惠金融"的融合，其核心在于利用数字技术解决普惠金融面临的成本高、效率低、覆盖面窄等问题，利用数字化技术达成普惠金融的目标，从而实现金融服务的普惠性。马聪和彭丹萍（2019）认为，数字普惠金融是利用数字技术，尤其是互联网、大数据、云计算等现代信息技术，为传统金融服务难以覆盖的群体，如农村、偏远地区、小微企业等，提供便捷、高效、低成本的金融服务。

在早期研究的基础上，国内学者们还进一步从不同维度探讨了数字普惠金融的本质和内涵。郑美华（2019）从金融可得性的角度出发，认为数字科技结合普惠金融可以产生单纯的传统金融或数字金融难以实现的服务形式。她指出，数字普惠金融能够通过大数据、云计算、人工智能等技术手段，实现精准的信用评估、风险控制、产品设计等，从而为更多群体提供合适的金融服务。张正平等（2019）进一步强调，数字普惠金融不仅关注金融服务的覆盖范围，更强调服务的质量和效率，通过技术手段提升金融服务的精准性和个性化。白志红（2020）在其研究中指出，与普惠金融相比，数字普惠金融在业务模式、技术发展和风险防范等方面都具有显著特点，如业务模式多样化、技术发展便捷化与精密化、风险防范需高效化等。这些特点使得数字普惠金融能够更好地满足各类群体的金融需求。张嘉怡和胡志明（2022）认为，数字普惠金融是指通过数字技术，特别是互联网、大数据、云计算等现代信息技术，推动金融服务向更广泛的人群和地区延伸，实现金融服务的普及化、均等化和低成本化。这一概念强调了数字技术在普惠金融发展中的核心作用，以及金融服务普及化的目标。王耕南等（2022）则从更宏观的角度定义了数字普惠金融，他们认为数字普惠金融是金融体系与数字技术深度融合的产物，通过创新金融产品和服务模式，提高金融服务的可获得性和便捷性，满足多元化、个性化的金融需求。这一定义突出了数字普惠金融在金融体系中的创新性和服务性。

大量学者对于数字普惠金融的内涵与特征也进行了深入探讨。数字普惠金融强调"普"和"惠"，即服务对象广泛，准入门槛低，服务成本低，并能有效解决传统普惠金融面临的效率低、覆盖面窄等问题。由此可见，数字普惠金融的内涵特征主要体现在以下几个方面：一是服务对象，二是服务内容，三是服务方式，四是服务目标。

首先，在服务对象上，数字普惠金融的目标群体主要包括小微企业、低收入群体、农村居民等传统金融体系难以覆盖的群体。小微企业由于规模小、抵押物不足等原因，难以获得传统金融机构的贷款支持。低收入群体由于收入水平低、信用记录缺乏等原因，也难以获得传统金融机构的金融服务。农村居民由于地处偏远、信息不对称等原因，也难以获得传统金融机构的金融服务。数字普惠金融通过利用数字技术降低金融服务成本，扩大金融服务覆盖面，能够有效解决这些问题，为这些群体提供便捷、高效、低成本的金融服务（周小川，2016；黄益平和黄卓，2018；吴金旺和顾洲一，2018；邹新月和王旺，2020；刘喆，2022）。

其次，在服务内容上，数字普惠金融提供的服务内容主要包括支付、信贷、投资、保险、理财等传统金融服务，以及基于数字技术的创新金融服务，如移动支付、网络借贷、区块链金融等。支付服务是数字普惠金融的基础服务，通过移动支付、二维码支付等方式，让更多人能够非常方便地进行支付结算。信贷服务是数字普惠金融的核心服务，通过网络借贷、小额信贷等方式，为小微企业和低收入群体提供资金支持。投资服务是数字普惠金融的重要服务，通过互联网理财、P2P投资等方式，为更多人提供投资渠道。保险服务是数字普惠金融的保障服务，通过互联网保险、互助保险等方式，为更多人提供风险保障。区块链金融是数字普惠金融的创新服务，通过区块链技术实现，信息透明、安全可靠，为金融交易提供新的解决方案（白志红，2020；林胜等，

2020；周璐瑶，2022）。

再次，在服务方式上，数字普惠金融主要通过互联网、移动终端等数字渠道提供服务，打破时空限制，降低服务成本，提高服务效率。互联网是数字普惠金融的主要渠道，通过互联网平台，可以提供各种金融服务，如支付、信贷、投资、保险、理财等。移动终端是数字普惠金融的重要渠道，通过手机APP、微信小程序等方式，可以方便地进行支付、查询、申请贷款等操作。此外，数字普惠金融还可以通过自助终端、POS机等设备提供服务，满足不同群体的服务需求（宋晓玲，2017；黄益平和黄卓，2018；邹新月和王旺，2020；李牧辰和封思贤，2020）。

最后，在服务目标上，数字普惠金融的目标是实现金融服务的普惠性，让更多人能够获得便捷、高效、低成本的金融服务，促进经济发展和社会公平。普惠性是数字普惠金融的核心目标，也是其区别于传统金融的本质特征。数字普惠金融通过降低服务成本、扩大服务覆盖面、提高服务效率等方式，能够有效解决普惠金融面临的难题，让更多人能够获得金融服务，从而促进经济发展和社会公平。例如，小微企业通过获得数字普惠金融的贷款支持，能够扩大生产规模、提高经营效益，从而创造更多就业机会，促进经济增长；低收入群体通过获得数字普惠金融的金融服务，能够提高生活水平、改善生活质量，从而缩小贫富差距，促进社会公平（贝多广和李焰，2017；林淼，2018；林玲，2021）。

（2）数字普惠金融的指标体系构建及测度研究

在数字普惠金融指标体系的构建方面，国内外很多学者从不同角度进行了深入探讨和研究。国外方面，Sarma和Pais（2011）较早地提出了包含金融服务的可接触性、使用性和效用性三个维度的普惠金融指标体系，为后来的研究提供了重要参考。随后，Chakravarty和Pal（2013）在Sarma和Pais（2011）的研究工作基础上，引入了包容性参数，进一步丰富了普惠金融指标体系的内涵。国际货币基金组织（IMF）在构建金融包容性指数时，加入了移动支付、电子银行等数字金融服务的指标，以反映数字普惠金融的发展水平。这些研究为数字普惠金融指标体系的构建提供了理论基础和框架指导。国内方面，很多学者们结合中国实际情况，对数字普惠金融指标体系进行了本土化研究，其中，最具代表性的是《G20普惠金融指标体系升级版》，该指标体系从金融服务的可得性、使用情况、金融产品和服务的质量三个维度出发，构建了包括数字金融服务在内的35个具体指标。该指标体系不仅涵盖了传统金融服务，还充分考虑了数字金融的发展特点，为全面评估普惠金融发展水平提供了有力工具。郭峰等（2020）利用蚂蚁金服的海量数据，从覆盖广度、使用深度和数字化程度三个维度方面评估了我国省、市、县三个层面的数字普惠金融发展水平。他们构建的指标体系具有数据样本广泛、评估结果客观等特点，已被大量学者所采用。

此外，国内很多学者还基于不同的研究目的和数据来源，构建了各具特色的数字普惠金融指标体系。例如，焦瑾璞等（2015）基于金融服务的可得性、使用情况和服务质量三个维度，构建了包含19个指标的普惠金融指标体系，并测度了2013年中国各省份①的普惠金融发展情况。这一指标体系为后续的研究提供了重要的参考。张雪玲和焦月霞（2017）基于数字经济的定义，构建了包含基础设施、初高级应用、电子商务和技术发展五个维度共19个指标的衡量体系，更加全面地反映了数字普惠金融的发展水平。陆凤芝等（2017）以熵值法为研究基础，对数字普惠金融发展指数进行测量与评价，构建了包括金融服务渗透性、金融服务使用性、金融服务便利性等在内的多维度指标体系。这一指标体系不仅涵盖了数字普惠金融的多个方面，而且具有较强的可操作性和实用性。孙璐璐（2019）在构建兰考县数字普惠金融指标体系时，创新性地纳入了信用体系建设这一指标，为县域数字普惠金融的发展提供了新的思路。吴庆田和王倩（2020）在测度江苏县域金融发展水平时，构建了具有地域特色的数字普惠金融指标体系，该指标体系在已有研究的基础上，进一步拓展了指标体系的维度，并加入了创新、绿色投资等相关指标，以适应数字经济时代的发展要求。冯兴元等（2021）采用网商银行全国县域业务数据与县域统计数据，利用多层指标权重专家打分法，制定了包含服务广度、深度和质量三个维度共

---

① 本书中的各省或各省份包括了相关省、自治区和直辖市。

29个具体指标的指标体系。这一研究不仅涵盖了数字普惠金融的多个方面，而且通过具体的数据分析，揭示了不同地区数字普惠金融发展的差异和趋势。这些研究不仅丰富了数字普惠金融的测度方法，也为政策制定提供了科学依据。

在数字普惠金融测度方法方面，学者们主要运用综合评价法、层次分析法、熵值法等理论方法，对数字普惠金融发展水平进行测度。其中，综合评价法强调从多个角度、多个指标对研究对象进行综合评价；层次分析法通过将复杂问题分解为若干层次和因素，进行定性和定量分析；熵值法则根据指标数据自身的信息特征来确定权重，避免了主观因素的干扰。例如，张珩等（2017）运用层次分析法，从透明度、使用度、效用度、承受度四个维度出发，选取了14个具体指标对数字普惠金融服务水平进行了测度与分析；陆凤芝等（2017）利用熵值法对普惠金融指数进行了测度，通过对比不同年份的数据，分析了普惠金融的发展趋势；张龙耀和邢朝辉（2021）基于Sarma和Pais（2011）的研究工作衡量了中国农村数字普惠金融水平，并研究了其在农村地区的分布情况和异质性，该方法能够直观地反映数字普惠金融的整体发展状况，但指标体系的构建和权重的确定需要综合考虑多种因素。

其他的测度方法还包括统计分析法和空间计量法，其中，统计分析法是通过收集和分析相关数据来揭示数字普惠金融发展规律的一种方法，而空间计量法是在考虑空间相关性的基础上对数字普惠金融进行测度的一种方法，该方法能够揭示数字普惠金融发展的空间分布规律和影响因素，为政策制定提供有针对性的建议。例如，张晓玫等（2021）通过爬虫技术搜集了行政法规、地方性法规和规章文件中的"普惠金融"关键词信息，并据此构建了普惠金融政策指数，该方法能够深入挖掘数字普惠金融发展的政策环境和社会背景，但需要处理大量的非结构化数据；安博文等（2021）借助空间计量模型分析了新疆数字普惠金融发展的影响因素问题，发现城市化水平、政府财政干预等因素对其具有显著影响。

（3）数字普惠金融的空间特征及动态演变研究

随着信息技术的飞速发展，数字普惠金融作为一种新型的金融服务模式，在全球范围内得到了广泛的关注。数字普惠金融通过降低金融服务的门槛，拓宽金融服务的覆盖范围，对促进地区经济发展、减少贫困、缩小城乡差距具有重要意义。其不仅提高了金融服务的覆盖率和可及性，还有效促进了金融包容性和经济发展。然而，由于各地区经济发展水平、基础设施、政策支持等因素存在差异，数字普惠金融在发展过程中表现出了明显的空间特征和动态变化。近年来，国内外很多学者对数字普惠金融的空间特征及动态演变进行了广泛而深入的研究。

首先是数字普惠金融的空间特征。近年来，学者们对数字普惠金融的空间特征进行了广泛的研究。一方面，学者们探讨了数字普惠金融的空间集聚现象。研究发现，数字普惠金融的发展往往呈现出一定的空间集聚性，即数字金融服务资源更倾向往特定地区或城市集中。这种集聚现象有利于形成规模效应和协同效应，促进数字普惠金融的快速发展。例如，张宇和赵敏（2017）通过实证研究发现，数字普惠金融的发展具有显著的空间集聚特征，且这种集聚效应能够促进区域经济增长和金融创新。同时，该研究还指出，政府政策、基础设施建设等因素对数字普惠金融的空间集聚效应具有重要影响。梁榜和张建华（2020）基于地级市层面的数据，利用空间计量模型和收敛性模型进行分析后发现，中国城市的数字普惠金融发展具有明显的空间依赖性，并且数据分区域存在收敛性。这一研究揭示了数字普惠金融发展的空间集聚性，以及周边地区数字普惠金融发展水平的提高对本地数字普惠金融的正向空间溢出效应。宋玉茹（2022）从区域空间分布的角度出发，指出数字普惠金融的覆盖广度和使用深度均具有"正向集聚"的特征。这一特征表现为数字普惠金融发展较好的地区往往能够带动周边地区数字普惠金融的发展，形成区域性的金融集聚效应。另一方面，学者们还关注了数字普惠金融在不同地区的发展差异。他们通过对比分析发现，经济发达地区的数字普惠金融发展水平普遍较高，而经济欠发达地区则相对较低。这种差异不仅体现在数字金融服务的普及率上，还体现在服务质量、服务创新等方面。方蕾和粟芳（2017）的研究发现，中国普惠金融的发展在区域间存在显著的差异，东部沿海地区的数字普惠金融发展水平普遍高于中西部地区。这种不均衡性不仅体现在金融机构的数量和密度上，还体现在金融服务的覆盖率和渗透率上。陆凤芝等（2017）通过构建数字普惠金融指数，分析了中国数字普惠金融的空间分布特征，发现其在地域上呈现出东高西低的格局，且与城市化水平、经济发展水平等因素密切相关。谢佳芳（2019）利用 Theil 指数分析了 2011—2015 年我国数字普惠金融的区域差异，发现东中西三大区域间没有显著差异，但各个区域内省会城市和其他城市之间存在较大差异。这一发现揭示了数字普惠金融发展的不平衡性，并指出这种不平衡主要是区域内发展不平衡的结果。张德钢和朱旭森（2020）从我国九大城市群入手，分析了城市群建设对数字普惠金融影响的区域差异、分布动态及收敛机制，他们发现不同城市群之间数字普惠金融发展水平存在显著差异，且这种差异在动态演进中呈现出不同的趋势。王善高等（2022）也指出我国数字普惠金融发展存在显著的区域差异，具体表现为东高、中次、西低逐级递减的全域格局。焦云霞（2022）采用 Theil 指数测度了区域间数字普惠金融发展的空间不平衡性，并通过 QAP 方法对其成因进行了探究。研究发现，不同区域间的数字普惠金融发展水平存在明显差异，且这种差异受到多种因素的影响，包括经济发展水平、政策环境、人口结构等。

其次是数字普惠金融的动态演变情况。学者们通过时间序列分析、面板数据分析等方法，对数字普惠金融的动态演变趋势进行了深入研究。一些学者通过构建时间序列数据模型，利用计量经济学方法，对数字普惠金融的动态演变趋势进行了实证分析，分析了数字普惠金融的发展趋势和演变规律。研究发现我国数字普惠金融呈现出快速增长的态势，且增长速度在不同时间段内呈现出一定的波动性。例如，黄益平和黄卓（2018）基于中国数字普惠金融指数，分析了其近年来的变化趋势，并指出随着移动支付、互联网理财等新型金融业态的兴起，数字普惠金融正在逐步向更深层次的金融服务领域渗透。吴金旺和顾洲一（2019）引入函数型数据分析方法，对长三角地区数字普惠金融的发展及区域差异进行研究，发现该地区数字普惠金融差异呈现缩小的趋势。这一趋势表明，随着时间的推移和政策的推动，数字普惠金融的区域差异将逐渐缩小，实现更加均衡的发展。林春等（2019）以及沈丽等（2019）则发现，我国数字普惠金融整体上处于较低水平，东、中、西部地区的数字普惠金融发展水平虽然呈现出下降趋势，但各地区之间数字普惠金融的演进趋势存在显著的异质性。傅利福等（2021）则运用广义 Bonferroni 曲线测量社会包容度，并结合面板数据模型，评估了数字普惠金融服务的有效性及其动态演变趋势。高昕和李国权（2022）则对中部地区数字普惠金融的时空演进与发展趋势进行了实证分析，发现中部地区数字普惠金融发展水平整体呈上升趋势，但省际差异仍较大。

还有一些学者研究了数字普惠金融动态演变的内在机制。他们从技术创新、政策环境、市场需求等方面分析了数字普惠金融动态演变的动因，认为技术创新是推动数字普惠金融发展的关键因素，政策环境和市场需求则对数字普惠金融的发展起到了重要的支撑作用。例如，杜强和潘怡（2016）构建面板数据模型，通过比较不同区域数字普惠金融的发展速度和差异发现，区域是影响中国普惠金融发展的显著因素之一，东部地区的发展速度明显快于中西部地区。安博文等（2021）以及任海军和王艺璇（2021）的研究均强调了政府干预在数字普惠金融发展中的重要作用。他们发现政府财政干预、人口受教育程度、政府支持程度等因素均与数字普惠金融的发展效率呈正相关关系。这表明政府在推动数字普惠金融发展中具有不可或缺的作用。朱兵（2021）的研究表明，科技进步是推动数字普惠金融发展的关键因素。该研究通过实证分析发现，科技进步对数字普惠金融的影响最为显著，而地方政府政策和金融市场发展的影响在东部地区并不显著。这一发现强调了科技进步在数字普惠金融发展中的核心作用，为提升金融服务效率提供了新思路。

（4）数字普惠金融的影响因素研究

数字普惠金融作为一种新型的金融服务模式，对促进金融包容性、缩小贫富差距、推动经济发展具有重要意义。然而，数字普惠金融的发展受多种因素的影响，这些因素既涉及经济、社会、科技层面，也与政府政策、金融市场发展、自然资源禀赋等因素紧密相关。文献中很多学者对数字普惠金融的影响因素问题进行了广泛而深入的研究。归纳起来，这些影响因素主要包括：经济发展水平、互联网的普及程度、教育水平、政府支持、金融基础设施等。

经济发展水平是影响数字普惠金融发展的关键因素之一。研究发现，经济发展水平与数字普惠金融发展呈正相关关系，经济发展水平越高，对金融服务的需求越大，数字普惠金融发展越快。例如，葛和平和朱卉雯（2018）通过构建动态面板模型，发现经济发展对数字普惠金融至关重要，但两者之间并非简单的线性关系，而是形似"U"形曲线，并指出只有当经济发展超过某一阈值时，其对数字普惠金融的正向作用才会日益显现。葛和平和毛毅翀（2019）同样也发现区域经济将对数字普惠金融发展产生影响，两者之间呈现出倒"U"形曲线的关系。蒋庆正等（2019）的研究则发现数字普惠金融发展与城镇化水平、经济发展呈正相关，人均收入水平与农村地区数字普惠金融水平呈正相关且在各因素中重要性最大。

互联网的普及程度对数字普惠金融发展具有重要影响。研究发现，互联网使用情况、信息化水平、"互联网+"等与数字普惠金融呈显著的正相关关系，互联网普及程度越高，数字普惠金融发展越快。例如，吴金旺等（2018）通过研究发现互联网的快速发展为普惠金融的数字化建设搭建了平台，新兴"互联网+"产业对数字普惠金融的发展具有显著促进作用并在其中占主导地位。葛和平和朱卉雯（2018）通过研究发现人口密度的增长、金融知识普及和互联网覆盖率的提升是推动数字普惠金融发展的正面因素，此外，互联网使用情况、信息化水平、"互联网+"的推广等都与数字普惠金融呈显著的正相关关系。胡锦娟（2019）基于 GMM 模型，认为"互联网+"指数对数字普惠金融的影响最大，其次是政府干预、金融教育政策和经济发展。

教育水平对数字普惠金融发展具有显著促进作用。研究发现，教育水平越高，居民金融素养越高，数字普惠金融发展越快，特别地，农村居民的教育水平以及金融知识储备对农村数字普惠金融的长远发展更有意义。例如，蒋庆正等（2019）通过研究发现，我国农村居民收入水平、城镇化水平和受教育程度是数字普惠金融腾飞的关键助力。王露露（2021）从三维层面通过实证分析得出，数字普惠金融是糅合在一起的，且具有分布不均衡的特征，地区的人口密度与其经济发达程度对普惠金融具有显著的促进作用，而地区第二产业在产业结构中的比重对其有着显著的抑制作用，同时，地区教育程度和传统金融体系的发展对其也具有显著的作用。任海军和王艺璇（2021）则认为人口受教育程度、第一产业发展水平以及政府支持程度均与数字普惠金融的发展效率呈正相关关系，而城乡收入差距、互联网发展水平与数字普惠金融的发展效率呈负相关关系。

政府支持对数字普惠金融发展具有重要推动作用。研究发现，政府干预、财政支出、金融教育政策等对数字普惠金融发展具有显著的正向影响。政府支持力度越大，数字普惠金融发展越快。例如，张宇和赵敏（2017）指出政府对农村金融的支持作用至关重要，不仅能营造良好的普惠金融发展氛围，而且能很大力度上促进农村金融机构的发展。胡锦娟（2019）基于中国31个省（自治区、直辖市）级面板数据，得出政府干预、金融教育政策和经济发展对数字普惠金融的发展有持续而明显的积极影响。李欣和李福平（2021）采用准自然实验的方法，借助双重差分模型实证分析了交通规划对数字普惠金融及其异质性的影响，结果表明推进交通基础设施建设对区域数字普惠金融的发展具有正向作用。王耕南等（2022）以珠三角地区为研究对象，指出地方财政支出具有导向作用，对数字普惠金融发展会产生显著正向影响。

金融基础设施对数字普惠金融发展具有重要支撑作用。研究发现，金融机构的数字化转型、金融产品和服务创新等对数字普惠金融发展具有积极影响。金融基础设施越完善，数字普惠金融发展越快。例如，张珩等（2017）通过实证分析，指出陕西省农村信用社普惠金融的发展受到投资环境、产业结构布局、市场竞争态势、政府财政投入以及城乡收入差距等多重因素的影响。陈银娥等（2020）借助时空地理加权回归模型的研究，发现农村金融环境的优化、农村经济的稳步发展、投资环境的改善以及城乡发展的协调性等因素，与普惠金融的推进呈现明显的正相关关系。

此外，很多学者还发现，外商直接投资、城镇化水平、收入水平、城乡收入差距、金融意识、金融素养等这些因素也对数字普惠金融发展存在一定的影响。例如，崔治文等（2016）选取了甘肃14个市和州，收集了它们在2007—2014年的相关数据，研究了甘肃省普惠金融的发展情况，并利用回归模型实证检验了影响甘肃各市州普惠金融发展的因素。研究结果发现，收入水平与普惠金融发展呈正相关关系。蒋庆正等（2019）研究了我国农村地区数字普惠金融的发展水平及影响因素，认为农村地区数字普惠金融的发展受城镇化水平、教育水平以及收入水平的正向影响。其中，城镇化水平和人均收入水平对数字普惠金融的影响最为显著，同时少数民族人口占比、存款贷款比例等因素与农村数字普惠金融发展水平呈现出反向变动关系。王媛媛和韩瑞栋（2021）利用双重差分模型和 PSM-DID 方法实证检验了新型城镇化对数字普惠金融的影响，认为城镇化建设会显著推动数字普惠金融的发展，其中创新发挥了中介作用。张嘉怡和胡志明（2022）认为外商直接投资在为区域经济发展带来资本支持的同时，也从知识溢出、先进技术和管理理念等多条路径促进了数字普惠金融的发展，其中，政府支持可以引导外商直接投资。

1.2.2 数字普惠金融与经济增长的相关研究

随着数字技术的飞速发展，数字普惠金融作为金融服务普及化的重要手段，通过提高金融服务的覆盖面和可得性，促进了金融资源的优化配置，进而对经济增长产生深远影响。近年来，国内外学者围绕"数字普惠金融与经济增长"这一主题进行了广泛而深入的研究，形成了丰富的理论成果和实践经验。本节将从下述几个方面来梳理该领域已有研究成果，并总结其研究内容，为进一步的研究提供理论支撑和实证参考：数字普惠金融对经济增长的总体影响、数字普惠金融对经济增长的影响机制分析、数字普惠金融对经济增长影响的空间效应与区域异质性、数字普惠金融与技术创新和创业活动的关系、数字普惠金融与包容性经济增长。

首先是数字普惠金融对经济增长的总体影响。很多学者通过实证研究发现，数字普惠金融能够通过其独特的技术优势和服务模式，有效地推动经济增长，并成为经济增长的新动力。例如，刘亦文等（2018）通过面板门槛模型实证分析发现，普惠金融对经济增长存在双门槛效应，整体表现为积极的促进作用。詹韵秋（2018）基于省域面板数据，运用系统 GMM 模型进行实证分析发现，数字普惠金融对经济增长质量具有显著促进作用。此外，该研究还发现，数字普惠金融与经济增长数量之间存在"U"形关系，与经济增长质量之间存在倒"U"形关系。这表明在数字普惠金融发展的初期阶段，其对经济增长数量的影响可能并不显著，甚至可能产生抑制作用；但随着数字普惠金融的深入发展，其对经济增长质量的促进作用逐渐显现。叶大清（2018）认为数字金融与经济增长质量之间的关系是相互促进、融合发展的。他们指出数字金融的发展可以提高金融服务的效率和覆盖面，进而促进经济增长；同时，经济增长也会带动数字金融的发展，形成良性循环。该观点为理解数字普惠金融与经济增长的关系提供了新的理论视角。方先明等（2022）利用2013—2020年的省域面板数据，通过实证分析得出数字普惠金融显著促进经济增长的结论。彭政钦等（2024）基于2011—2019年我国31个省（自治区、直辖市）的样本数据，构建面板门槛模型，从人力资本视角出发，探索了数字普惠金融对经济增长的非线性影响效应问题，研究结果表明，数字普惠金融发展具有显著的经济增长效应，且存在显著的区域异质性和人力资本门槛效应。这些研究揭示了数字普惠金融与经济增长之间的正相关关系，为后续的深入研究奠定了基础。

其次是数字普惠金融对经济增长的影响机制分析。数字普惠金融发展对经济增长的影响机制可以分为两类：一类是直接影响，另一类是间接影响。直接影响方面，成学真和龚沁宜（2020）基于我国省域面板数据，运用系统GMM估计方法和中介效应模型，探讨了数字普惠金融对实体经济的影响。他们发现，提高数字普惠发展水平是推动实体经济发展的关键。熊峰（2020）通过构建普通面板模型，从全国和区域两个层面分析了数字普惠金融对经济增长的影响，结果显示数字普惠金融对经济增长具有显著的促进作用。这些研究均表明，数字普惠金融通过提高金融服务的普及性和效率性，有效地直接促进了经济增长。除了直接影响外，数字普惠金融还通过一系列中介变量对经济增长产生间接影响。成学真和龚沁宜（2020）的研究发现，数字普惠金融还能引导传统金融机构不断创新，提高服务水平和质量，解决金融排斥的问题，其通过改善客户体验，促进居民消费、技术创新和地区创业等来拉动经济增长。司颖华和杨晨昱（2024）基于2011—2021年我国30个省份的样本数据，探讨了数字普惠金融对经济增长的影响问题，研究结果表明，数字普惠金融能够通过促进技术创新来显著地影响地区经济增长。李小雨和朱丽娟（2024）的研究发现，数字普惠金融能显著提高地区经济增长，而产业结构升级是该影响效应的重要中介机制之一。这些研究揭示了数字普惠金融对经济增长的作用机制，为进一步的研究和实践提供了方向。

再者是数字普惠金融对经济增长影响的空间效应与区域异质性。由于不同区域间数字普惠金融的发展水平存在一定的空间相关性，因而其对经济增长的影响也呈现出一定的空间溢出性。郝云平和雷汉云（2018）利用空间面板自回归模型实证分析发现，数字普惠金融对经济增长具有显著的正向作用，并具有空间相关性和集聚性，这表明数字普惠金融的发展不仅能够推动本地区经济增长，还能够通过空间溢出效应带动周边地区经济增长。褚翠翠等（2021）利用中国省域面板数据，通过构建空间计量模型，发现数字普惠金融在促进本省经济增长的同时，还存在空间溢出效应，能够对相近的省份也产生正向的促进作用。此外，杨宇和张彩虹（2021）利用空间面板杜宾模型进行实证研究，也证明了数字普惠金融对经济增长具有正向的直接促进效应。这些发现揭示了数字普惠金融在推动经济增长方面的广泛性和渗透性。此外，一些学者在探讨数字普惠金融与经济增长的关系时，还注意到了这种影响的区域异质性的存在。例如，王永仓和温涛（2020）的研究发现，数字普惠金融对经济增长的正向效用在中西部地区表现更加突出，相比之下，东部地区的表现则较为弱势。他们认为，发展中西部地区的数字普惠金融有利于缩小地区经济发展水平差距。于之情和朱宁（2021）也发现数字普惠金融对地方经济增长具有显著推动作用，其中，西部地区的效率改善程度更突出。张小锋和王菁彤（2022）的研究发现，从全国层面看，数字普惠金融的发展能够显著推动经济增长，而分区域来看，西部地区和东北地区的促进效应要高于东部和中部地区。这些研究均表明数字普惠金融在不同地区促进经济增长的过程中存在着一定的差异性作用。

另外还有学者研究了数字普惠金融与技术创新、创业活动的关系。数字普惠金融的发展不仅影响宏观经济层面，还对企业创新与创业产生了积极影响。谢绚丽等（2018）研究发现数字金融及其三个维度均对企业创业有积极作用，且在促进过程中显著地表现出普惠性。钱海章等（2020）的研究表明，数字普惠金融有助于推动技术创新和居民创业，进而促进经济增长。他们通过中介效应模型和双重差分法分析了数字普惠金融对技术创新和创业活动的传导作用，为理解数字普惠金融的经济效应提供了新的视角。杨刚和张亨溢（2022）的研究进一步证实了数字普惠金融对经济增长的促进作用，并通过中介效应模型和面板门槛模型揭示了其通过提高创新水平推动经济增长的机制。特别地，他们发现西部地区的数字普惠金融对经济增长的影响最为强烈，而东部地区的创新水平对经济增长的影响最大。方先明等（2022）的研究也支持了上述观点，他们发现扩大数字普惠金融的覆盖范围、加深其使用深度以及提高金融数字化程度，均能有效推动经济发展。此外，数字普惠金融对地区经济增长的作用程度与地区的金融排斥程度成正比，这表明在金融服务欠发达地区，数字普惠金融具有更大的发展潜力和增长空间。

最后，数字普惠金融的发展不仅促进了经济增长，还推动了包容性经济增长。唐宇等（2020）的研究表明，数字普惠金融通过降低服务成本、迎合用户需求、增加金融服务供给等方式，推动了金融服务实体经济的进程，并有利于包容性经济增长。晏鸿萃和刘成杰（2020）的研究发现，数字普惠金融能够缩小各地市之间的经济增长差距，特别是在农村地区。任太增和殷志高（2022）的研究也发现，在地方政府效率、市场发育程度以及城市创新活力较高的地区，数字普惠金融对经济包容性增长的促进作用更加明显。文余源和刘洋（2023）的研究表明，数字普惠金融的发展能够积极推进我国经济包容性增长，且这种影响效应存在区域、城市规模和创新创业能力上的差异。

综上所述，数字普惠金融与经济增长之间存在着密切的关系。通过拓宽金融服务覆盖面、降低融资成本、促进创新和产业升级以及构建稳定可持续的金融系统等多方面的机制，数字普惠金融对经济增长产生了积极的推动作用。然而，当前关于数字普惠金融与经济增长之间的关系研究主要集中于线性影响的假设，对于其非线性关系的研究尚不充分，有待深入挖掘。

1.2.3 数字普惠金融与产业结构升级的相关研究

近年来，随着数字技术的迅猛发展，数字普惠金融作为一种新兴金融模式，正逐渐改变着传统金融服务的格局。同时，产业结构升级作为国家经济发展的重要战略方向，受到广泛关注。在此背景下，研究数字普惠金融与产业结构升级之间的关系具有重要的理论和实践意义。为此，国内外学者围绕数字普惠金融与产业结构升级的关系进行了广泛的研究，取得了丰富的成果。本节将从下述几个方面来梳理和分析这些研究成果，以期为相关研究提供借鉴和参考：数字普惠金融对产业结构升级的直接影响、数字普惠金融对产业结构升级的间接影响、数字普惠金融对产业结构升级的影响机制、数字普惠金融对产业结构升级的影响效应。

首先是关于数字普惠金融对产业结构升级的直接影响分析。这一类研究主要探讨数字普惠金融如何直接推动产业结构升级，主要关注数字普惠金融对中小微企业、创新创业、资源配置和技术创新等方面的影响。通过实证研究，学者们发现，数字普惠金融能够降低融资成本、缓解融资约束、促进创新创业、优化资源配置、推动技术创新。具体来说，传统金融机构由于信息不对称、抵押品要求高等原因，难以满足中小微企业的融资需求。数字普惠金融利用大数据、云计算等技术，可以更有效地评估中小微企业的信用状况，并提供更加便捷、低成本的融资渠道，缓解融资约束，促进其发展壮大，从而推动产业结构优化升级。例如，汪伟等（2015）发现，数字普惠金融可以通过促进消费增长，推动产业结构升级。刘心怡等（2022）的研究发现，数字普惠金融可以通过缓解融资约束，促进中小微企业的发展，进而推动产业结构升级。这些研究强调了数字普惠金融在缓解中小微企业融资难题方面的作用，为推动中小微企业发展、促进产业结构升级提供了理论依据。另外，创新创业是推动产业结构升级的重要动力。谢绚丽等（2018）的研究发现，数字普惠金融可以降低创业门槛，为创业者提供资金支持，激发创新创业活力，推动新兴产业的发展，进而促进产业结构升级。张金林等（2022）的研究发现，数字普惠金融能够促进共同富裕，其中增加创业是推进共同富裕建设的重要路径。李优树等（2022）认为数字普惠金融发展水平达到一定阈值之后，环境规制对产业结构的提升将会更加显著。这些研究强调了数字普惠金融在激发创新创业活力、推动新兴产业发展的作用，为促进产业结构升级提供了新的思路。再者，传统金融机构的资源配置效率往往较低，难以满足实体经济的多元化融资需求。数字普惠金融可以更有效地将资金配置到具有发展潜力的行业和企业，促进资源的合理流动和优化配置，推动产业结构向高端化、智能化方向发展。谢汝宗等（2022）的研究发现，数字普惠金融在经济发展水平较高的地区更有利于促进产业结构升级，且能在效率和公平之间取得较好的平衡。这些研究强调了数字普惠金融在优化资源配置、推动产业结构优化升级方面的作用，为促进经济高质量发展提供了新的路径。最后，技术创新是推动产业结构升级的核心动力。数字普惠金融可以为科技创新型企业提供资金支持，推动技术创新和成果转化，提升产业技术水平，进而促进产业结构升级。例如，王勇等（2022）的研究提出，产业的要素密集度越接近要素禀赋结构，就越能降低新产品的生产要素成本，进而新产品的利润越高，内生的研发创新的投入和产出就越高，则发明专利申请数在整个制造业中所占份额越高。汤继强等（2022）的研究也发现，数字普惠金融能促进产业结构优化升级，科技创新具有不完全中介效应。张倩肖等（2023）的研究表明，数字普惠金融对产业结构升级存在着正向显著的促进作用，且该影响效应存在区域差异性。这些研究强调了数字普惠金融在推动技术创新、提升产业技术水平方面的作用，为促进产业结构升级提供了新的动力。

其次是数字普惠金融对产业结构升级的间接影响分析。这一类研究主要探讨数字普惠金融如何通过其他途径间接推动产业结构升级，主要关注数字普惠金融对消费结构、经济增长和人力资本等方面的影响。通过实证研究，学者们发现，数字普惠金融能够促进消费结构优化、推动经济增长、提升人力资本。具体来说，数字普惠金融可以提升居民的支付便利性，促进消费增长，并通过消费结构优化引导产业结构的调整和升级。例如，刘洋（2023）的研究发现，数字经济不仅产生对产业结构升级的直接效应，还会产生通过促进消费结构优化，进而推动产业结构升级的中介效应。这项研究强调了数字普惠金融在促进消费结构优化、引导产业结构调整方面的作用，为推动产业结构升级提供了新的思路。另外，数字普惠金融可以促进实体经济发展，增加居民收入，进而提升消费能力和投资水平，推动产业结构升级。例如，牟晓伟等（2022）的研究指出，数字普惠金融会通过推动经济发展进而促进产业结构升级。这项研究强调了数字普惠金融在推动经济增长、促进产业结构升级方面的作用，为促进经济高质量发展提供了新的路径。最后，数字普惠金融可以促进教育、培训等人力资本投资增加，提升劳动力素质，为产业结构升级提供人才支撑。例如，杨虹和王乔冉（2021）的研究分析了数字普惠金融通过人力资本、创业、技术创新推动了产业结构升级。这项研究强调了数字普惠金融在促进人力资本投资、提升劳动力素质方面的作用，为推动产业结构升级提供了人才支撑。

再次是数字普惠金融对产业结构升级的影响机制分析。这一类研究主要探讨数字普惠金融对产业结构升级的影响机制，主要关注资源配置机制、创新驱动机制等方面。具体来说，在资源配置机制方面，数字普惠金融可以优化资源配置，将资金配置到具有发展潜力的行业和企业，促进产业结构的优化升级。例如，李海奇和张晶（2022）的研究指出，需求侧的恩格尔效应和供给侧的鲍莫尔效应会同时出现在金融科技发展的过程中，推动了产业结构升级进程。这项研究强调了数字普惠金融在优化资源配置、推动产业结构优化升级方面的作用，为促进经济高质量发展提供了新的路径。在创新驱动机制方面，数字普惠金融可以促进科技创新和成果转化，提升产业技术水平，推动产业结构升级（王勇等，2022；汤继强等，2022）。司增绰等（2024）基于 2011—2018 年我国 277 个地级城市的面板数据，探讨了数字普惠金融对产业结构升级的影响效应问题，研究结果表明，数字普惠金融能够有效地直接促进城市产业结构升级；此外，它还可以通过影响科技创新、消费水平及传统金融等因素来间接地促进产业结构升级。宋瑜（2024）的研究表明，数字普惠金融可以通过推动资本集聚、引导投资方向和加强风险管理等方式来促进地区产业结构升级。

最后是数字普惠金融对产业结构升级的深度影响效应分析。这一类研究主要关注数字普惠金融对产业结构升级的非线性效应、区域异质性和行业异质性等问题。在非线性效应方面，学者们通过实证研究发现，数字普惠金融对产业结构升级的影响并非简单的线性关系，而是呈现出非线性特征，即随着数字普惠金融发展水平的提高，其对产业结构升级的促进作用逐渐增强。例如，唐文进等（2019）的研究结果表明，数字普惠金融与产业结构升级之间存在着非线性的关系，并且这种非线性的关系存在着异质性，具体表现为从东部到中西部，其对产业结构升级的积极效应逐渐加强。葛和平和张立（2021）的研究也发现，数字普惠金融的三个子维度对产业结构升级的影响作用具有差异性，其中，覆盖广度、数字化程度对产业结构升级均起到了显著的促进作用，而使用深度却对其产生了抑制作用。这些研究强调了数字普惠金融对产业结构升级影响的非线性特征，为制定差异化的产业政策提供了依据。在区域异质性方面，学者们通过研究发现，数字普惠金融对产业结构升级的影响存在区域差异，东部地区的影响效应强于中西部地区。例如，汪晓文等（2023）的研究发现，数字经济推动产业结构升级具有区域异质性，在中西部地区更为明显。杨虹和王乔冉（2021）的研究也发现，数字普惠金融对产业结构升级的推动作用在经济发展水平越高的地区作用越大，这可能是因为在这个过程中没有很好地兼顾效率与公平。这些研究强调了数字普惠金融对产业结构升级影响的区域差异，为制定区域差异化的产业政策提供了依据。在行业异质性方面，学者们通过研究发现，数字普惠金融对不同行业的影响也存在差异，对中低端制造业的影响强于高端制造业。例如，涂强楠和何宜庆（2021）的研究发现，数字普惠金融当前主要是对中低端制造业升级起到了促进作用，而对高端制造业却起到了抑制作用，但随着科技创新的提升，这种促进作用和抑制作用均会下降。这些研究强调了数字普惠金融对产业结构升级影响的行业差异，为制定行业差异化的产业政策提供了依据。

综上，数字普惠金融对产业结构升级具有显著的促进作用，其作用机制包括缓解融资约束、促进技术创新、优化资源配置、扩大消费需求等。数字普惠金融对产业结构升级的影响也存在非线性关系和区域异质性，需要根据不同地区的实际情况制定差异化的政策。需要指出的是，当前关于数字普惠金融与产业结构升级之间的非线性关系的研究尚不充分，有待更深入地挖掘与探索。

1.2.4 数字普惠金融与城乡收入差距的相关研究

随着数字经济的蓬勃发展，数字普惠金融作为一种新兴的金融模式，在促进经济增长、改善民生、缩小城乡差距等方面发挥着越来越重要的作用。众多学者从不同角度对数字普惠金融与城乡收入差距的关系进行了深入研究。

首先是数字普惠金融对城乡收入差距的影响效应问题。多数学者认为数字普惠金融可以通过降低金融服务门槛、缓解信贷约束、促进就业、提高人力资本等方式直接缩小城乡收入差距。例如，王永仓（2021）研究发现数字普惠金融对农民收入的影响有门槛效应，数字普惠金融发展效果越好，农民增收效果越好。李建军等（2020）研究发现普惠金融能够显著地抑制城乡收入差距的扩大，且这种抑制作用在农业占地区生产总值比例更大或通信设施更差的地区更显著。此外，还有一部分学者认为数字普惠金融可以通过促进经济发展、推动产业结构升级、增加农民收入等方式间接缩小了城乡收入差距。程广斌等（2022）研究表明数字普惠金融对地区经济增长具有显著的促进作用，进而缩小城乡收入差距。郭守亭和金志博（2022）认为产业结构是数字普惠金融阻止城乡收入差距扩大的一大纽带。陈鸣等（2022）研究发现数字普惠金融利用空间溢出效应可以有效促进农村经济增长，进而缩小城乡收入差距。另外，部分学者还认为数字普惠金融对城乡收入差距的影响存在非线性特征，例如倒"U"形关系，即随着数字普惠金融的发展，城乡收入差距会先扩大后缩小。这方面的研究有，樊轶侠等（2022）认为数字经济的发展对城乡收入差距的影响呈现与库兹涅茨假说相同或相反的"U"形关系。还有一部分学者认为数字普惠金融对城乡收入差距的影响存在门槛效应，即只有当数字普惠金融发展到一定水平后，才能有效缩小城乡收入差距。例如，杨德勇等（2022）研究发现只有当金融覆盖面和数字水平提升到一定程度后，数字普惠金融有助于缩小城乡收入差距的作用才最为显著。另外一种门槛效应是经济发展水平，即只有当经济发展到一定水平后，数字普惠金融才能有效缩小城乡收入差距。例如，熊德平和陈昱燃（2020）发现当人均地区生产总值超过门槛值时，数字普惠金融会缩小城乡收入差距，当人均地区生产总值低于门槛值时，数字普惠金融则会扩大城乡收入差距。李国柱和郭征然（2023）通过构建面板门槛模型来分析2011—2019年我国30个省份的样本数据发现，数字普惠金融会随着城镇化水平的提升而加大对我国城乡收入差距的缩小程度。刘成飞（2023）的研究发现，数字普惠金融发展可以通过提升农业全要素生产率和增加人力资本投资来缩小城乡收入差距。

其次是数字普惠金融对城乡收入差距的影响机制问题。一些学者通过研究发现，数字普惠金融可以降低金融服务门槛，提高金融服务的可获得性，从而促进金融包容，缩小城乡收入差距。例如，刘伟丽和陈腾鹏（2023）研究发现区域协调发展水平对数字普惠金融缓解城乡收入差距具有明显影响。王姣（2022）认为增加信用获取程度可以有效地增加农民的收入，从而缩小城乡之间的收入差距。还有一些学者认为，数字普惠金融可以提高农村居民的人力资本水平，从而提高其收入能力，缩小城乡收入差距。例如，徐光顺和冯林（2022）认为农村人力资本对数字信贷城乡收入差距收敛效应最为明显，若想进一步发挥数字普惠金融缩小城乡收入差距的作用，应该注重农村人力资本的投入。

再者是数字普惠金融影响城乡收入差距的异质性分析。数字普惠金融指数由三个不同维度指数构成，因而数字普惠金融的不同维度对城乡收入差距的影响效果可能也不同。例如，杨彩林等（2022）研究发现数字普惠金融可以通过增加农民获得信贷的机会来缩小城乡收入差距，但村镇银行水平提升时，其缩小城乡收入差距的效果非常显著，而小额信贷公司则不显著。他们还发现，数字普惠金融的使用深度和覆盖广度通过提高农户的信贷供给减少了城乡收入差距。另外，很多学者通过实证研究发现，不同区域的数字普惠金融发展水平也不同，存在空间差异性，因而数字普惠金融对城乡收入差距的影响也存在区域异质性，不同地区的影响效果可能不同。例如，王永仓（2021）研究发现东部地区数字普惠金融对城乡居民收入差距的缩小效果更明显。杨彩林等（2022）研究发现数字普惠金融对缩小城乡收入差距的影响效果在不同区域分布深度上存在异质性。周立和陈彦羽（2022）发现数字普惠金融显著改变了我国中、东部城乡收入差异情况，但对西部的影响不明显。

还有一些学者探讨了数字普惠金融对城乡收入差距的空间溢出效应研究。很多学者通过实证研究发现，数字普惠金融对城乡收入差距的影响存在空间溢出效应，这种空间溢出效应既包含正向溢出，也包含负向溢出。所谓的正向溢出是指，数字普惠金融发展通过促进周边地区数字基础设施建设和数字技能提升，以及周边地区产业发展和周边地区政策创新与合作，来缩小周边地区的城乡收入差距。例如，陈啸和陈鑫（2018）研究发现数字普惠金融与城乡收入差距有明显的空间正相关性，并对周边地区的收入差距也有积极影响。而所谓的负向溢出是指，数字普惠金融的发展可能导致周边地区金融机构竞争加剧，从而降低其盈利能力，进而影响其缩小城乡收入差距的积极作用；或者可能导致周边地区资源过度集中，从而加剧其与农村地区的差距，进而影响其缩小城乡收入差距的积极作用。例如，吴雪峰和苏伟洲（2020）认为邻省数字普惠金融会加剧本省的城乡收入差距。

关于数字普惠金融与数字鸿沟的问题。部分学者认为数字普惠金融的发展可能会加剧数字鸿沟，从而对城乡收入差距产生负面影响。例如，李建军和韩珣（2019）认为数字普惠金融强调解决供给侧任务，而需求侧的任务却没有解决，可能会导致"数字排斥"，从而引发比传统金融排斥危害更大的"数字鸿沟"问题，阻碍城乡一体化的进程，并对城乡收入差距的缩小产生巨大的抑制作用。另有部分学者认为应通过提升农村地区的互联网基础设施水平、开展数字技能培训、开发适合农村地区的数字普惠金融产品等方式缩小数字鸿沟，从而促进数字普惠金融对缩小城乡收入差距的积极作用。例如，徐圣翔和刘传江（2023）认为在促进数字普惠金融的发展中提升农村居民的互联网素养是至关重要的，而且不仅要有互联网普及率量的提升，还要有互联网使用质的提升，农村居民互联网素养已然成为缩小城乡收入差距的重要因素。

也有学者研究了数字普惠金融与乡村振兴的关系问题。部分学者认为数字普惠金融可以与乡村振兴战略相结合，通过支持农村产业发展、促进农民创业就业、改善农村金融服务等方式，推动乡村振兴，进而缩小城乡收入差距。例如，张乐柱和高士然（2023）的研究发现数字化金融普惠可以显著缩小城乡收入差距，但在不同维度和功能上存在异质性。研究者建议可以通过农村数字化转型来深化数字普惠金融服务深度，优化基础性金融服务的数字化普惠水平。刘瑾等（2024）基于2011—2020年我国31个省（自治区、直辖市）的样本数据，探讨了数字普惠金融对乡村振兴的影响，研究结果表明，数字普惠金融有助于促进乡村振兴。此外，部分学者认为数字普惠金融可以与乡村治理相结合，通过提供金融服务支持乡村治理，例如支持农村基础设施建设、提供农村金融服务等，从而促进乡村治理现代化，进而缩小城乡收入差距。

总体而言，现有文献表明数字普惠金融对缩小城乡收入差距具有积极的正向效应，但其影响机制和效果存在一定的异质性，需要根据不同地区的实际情况制定相应的政策措施。需要指出的是，当前关于数字普惠金融与城乡收入差距之间的非线性关系研究尚不充分，有待更深入地挖掘与探索。

1.2.5 数字普惠金融与居民消费的相关研究

数字普惠金融作为一种新兴的金融服务模式，近年来在我国得到了快速发展，并引起了学术界的高度关注。众多学者从不同视角研究了数字普惠金融对居民消费的影响，取得了丰硕的研究成果。本节将从以下几个方面：数字普惠金融对居民消费水平的影响、数字普惠金融对居民消费结构的影响、数字普惠金融对城乡居民消费差距的影响、数字普惠金融对居民消费的影响机制、数字普惠金融对居民消费影响的异质性分析、数字普惠金融对居民消费影响的空间溢出效应，对现有文献研究成果进行梳理和总结，以期为相关研究提供借鉴和参考。

首先是数字普惠金融对居民消费水平的影响研究。学者们普遍认为，数字普惠金融的发展能够有效提高居民消费水平。其影响途径主要包括以下几个方面：(a) 缓解流动性约束：数字普惠金融通过提供便捷的信贷服务，帮助居民突破资金瓶颈，从而促进消费。例如，易行健和周利 (2018) 利用中国家庭追踪调查数据，发现数字普惠金融主要通过缓解流动性约束和便利支付两种机制促进居民消费。其研究结果表明，数字普惠金融对中低收入群体、农村地区和中西部地区的影响更为显著。(b) 便利支付：数字支付工具的出现降低了交易成本，提高了支付效率，从而刺激消费。例如，张勋等 (2019) 构建了一般均衡理论框架，发现数字普惠金融提高了支付便利性，缩短了居民的购物时间从而增加居民消费，而流动性约束的缓解并不是增加消费的主要机制。(c) 降低不确定性：数字保险等金融产品可以帮助居民规避风险，降低对未来收入的不确定性，从而增加消费。例如，张栋浩等 (2020) 基于家庭收入不确定视角，利用中国家庭金融调查 2015 年数据，发现普惠金融可以通过促进家庭生产资本积累、提供避险工具、促进就业等降低家庭收入不确定性，以及缓解流动性约束两个渠道促进家庭消费。(d) 增加收入：数字普惠金融的发展可以促进经济增长，提高居民收入水平，进而带动消费增长。例如，郑海勇（2020）运用面板门槛回归模型探究数字普惠金融与消费之间的关系，发现金融发展水平以及经济发展规模与居民消费水平是正相关的，并且随着门槛规模的增加，这种促进作用也越发明显。

其次是数字普惠金融对居民消费结构的影响研究。学者们认为，数字普惠金融的发展可以促进居民消费结构升级，使消费更加多元化、高端化。其影响机制主要包括：(a) 增加发展型和享受型消费：数字普惠金融通过提供信贷服务，可以帮助居民进行教育、医疗等发展型消费，还可以通过提供理财、保险等产品，帮助居民进行旅游、娱乐等享受型消费。例如，谢家智和吴静茹（2020）的研究发现，数字普惠金融可以通过缓解信贷约束，激励低收入和农村家庭的消费。(b) 改善消费结构：数字普惠金融可以促进居民消费从物质型消费向服务型消费转变，从而改善消费结构。例如，蒋竹媛（2020）的研究发现数字普惠金融对城乡居民消费差距的影响存在负效应，并且显著地缩小了城镇居民与乡村居民的消费差距。(c) 增加居民收入：数字普惠金融可以通过增加居民收入来促进居民消费结构的升级。例如，陈晓霞（2020）的研究结果表明，数字普惠金融可以通过收入影响机制促进居民消费升级，并且效果在低收入地区以及数字普惠金融发展水平高的地区更为显著。(d) 提高流通效率：数字普惠金融可以通过提升流通效率来促进居民消费结构的升级。例如，李嘉和王乾宇（2024）的研究揭示，数字普惠金融的显著发展对居民消费升级起到了推动作用，其影响机制关键在于流动性约束的缓解、支付便利性的提升、投资效率的优化以及居民风险对冲能力的增强。

此外，很多学者还研究了数字普惠金融对城乡居民消费差距的影响机制问题。学者们通过研究发现，数字普惠金融的发展可以缩小城乡居民消费差距。其影响机制主要包括：(a) 缩小收入差距机制：数字普惠金融可以促进农村经济发展，提高农民收入水平，从而缩小农村居民与城市居民的收入差距。例如，吕雁琴和赵斌（2019）的研究发现数字普惠金融发展缩小了我国 30 个省的城乡居民消费差距，促进了城乡居民消费机会公平性。江红莉和蒋鹏程

（2020）的研究发现，数字普惠金融主要通过缩小城乡收入差距和优化产业结构两条途径来提高消费水平，并促进消费结构升级。黄琳（2023）研究发现，数字普惠金融发展能够显著缩小我国城乡居民消费差距，而缩小城乡居民收入差距是数字普惠金融有助于缩小城乡居民消费差距的重要机制之一。（b）促进农村消费机制：数字普惠金融可以促进农村消费发展，增加农村居民的消费支出，从而缩小与城市居民的消费差距。例如，张彤进和蔡宽宁（2021）的研究结果表明，数字普惠金融在缩小城乡居民享受型消费差距以及发展型消费差距上的作用更加显著。（c）支付便利性机制：数字普惠金融可以通过提供便捷的支付工具，降低交易成本，从而促进消费。例如，张勋等（2019）构建了一般均衡理论框架，发现数字普惠金融提高了支付便利性，缩短了居民的购物时间从而增加居民消费，而流动性约束的减缓并不是增加消费的主要机制。（d）风险分担机制：数字普惠金融可以通过提供保险等金融产品，帮助居民规避风险，降低对未来收入的不确定性，从而增加消费。例如，张栋浩和尹志超（2018）基于家庭收入不确定视角，利用中国家庭金融调查2015年数据，发现普惠金融可以通过促进家庭生产资本积累、提供避险工具、促进就业等降低家庭收入不确定性，以及缓解流动性约束两个渠道促进家庭消费。（e）消费升级机制：数字普惠金融可以通过提供多样化的金融产品和服务，满足居民多样化的消费需求，从而促进消费升级。例如，王平和王琴梅（2018）发现数字普惠金融借助于流动效应、配置效应、财富效应促进居民消费升级。

还有一些学者针对数字普惠金融对居民消费影响的异质性问题进行了研究。通过研究他们发现，数字普惠金融对不同地区、不同收入水平、不同消费水平居民的消费的影响存在一定的差异。例如，易行健和周利（2018）通过研究发现，数字普惠金融对农村地区、中西部地区和中低收入阶层的消费促进效应更显著。傅秋子和黄益平（2018）通过研究发现，数字普惠金融对受教育程度高、网购频次高的群体的影响更为显著。郑海勇（2020）的研究发现，数字普惠金融对消费规模扩张和消费层次提升的刺激作用随着宏观经济水平的提高而有所增强。陈晓霞（2020）的研究发现，数字普惠金融与收入协同作用于居民消费升级，其通过降低城乡居民收入差距、增加收入实现消费升级的倍增效果。范潇文（2024）的研究发现，数字普惠金融发展能够显著降低城乡收入差距水平，但该缩减作用存在区域异质性，对西部地区的缩减作用最为明显，中部次之，东部最小。屠萍萍（2024）的研究结果表明，数字普惠金融的发展能有效缩小城乡收入差距且存在区域异质性，其中，覆盖广度和使用深度这两个维度指标起到了重要作用；此外，该研究还发现，提高互联网普及率有助于加大数字普惠金融对城乡收入差距的缩小作用。

最后，一些学者对于数字普惠金融对居民消费的空间溢出效应进行了研究。通过实证分析，学者们发现，数字普惠金融对周边地区的居民消费也具有一定的促进作用。例如，邹新月和王旺（2020）的研究发现，数字普惠金融的发展可以有效地促进居民消费水平的提高，同时表示我国西部受其影响最大，东部次之。黎翠梅和周莹（2021）的研究发现，数字普惠金融能够正向促进农村消费增长，并且具有显著的空间溢出效应。李泉等（2024）基于2013—2022年我国31个省（自治区、直辖市）的面板数据，运用空间面板杜宾模型进行实证分析发现，数字普惠金融能够显著提升当地居民消费水平，但对邻近地区居民消费水平具有负向溢出作用。

综上，现有研究表明，数字普惠金融对居民消费具有显著的促进作用，能够有效提高居民消费水平、促进消费结构升级，并缩小城乡居民消费差距。其影响机制主要包括缓解流动性约束、便利支付、降低不确定性、增加收入等。然而，数字普惠金融对不同地区、不同群体的影响存在差异，未来需要进一步关注其异质性影响，并制定差异化的政策。

1.2.6　数字普惠金融与对外直接投资的相关研究

对外直接投资（OFDI）作为全球经济一体化的重要表现形式，一直是国际经济学界研究的热点之一。本节将从OFDI的影响因素相关研究，以及数字普惠金融对OFDI的影响研究两个方面，对现有文献研究成果进行梳理与总结，系统分析影响OFDI的关键因素，特别是对近年来新兴的研究方向——数字普惠金融与OFDI的关系研究——进行归纳总结，以期为相关研究提供借鉴和参考。

首先是OFDI的影响因素相关研究。已有大量学者对于OFDI进行了广泛研究，特别是OFDI的影响因素问题。学者们普遍认为，制度环境是影响OFDI发展的重要因素之一，良好的制度环境能够降低跨国企业的交易成本，提高投资效率。例如，Desbordes和Wei（2017）通过分析全球制造业数据，发现制度质量的提升有助于吸引更多的外国直接投资。胡必亮和张坤领（2021）以及龙晓柏（2021）通过对共建"一带一路"国家的实证研究发现，东道国的制度质量环境越好，越能吸引中国企业进行对外直接投资。这些研究不仅验证了制度环境对OFDI的积极影响，还进一步揭示了制度环境在不同经济区域中的差异性影响。同样，叶广宇和金钰莹（2022）指出，一国制度环境的改善不仅可以提升该国在全球价值链中的地位，还能有效调节OFDI与全球价值链地位之间的关系。

此外，资源禀赋、市场规模、贸易开放度、基础设施建设、投资便利化等也是影响OFDI的重要因素（张海伟等，2022；宋勇超和张佳讯，2022）。大量研究表明，东道国庞大的市场规模和较高的贸易开放度能够吸引更多的外国直接投资。例如，Buckley等（2007）指出，东道国的经济总量、经济发展水平、市场容量都对投资合作具有积极影响。而项本武（2009）的研究却发现，中国OFDI偏好市场规模较小的亚洲、拉丁美洲国家，在市场规模较大的发达国家竞争力不足。Cheung和Qian（2009）研究发现，市场寻求动机和资源寻求动机共同推动中国OFDI发展。张亚斌（2016）指出，东道国市场规模的扩大可以形成对外直接投资所需的优势，从而吸引中国企业进行对外直接投资。同样，王晓颖（2018）也强调了市场规模在OFDI决策中的重要性。此外，贸易促进理论也认为，跨国公司通过贸易获得知识并熟悉当地环境和政策，进而推动OFDI发展，这一观点得到了许多学者的支持，他们认为贸易与OFDI之间存在相互促进的关系。司继春等（2024）通过研究发现，东道国的投资便利化发展能够显著提升中国OFDI，而且这种促进效应还存在显著的空间溢出性，其中，营商环境的空间溢出效应最明显，金融服务环境的空间溢出效应次之。

除了宏观因素外，企业层面的微观因素也对OFDI产生重要影响。例如，企业的生产效率、融资能力、国际化经验等都会影响其对外直播投资决策。杨亚平和高玥（2017）从海外华人网络视角出发，发现海外华人网络能够为中国企业提供信息支持和资源保障，从而促进其对外直接投资。余官胜与苏锦红（2018）的研究显示，企业规模作为重要的外部牵引力与作为内部驱动力的生产效率共同推动企业对外直接投资。另外，管理者的经验和能力也是影响OFDI的重要因素。如果管理者具备研发技术的经验，企业更有可能通过OFDI获取先进技术和管理经验。这一观点得到了许多学者的支持，他们认为管理者的能力和经验在OFDI决策中发挥着关键作用。企业层面的微观因素中，还有一个重要的方面是技术创新能力。具备较强技术创新能力的企业往往更容易在海外市场获得竞争优势，从而推动OFDI发展。吕越和邓利静（2019）利用中资银行海外分支机构的数据研究发现，母国金融发展能够更好地服务本国实体企业"走出去"，提高企业的技术创新能力和国际竞争力。薛军和周鹏冉（2024）通过研究发现，企业数字化转型与OFDI之间呈现显著的倒"U"形关系，其中，企业全要素生产率发挥了重要作用。

自2013年共建"一带一路"倡议被提出后，随着经济全球化进程的深入，共建"一带一路"倡议已成为促进全球经济发展与合作的重要平台。同时，共建"一带一路"倡议的提出也为中国企业对外直接投资提供了新机遇。在共建"一带一路"倡议的推动下，中国OFDI展现出前所未有的活力与潜力。丁世豪和张纯威（2019）的研究表明，共建"一带一路"沿线东道国投资便利化水平的提升能够显著促进中国的OFDI。这一结论与曾慧等（2021）基于投资引力模型的实证检验结果相吻合，他们发现共建"一带一路"国家的营商环境对中国的OFDI有显著的正向影响。Cao和Hu（2021）利用2003—2016年的数据，发现共建"一带一路"倡议显著降低了中国企业对沿线东道国的主观风险意识，促进了对外直接投资。李俊成和李建军（2022）采用双重差分方法发现，共建"一带一路"倡议很大程度上促进了企业的绿地投资，其重要机制是提高税收返还力度和扩大信贷规模。周波等（2022）则强调共建"一带一路"倡议的制度框架有利于共建"一带一路"国家税负水平的降低和税收征管效率的提升，从而改善企业的营商环境，促进中国企业的OFDI。

随着全球金融体系的不断完善和发展，金融发展对OFDI的推动作用日益显著。国内外研究表明，金融市场的发展能够为国际投资者提供更好的融资环境和风险管理工具，进而促进 OFDI（Desbordes 和 Wei，2017）。杨志明（2020）及冀相豹（2016）通过实证研究进一步指出，普惠金融的发展对中国 OFDI 有着显著的正向影响，但这种影响存在区域差异。刘志东和高洪玮（2019）通过研究发现东道国金融发展的空间溢出效应，即周边国家的金融发展也会对中国的 OFDI 产生积极影响。而 Pan 等（2022）针对中国共建"一带一路"国家的投资进行了深入分析，发现金融深化和金融结构优化显著促进了中国的 OFDI。章志华等（2021）通过构建空间面板杜宾模型，揭示了金融发展对 OFDI 的非线性影响，表明在不同阶段和条件下，金融发展的作用机制可能有所不同。

近年来，随着数字技术的飞速发展，数字普惠金融成为推动经济高质量发展的新动力。因而一些学者对数字普惠金融对 OFDI 的影响产生了浓厚的兴趣，并进行了广泛的研究。

在 OFDI 领域，数字普惠金融通过提高金融服务的可得性和效率，为企业的跨国投资提供了有力支持。数字金融突破了时空限制，降低了企业融资成本，提高了融资效率（喻平和豆俊霞，2020）。在数字金融领域，张泽卉（2017）的研究强调了金融市场效率提高、融资约束缓解以及金融机构服务能力的提升对于 OFDI 的促进作用。张军扩等（2019）指出，数字普惠金融已经成为推动中国经济高质量发展的重要力量。在 OFDI 方面，数字普惠金融不仅缓解了企业的融资约束，还提高了企业的国际竞争力。何俊勇等（2021）认为，数字普惠金融的发展通过缓解融资约束、提升企业技术创新能力和研发投入水平，间接地促进了 OFDI 发展。特别是对那些技术创新能力和融资需求较强的企业而言，数字金融的发展具有更加显著的作用（刘莉亚等，2015；翟华云和刘易斯，2021）。王悦（2021）研究发现，数字普惠金融发展覆盖广度和使用深度会促进中国各省的对外直接投资。赵晓鸽等（2021）的研究进一步表明，数字普惠金融通过提升企业的研发能力和创新能力，促进了企业的对外直接投资。

综上所述，OFDI 受到多种因素的影响，包括经济发展水平、制度因素、双边关系、东道国市场规模与资源禀赋，以及数字普惠金融与金融发展水平等。特别地，随着全球化的深入和数字技术的不断发展，数字普惠金融在促进对外直接投资中的作用将愈发重要。未来，需要进一步深化对数字普惠金融影响对外直接投资的机制研究，拓展研究视角，关注空间溢出效应，并开展案例研究，为数字普惠金融促进对外直接投资发展提供更加全面和深入的理论依据和实践指导。

1.3 研究内容与创新点

1.3.1 研究内容

本书各章内容简述如下。

第一章，绪论。本章作为本书的开篇之章，旨在为读者提供关于"基于空间面板模型的数字普惠金融非线性经济效应研究"的背景、意义、研究内容、方法以及预期贡献的全面介绍。首先，本章将阐述数字普惠金融在当今社会经济环境中的重要性。随着信息技术的飞速发展，数字普惠金融以其独特的优势，如覆盖面广、成本低廉、服务便捷等，逐渐成为推动经济增长、改善民生的重要力量。因此，深入研究数字普惠金融的经济效应，对于促进经济社会的可持续发展具有重要意义。接着，本章将从以下四个方面对数字普惠金融的相关研究成果作归纳和概括：一是界定数字普惠金融的概念与内涵；二是构建指标体系对数字普惠金融进行测度；三是研究数字普惠金融的空间特征及动态演变；四是探讨哪些因素影响了数字普惠金融的发展。其次，本章分别针对数字普惠金融与经济增长、产业结构、城乡收入差距、居民消费、对外直接投资等方面的已有文献成果进行归纳和概括。最后，本章将阐述本书的后续内容和预期贡献。通过深入研究数字普惠金融的经济效应，本书旨在为政策制定者提供科学依据，为金融机构提供创新思路，为学术研究提供新的视角和方法。同时，本书也希望能够推动数字普惠金融的健康发展，促进经济社会的繁荣与进步。

第二章，空间计量模型的起源动因与发展。本章旨在系统介绍空间计量模型的理论基础、构建方法及其在金融和经济领域的应用。空间计量模型作为现代计量经济学的重要分支，能够有效处理空间数据中的依赖性和异质性，对于研究金融和经济的空间效应具有独特的优势。首先，本章将概述空间计量模型的基本概念，包括空间自相关、空间异质性等核心概念，以及空间权重矩阵的设定方法。随后，将详细阐述空间计量模型的构建过程，包括模型的选择、参数的估计以及结果的解释。在这一部分，将介绍几种常用的空间计量模型，如空间面板自回归模型（SAR）、空间面板误差模型（SEM）和空间面板杜宾模型（SDM），并讨论它们各自的适用场景和优缺点。其次，本章将进一步探讨几种半参数空间面板模型的理论模型构建与估计方法，如半参数空间面板滞后模型、半参数空间面板误差模型和半参数空间面板杜宾模型。通过在传统的空间计量模型的基础上引入非参数函数，来刻画自变量对因变量的非线性影响效应。最后，本章将总结空间计量模型在金融和经济领域的应用现状和发展趋势，为后续的实证研究提供理论基础和方法支持。

第三章，我国数字普惠金融的发展现状。本章将全面梳理和阐述数字普惠金融的当前发展态势，旨在为读者提供一个关于数字普惠金融发展的清晰、全面的认识框架。数字普惠金融作为金融科技与普惠金融理念的融合产物，近年来在全球范围内得到了迅猛发展。首先，我们将概述数字普惠金融的背景起源与发展历程。然后，我们将简述一下北京大学数字普惠金融指数的测算指标体系，北京大学数字普惠金融指数已被广泛应用于科学研究来反映我国省市县域的数字普惠金融发展状况。接下来，我们将分别从全国层面和东中西层面按区域来分析我国各省数字普惠金融的区域发展差异。随后运用Theil指数探讨我国数字普惠金融发展的地区差异。最后，对我国数字普惠金融指数分别进行 σ 收敛分析和 β 收敛分析。通过这些深入探索，旨在为数字普惠金融的未来发展提供有益的参考和借鉴。

第四章，数字普惠金融与经济增长。经济增长不仅是国家繁荣的基石，也是提升民众生活水平、减少贫困、促进社会公平正义的重要途径。本章将深入探讨数字普惠金融对经济增长的具体影响，旨在揭示两者之间的内在联系和作用机制。在当前全球化和信息化的背景下，数字普惠金融作为金融创新的重要形式，对经济增长的推动作用日益显著。首先，本章将概述研究数字普惠金融对经济增长影响的背景和重要意义。随后，通过构建空间面板模型，探讨数字普惠金融对经济增长的线性时空影响。为更精确地分析数字普惠金融对经济增长的非线性影响，本章接下来将构建半参数空间面板杜宾模型，并运用非参数估计方法，对数字普惠金融与经济增长之间的关系进行深入量化研究。通过模型的估计和检验，本章将揭示数字普惠金融对经济增长的非线性影响效应，以及这些效应在不同地区之间的差异性。最后，本章将总结实证分析结论并提出一些相应的政策建议。

第五章，数字普惠金融与产业结构升级。产业结构升级能够推动经济从低附加值向高附加值转变，提高资源利用效率，增强创新能力，从而推动国家经济高质量发展。本章将详细探讨数字普惠金融对产业结构升级的影响，旨在揭示其在推动产业结构升级中的重要作用。首先，本章将阐述研究数字普惠金融与产业结构升级之间内在联系的重要性。数字普惠金融通过提供便捷、高效的金融服务，促进了资本、技术、信息等要素的流动和配置，为产业结构升级提供了有力支持，正逐渐成为推动产业结构升级的重要力量。其次，本章将构建空间面板模型来分析数字普惠金融对产业结构升级的具体线性时空影响。随后，为更精确地探讨数字普惠金融对产业结构升级的非线性影响，本章接下来构建半参数空间面板滞后模型，并运用非参数估计方法，对数字普惠金融与产业结构升级之间的非线性关系进行深入量化研究，并探讨这种量化关系在不同地区之间的差异性。最后，本章将总结实证分析结论并提出一些相应的政策建议。

第六章，数字普惠金融与城乡收入差距。城乡收入差距直接关系到社会公平与正义，是评估经济发展成果是否惠及全民的重要指标。本章将深入探究数字普惠金融在缩小城乡收入差距方面的作用机制及其效果。在当前城乡发展不平衡的背景下，研究数字普惠金融对城乡收入差距的影响具有重要的现实意义。首先，本章将概述研究数字普惠金融与城乡收入差距之间关系的重要性。随后，本章将通过构建空间面板模型来探讨数字普惠金融对城乡收入差距的线性时空影响。接下来本章将构建半参数空间面板滞后模型，对数字普惠金融与城乡收入差距之间的关系进行深入量化研究，从而揭示数字普惠金融对城乡收入差距的非线性缩小效应及其在不同地区之间的差异性。最后，本章将总结实证分析结论并提出一些相应的政策建议。

第七章，数字普惠金融与居民消费。居民消费作为经济活动的重要组成部分，直接反映经济运行的状况和民众生活水平的改善情况。本章旨在系统研究数字普惠金融对居民消费行为的深刻影响。随着数字技术的广泛应用和普惠金融的普及，数字普惠金融已成为影响居民消费模式的重要因素。首先，本章将阐述研究数字普惠金融与居民消费的关系的重要性。随后，本章通过构建空间面板模型来探讨数字普惠金融对居民消费的线性时空影响。接下来，本章将构建半参数空间面板误差模型，结合全国范围内的面板数据，对数字普惠金融与居民消费之间的非线性时空关系进行深入量化研究；此外，分别基于东中西部地区的样本数据，本章将探讨数字普惠金融对居民消费的影响在不同地区之间的差异性。最后，本章将总结实证分析结论并提出一些相应的政策建议。

第八章，数字普惠金融与对外直接投资。对外直接投资能够带动国内经济增长，促进技术转移和产业升级，增强企业的国际竞争力，并改善国际收支平衡。本章将深入剖析数字普惠金融与对外直接投资之间的内在联系和互动机制。在全球绿色发展和经济可持续发展的背景下，探讨这两者之间的关系具有重要的理论和现实意义。首先，本章将概述研究数字普惠金融与我国对外直接投资之间关系的重要意义。随后，本章将通过构建空间面板模型来探讨数字普惠金融对我国对外直接投资的线性时空影响。接下来，本章将构建半参数空间面板误差模型，并运用非参数估计方法，来深入探讨数字普惠金融对我国对外直接投资的非线性时空影响，以及该影响在不同地区之间的差异性。最后，本章将总结研究结论并提出一些相应的政策建议。

第九章，结论与政策建议。本章首先对本书所得出的主要结论进行全面总结，然后基于实证研究结论提出相关的政策建议，为持续有效地推动中国数字普惠金融的可持续发展提供重要的参考依据。

本书的研究路线如图1-1所示。

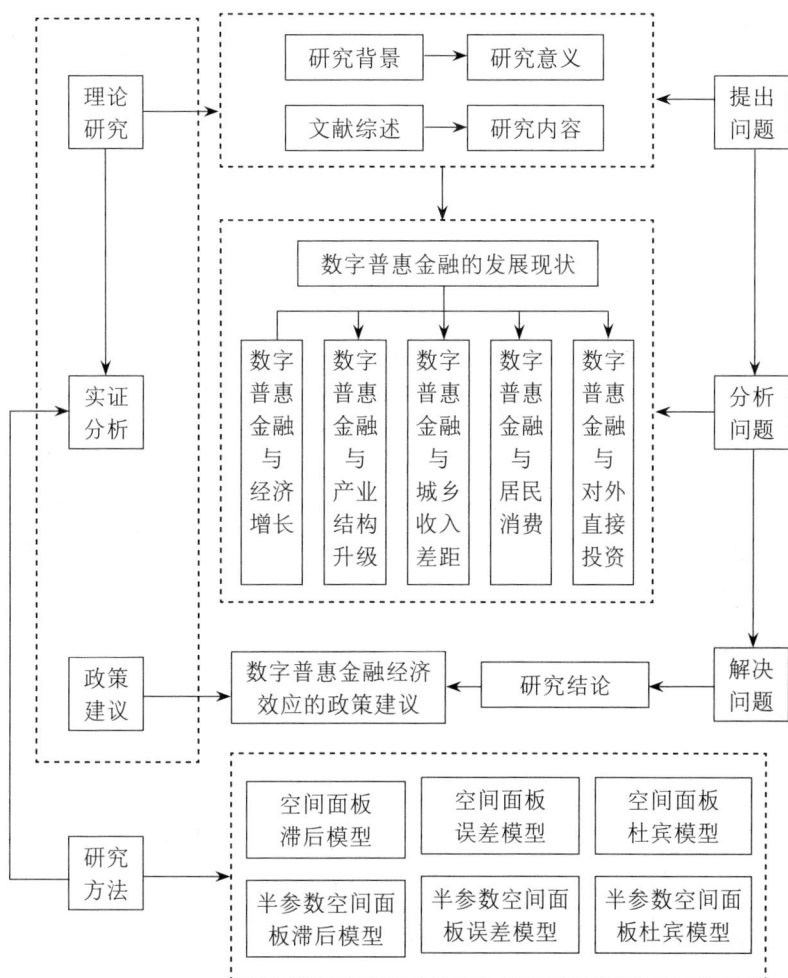

图 1-1 研究路线

1.3.2 创新点

本书在"基于空间面板模型的数字普惠金融非线性经济效应研究"方面，展现了多项显著的创新点，为相关领域的研究提供了新的视角和方法。

首先，本书在研究方法上实现了一定的创新。通过引入半参数空间面板模型，本专著能够同时捕捉数字普惠金融经济效应的非线性特征和空间依赖性，克服了传统计量模型在处理此类问题时的局限性。这一创新使得本书能够更准确地揭示数字普惠金融与经济发展之间的复杂关系，为政策制定提供更为科学的依据。

其次，本书在研究视角上有所突破。本书不仅关注数字普惠金融对经济增长的直接效应，还深入探讨了其对产业结构升级、城乡收入差距、居民消费、对外直接投资等方面的间接影响。这种多维度的研究视角有助于更全面地评估数字普惠金融的经济效应，为相关领域的研究提供了新的思路。

再次，在模型构建上，本书的创新之处在于将空间计量经济学理论与半参数方法相结合，构建了适用于数字普惠金融非线性经济效应研究的半参数空间面板模型。这一模型不仅能够揭示数字普惠金融与经济增长之间的直接效应，还能够深入分析其对区域发展、产业结构升级等方面的间接影响，为政策制定提供更为全面的参考。

最后，本书在理论贡献方面也具有重要意义。通过对数字普惠金融经济效应的系统研究，本书丰富了空间计量经济学和普惠金融理论的研究内容，推动了相关学科的交叉融合与发展。同时，本书的研究成果还为政策制定者提供了有益的参考和借鉴，有助于推动数字普惠金融的健康发展和社会经济的持续繁荣。

总之，本书在研究方法、数据分析及理论应用等多个方面均展现了显著的创新之处。这些创新不仅推动了数字普惠金融经济效应研究的深入发展，也为相关领域的研究提供了新的思路和方法。

1.4　本章小结

首先，从中国经济发展所面临的困境和挑战出发，阐述了本书的研究背景和研究意义，并指出了本研究的重要意义。

其次，对数字普惠金融的经济效应的相关文献研究成果进行系统梳理和归纳，主要从以下三个层面进行梳理：一是对数字普惠金融的概念界定和内涵特征的相关研究成果进行梳理，明确了数字普惠金融的定义和指标体系及测度方法；二是对数字普惠金融的动态演变和发展的相关研究成果进行梳理，探讨数字普惠金融的空间特征和相关影响因素；三是对数字普惠金融所产生的经济效应的相关研究成果进行梳理，主要侧重于经济增长、产业结构升级、城乡收入差距、居民消费、对外直接投资这五个方面，为本书的后续工作开展指明了方向。

最后，对本书的研究内容进行概括梳理并阐明创新之处，从而对本书的全部工作予以明晰，并通过设计研究路线图来把控全书研究内容的开展。

第2章　空间计量模型的起源动因及发展

空间计量经济学是计量经济学的一个分支，是以空间经济理论和地理空间数据为基础，以建立、检验和运用计量经济模型为核心，运用数学、统计学方法与计算机技术对经济活动的空间相互作用（空间自相关）和空间结构（空间不均匀性）问题进行定量分析，来研究空间经济活动或经济关系数量规律的一门学科。在经济学研究中，空间计量经济学可以帮助我们更好地理解和解释经济现象的空间分布和相互依赖关系。

2.1　空间计量经济学的起源与发展

空间计量经济学起源于20世纪70年代，当时一些经济学家在探索空间因素在经济学中的作用，他们意识到，传统的经济学模型往往忽略了空间因素对经济活动的影响，这可能会导致错误的结论。因此，这些经济学家开始尝试将空间因素纳入经济学模型中，从而形成了空间计量经济学这个领域。

随着时间的推移，空间计量经济学得到了越来越多的关注和研究。这个领域的研究主要集中在两个方面：一是探索空间因素如何影响经济活动，例如空间溢出效应、空间集聚等；二是研究如何将空间因素纳入经济学模型中，例如构建空间权重矩阵、选择合适的空间计量模型等。近年来，空间计量经济学的发展取得了显著进展。越来越多的研究表明，空间因素对经济活动有着重要的影响，并且在很多情况下是不能被忽略的。因此，空间计量经济学已经成为经济学领域中的一个重要分支，并且被广泛应用于各个领域的研究中，例如城市规划、区域经济、环境经济等。

目前，空间计量经济学已经成为一个独立的学科分支，并在经济学、地理学、社会学等众多领域得到了广泛应用。它为理解经济活动的空间分布、空间溢出效应和空间演化等提供了重要的理论和方法支持。同时，随着大数据时代的到来，空间计量经济学也将面临更多的挑战和机遇。

2.2　空间计量模型的特性与空间效应的度量

2.2.1　空间效应及其度量

空间效应是空间计量经济学的基本特征之一，也是空间计量经济学与传统计量经济学的一个重要区别。由于空间数据通常存在不同空间单元上的空间依赖性，在空间计量经济学中，空间效应通常分为直接效应和间接效应。换言之，一个空间单元上的解释变量的变化，不仅直接影响了该空间单元上的被解释变量，同时还会（间接地）影响其他相邻空间单元的被解释变量。前者通常被称为直接效应（direct effect），而后者通常被称为间接效应（indirect effect）。这种间接效应在空间数据的实证分析中普遍存在，也被称为空间溢出效应，而空间计量模型是分析这种空间溢出效应的有力工具之一，这与运用一般的非空间线性回归模型有所不同。例如，考虑如下经典的非空间线性回归模型：

$$y_i = \sum_{k=1}^{p} x_{ik}\beta_k + \varepsilon_i, \quad i = 1, 2, \cdots, n \tag{2.1}$$

由式（2.1）可得：

$$\frac{\partial y_i}{\partial x_{jk}} = \begin{cases} \beta_k, & i = j \\ 0, & i \neq j \end{cases} \tag{2.2}$$

式（2.2）表明，第 i 个个体的解释变量只对它自己的被解释变量存在直接影响效应，而对其他个体的被解释变量的影响为零（即不存在间接影响效应）。

空间计量模型则不同，第 i 个个体的解释变量不仅对它自己的被解释变量存在直接影响效应，同时还对其他相邻个体的被解释变量也存在间接影响。

2.2.2 空间相关性

空间相关性是指空间单元中同一属性变量之间存在着一定的相互影响。Goodchild 等（1992）指出，几乎所有的空间数据都存在着某种空间依赖（称为空间自相关）特征。换言之，某一空间单元的某种属性值与邻近地区空间单元上的同一属性值之间会存在着一定的相关关系，而且这种空间相关关系的强度及模式会随着空间单元的位置变化而变化。传统的计量经济学则忽略了观测数据之间存在的这种空间位置关系，仅对属性值进行统计分析。

一般地，空间相关性可分为三种：正的空间自相关、负的空间自相关和无空间自相关。Goodchild（1986）指出，正的空间自相关表明相邻空间的事物存在某种相近的属性，负的空间自相关表明相邻空间的事物间存在某种相异的属性。从区域科学的角度看，正的空间自相关表明空间区域单元的属性值之间存在着某种趋同聚集特征（即相似观测值之间呈聚集的空间分布），而负的空间自相关表明空间区域单元的属性值之间存在着某种趋异聚集特征（即相似观测值之间呈分散的空间分布）。不论是趋同聚集，还是趋异聚集，都表明空间观测数据间存在着一定的空间依赖性，这种空间依赖性违背了传统的计量经济学中观测数据不相关的基本假设，从而导致传统的基于独立样本的统计推断方法将不再有效。换言之，在相同的样本容量的前提下，对于存在空间相关性的样本数据，若仍采用基于独立样本的统计推断方法进行分析，会导致方差估计变大、估计模型的拟合优度变低、假设检验的显著性水平变小等问题的出现。

在分析空间数据时，要特别注意观测数据是否存在空间相关性。若观测数据不存在空间相关性，则使用传统的计量经济学方法即可；若观测数据存在空间相关性，则应该使用空间计量方法。

检查观测数据间是否存在空间相关性，一种比较可靠的方法是进行空间相关性检验。文献上关于空间自相关的度量通常分为两种：全局空间自相关（global spatial auto-correlation）和局部空间自相关（local spatial auto-correlation）。全局空间自相关主要用来刻画空间单元上属性值之间的整体分布情况，即从整体上看观测数据是否存在某种聚集特征。度量全局空间自相关的统计量主要包括全局 Moran's I 统计量和全局 Geary's C 统计量。局部空间自相关则主要刻画部分单元的属性值之间是否存在（区域性）聚集特征，它可以用来分析聚集发生的位置。度量局部空间自相关的统计量主要包括局部 Moran's I 统计量、局部 Geary's C 统计量和局部 Getis G 统计量。

（1）全局 Moran's I 统计量

全局 Moran's I 统计量（或称为 Moran 指数）反映了空间邻接或空间邻近的区域单元属性值的相似程度。记 Y_i 表示第 i 个空间单元的某属性的观察值，则该属性的全局 Moran's I 值定义如下：

$$I = \frac{\sum_{i=1}^{n}\sum_{j=1}^{n} w_{ij}(Y_i - \bar{Y})(Y_j - \bar{Y})}{S^2 \sum_{i=1}^{n}\sum_{j=1}^{n} w_{ij}} \tag{2.3}$$

其中，$S^2 = \frac{1}{n}\sum_{i=1}^{n}(Y_i - \bar{Y})^2$，$\bar{Y} = \frac{1}{n}\sum_{i=1}^{n}Y_i$，$w_{ij}$ 为空间权重矩阵 W 的 (i, j) 元，n 表示空间单元的总数。当 W 为行标准化空间权重矩阵时，W 的所有元素之和满足 $\sum_{i=1}^{n}\sum_{j=1}^{n} w_{ij} = n$，此时全局 Moran's I 统计量可以改写为：

$$I = \sum_{i=1}^{n}\sum_{j=1}^{n} \frac{w_{ij}(Y_i - \bar{Y})(Y_j - \bar{Y})}{nS^2} \tag{2.4}$$

Moran's I 指数的取值范围一般在 [−1，1] 之间，指数小于 0 表示负相关，指数等于 0 表示不相关，指数大于 0 表示正相关。指数越接近 −1 表示单元间的差异越大或分布越不集中；指数越接近 1 表示单元间的关系越密切或者性质越相似；指数接近 0，则表示单元间的关系接近不相关。

Moran（1948）指出，Moran's I 指数近似服从均值为 $E(I) = -1/(n - 1)$，方差为 $Var(I) = (n^2 w_1 + n w_2 + 3 w_0^2)/[w_0^2(n^2 - 1)] - E^2(I)$ 的正态分布，其中 $w_0 = \sum_{i=1}^{n}\sum_{j=1}^{n} w_{ij}$，$w_1 = \frac{1}{2}\sum_{i=1}^{n}\sum_{j=1}^{n}(w_{ij} + w_{ji})^2$，$w_2 = \sum_{i=1}^{n}(w_{i\cdot} + w_{\cdot i})$，$w_{i\cdot}$ 与 $w_{\cdot j}$ 分别表示 W 的第 i 行和第 j 列的和。若对 Moran's I 指数作标准化，则有 $Z = \frac{I - E(I)}{\sqrt{Var(I)}}$ 近似服从标

准正态分布，从而针对假设 H_0：不存在相关性，可以基于标准正态分布对空间相关性作显著性检验。

（2）全局 Geary's C 统计量

全局 Moran's I 统计量的一个缺点是无法判断空间数据是高值聚集还是低值聚集，为此，Getis 和 Ord（1992）提出了全局 Geary's C 统计量。全局 Geary's C 统计量的定义如下：

$$C = \frac{(n-1)\sum_{i=1}^{n}\sum_{j=1}^{n}w_{ij}(Y_i - Y_j)^2}{2\sum_{i=1}^{n}\sum_{j=1}^{n}w_{ij}\sum_{i=1}^{n}(Y_i - \bar{Y})^2} \tag{2.5}$$

式（2.5）中的变量定义如式（2.3）。Geary's C 统计量的取值一般在 [0，2] 之间，大于 1 表示负相关，等于 1 表示不相关，而小于 1 表示正相关。如果对 Geary's C 统计量作如下的标准化：

$$Z(C) = \frac{C - E(C)}{\sqrt{Var(C)}} \tag{2.6}$$

则 $Z(C)$ 大于 0 表示存在高值聚集，$Z(C)$ 小于 0 表示存在低值聚集。

（3）局部 Moran's I 统计量

局部 Moran's I 统计量的定义如下：

$$I_i = \frac{(Y_i - \bar{Y})}{S^2}\sum_{j}w_{ij}(Y_j - \bar{Y}) \tag{2.7}$$

若对 Y_i 作中心标准化 $Z_i = \dfrac{Y_i - \bar{Y}}{\sigma_Y}$，则样本方差 $S^2 = 1$。于是，式（2.7）可简化为 $I_i = Z_i\sum_{j\neq i}^{n}w_{ij}^*Z_j$，其中，$w_{ij}^*$ 为空间权重矩阵 W 进行行标准化之后的第 (i, j) 元。易见，I_i 为第 i 个空间单元的观测值 Z_i 与邻近空间单元观测值加权平均的乘积，I_i 大于 0 表示空间单元 i 与邻近单元具有相似属性（即高值聚集或低值聚集），I_i 小于 0 表示空间单元 i 与邻近单元具有相异属性（即高值周围是低值或低值周围是高值）。

（4）局部 Geary's C 统计量

局部 Geary's C 统计量由 Ord 和 Getis（1995）提出，其计算公式为：

$$C_i = \frac{\sum_{j=1}^{n} w_{ij}(Y_i - Y_j)^2}{\sum_{j=1}^{n}(Y_j - \bar{Y})^2/(n-1)} \tag{2.8}$$

局部 Geary's C 统计量是一种基于距离权重矩阵的局部空间自相关指标，能够探测出高值聚集和低值聚集。

最后，需要指出的是，当数据量比较大时，有时可能存在不显著的全局空间自相关，但存在显著的局部自相关。

2.2.3　空间权重矩阵

空间权重矩阵（spatial weighting matrix）是空间计量经济学和地理信息系统（GIS）中的一个非常重要的概念，用于描述空间自相关性和空间异质性。在运用空间计量理论模型时，需要在模型中引入空间权重矩阵并预先设定其具体形式。

记 W 表示 $n \times n$ 阶空间权重矩阵，其表达式如下：

$$W = \begin{pmatrix} w_{11} & w_{12} & \cdots & w_{1n} \\ w_{21} & w_{22} & \cdots & w_{2n} \\ \vdots & \vdots & \ddots & \vdots \\ w_{n1} & w_{n2} & \cdots & w_{nn} \end{pmatrix} \tag{2.9}$$

式（2.9）中的第 (i, j) 元 w_{ij} 表示空间单元 i 与空间单元 j 的邻近关系。对于空间权重矩阵 W，通常要求其满足非负性与正则性，这里的非负性是指 W 的每一个元素都是非负的，而正则性则要求 W 中所有元素绝对值的行求和以及列求和都是有界的。

学术界关于空间权重矩阵的构建已提出了很多种方法，但都要求满足一个原则：构造的空间权重矩阵应该具有一种特征，即"空间相关性"会随着"距离"的增加而减少。这里的"距离"可以是地理上的距离，也可以是经济意义上合作关系的远近，甚至是社会学中的人际关系的远近。

根据不同的构建空间权重矩阵的方法和假设，文献上常用的空间权重矩阵包括以下几种类型：

（1）邻近空间权重矩阵

邻近空间权重矩阵是最简单和最常用的空间权重矩阵之一，这种空间权重矩阵假设相邻地区之间的空间关联性更强。如果地区 i 与地区 j 相邻，则 $w_{ij} = 1$，否则，$w_{ij} = 0$。相邻关系又可以分为以下 3 种不同的形式（见图 2-1）：

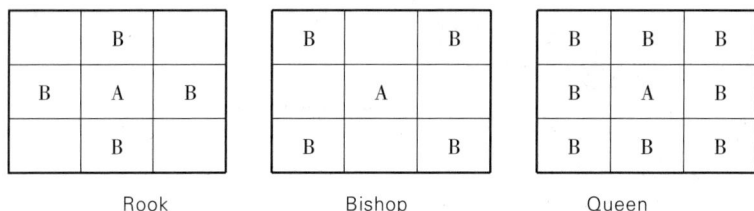

图 2-1　邻近空间权重矩阵

① Rook 邻近权重矩阵

Rook 邻近权重矩阵是基于地区之间共线的情况构建的权重矩阵。如果地区 i 与地区 j 仅有共同的边，则 $w_{ij} = 1$；否则，$w_{ij} = 0$。这种空间权重矩阵假设有共同边的地区之间的空间关联性更强。

② Bishop 邻近权重矩阵

Bishop 邻近权重矩阵是基于地区之间共顶点的情况构建的权重矩阵。如果地区 i 与地区 j 共顶点，则 $w_{ij} = 1$；否则，$w_{ij} = 0$。这种空间权重矩阵假设共顶点的地区之间的空间关联性更强。

③ Queen 邻近权重矩阵

Queen 邻近权重矩阵是基于地区之间有共线或共顶点的情况构建的权重矩阵。如果地区 i 与地区 j 有共同的边或共同的顶点，则 $w_{ij} = 1$；否则，$w_{ij} = 0$。这种空间权重矩阵假设有共同的边或共同的顶点的地区之间的空间关联性更强。Queen 邻近实际上是 Rook 邻近和 Bishop 邻近的结合。

（2）距离空间权重矩阵

距离空间权重矩阵是基于地区之间的"某种距离"构建的空间权重矩阵。通常采用欧几里得距离或曼哈顿距离等来计算地区之间的这种距离，并根据距离设定相应的权重值。这种空间权重矩阵假设空间上的距离越近，地区之间的空间关联性越强，因而权重越大；距离越远，地区之间的空间关联性越弱，因而权重越小。常用的距离空间权重矩阵包括以下几种类型：

① 基于地理距离标准的空间权重矩阵

地理学第一定律（Tobler，1970）指出：任何事物与其他周围事物之间都存在着某种联系，而且距离较近的事物之间的联系总会比距离较远的事物之间的联系更紧密。一种常用的基于地理距离标准的空间权重矩阵为：

$$w_{ij} = \begin{cases} \dfrac{1}{d_{ij}^2}, & i \neq j \\ 0, & i = j \end{cases} \tag{2.10}$$

其中，d_{ij} 为地区 i 与地区 j 的地理中心位置之间的距离，可以基于地理中心位置的经纬度，由下述公式计算得出：

$$d_{ij} = r \times \arccos\left[\sin(x_i) \times \sin(x_j) + \cos(x_i) \times \cos(x_j) \times \cos(y_i - y_j)\right] \tag{2.11}$$

其中，x 和 y 分别为地区 i 与地区 j 的地理中心位置的经度和纬度，r 为地球半径。

② 基于万有引力定律的空间权重矩阵

物理学中的万有引力定律表明：两个物体之间的引力与它们的质量乘积成正比，与它们之间的距离平方成反比。于是文献上一些学者基于万有引力定律构建空间邻接权重矩阵。例如在研究某种技术的溢出效应时，这种技术溢出效应并不一定仅仅局限于有共同边界的两个地区之间。如果距离较远的两个地区（不一定相邻）都有着较强的经济实力，则两个地区之间会有着紧密的技术交流与合作，因而这二者之间应该存在着很强的技术溢出效应。为此，基于万有引力定律可以构建如下的空间权重矩阵：

$$w_{ij} = \begin{cases} \dfrac{m_i m_j}{r_{ij}^2}, & i \neq j \\ 0, & i = j \end{cases} \tag{2.12}$$

其中，r_{ij} 为地区 i 与地区 j 的地理距离，可以基于两个地区的经纬度来计算；m_i 和 m_j 分别为地区 i 和地区 j 的经济实力，可以用样本期内的人均地区生产总值来衡量。需要注意的是，为了消除不同指标选取的单位的影响，这种空间权重矩阵在使用时需要先对其进行行标准化使得行元素之和为 1。

③ 基于社会经济特征的空间权重矩阵

通过简单的空间地理分布来构建空间权重矩阵的方法比较简单直接，结论也比较容易解释，但这种构造方法有时相对比较粗糙，而实际情况可能会更复杂。例如，在研究国家或地区之间的贸易问题时，虽然两个国家或地区相距比较远，但可能这两个国家或地区之间由于存在贸易或合作等原因，导致这两个国家或地区存在相对频繁的贸易往来和交流合作，因而它们之间有着紧密的联系；反之，如果两个距离很近或地理位置上相邻的国家或地区，由于相互之间的贸易往来或交流很少，导致它们之间的联系也很少。对于这种复杂的社会经济问题，我们需要从不同的角度构建新型的空间权重矩阵，从而全面客观地揭示区域之间的空间影响因素。一些学者将区域间的社会经济特征分为经济基础和人力资本两类，分别建立不同的空间权重矩阵（叶阿忠等，2015）。例如，林光平等（2005）在研究中国不同省份经济发展水平时，构建了地理相邻权重矩阵，但发现相邻区域的关系并不相同，因为在实际中，经济发展水平较高的区域对经济发展水平较低的区域会产生更强的空间影响和辐射作用，但反之不然。为此，林光平等（2005）又引入了区域间的人均地区生产总值的差额作为衡量区域间距离的指标，从而构建了基于经济距离的空间权重矩阵：

$$w_{ij} = \frac{\left| PGDP_i - PGDP_j \right|^{-1}}{\sum_{i=1}^{n} \left| PGDP_i - PGDP_j \right|^{-1}} \tag{2.13}$$

其中，$PGDP_i$ 和 $PGDP_j$ 分别表示区域 i 和区域 j 的人均地区生产总值。实证发现，这种基于经济距离定义的空间权重矩阵能更好地比较中国各省份的经济发展状况。

此外，人力资本对于区域活动亦有着重要的影响，因为人力资本水平的提高能够增强人们对知识、技术和其他信息的获取及运用能力，进而促进创新产出，提高区域社会经济发展水平。为此，参照经济距离空间权重矩阵的构建方法，人们构建了如下的人力资本空间权重矩阵（叶阿忠等，2015）：

$$W = W_d \mathrm{diag}\left(\frac{\bar{H}_1}{\bar{H}}, \quad \frac{\bar{H}_2}{\bar{H}}, \quad \cdots, \quad \frac{\bar{H}_n}{\bar{H}} \right) \tag{2.14}$$

其中，$\bar{H}_i = \dfrac{1}{t_1 - t_0 + 1} \sum_{t=t_0}^{t_1} H_{it}$，$\bar{H} = \dfrac{1}{n(t_1 - t_0 + 1)} \sum_{i=1}^{n} \sum_{t=t_0}^{t_1} H_{it}$，$\bar{H}_i$ 为区域 i 的人力资本存量平均值，$\bar{H}$ 为总人力资本存量平均值，t 为不同时期。构建这种人力资

本空间权重矩阵的一个好处是：能够更深刻地揭示区域人力资本水平差异对创新活动产生的动态影响，这种人力资本空间权重矩阵已被广泛应用于城市规划、经济发展、教育等领域中。

总之，在构建空间权重矩阵时，需要综合考虑各种因素，以便更好地描述空间自相关性和空间异质性。

2.3 静态空间面板模型的构建与估计

在经济、金融、贸易等很多领域，计量经济模型受到了广泛的关注和应用，特别是针对某个（些）国家或地区的经济问题研究。然而，学者们在实际研究中往往还发现，某个（些）国家或地区的经济不仅受到该国家或地区的自身的各种因素的影响，同时还受到与之有关联的周边国家或地区的某些因素的影响，这种受到相邻国家或地区的影响效应被称为"空间效应"。为解决这种空间效应的影响，学者们在传统的计量经济模型中引入了空间效应，从而衍生出了空间计量模型。本章的主要目的是简单介绍空间计量模型的一个分支——空间面板模型的基本理论和方法，从而为后续章节的实证研究作理论上的准备。

经过几十年的发展，空间面板模型理论已经非常丰富和完备。常用的空间面板模型主要包括：空间面板滞后模型、空间面板误差模型和空间面板杜宾模型等（Elhorst，2003，2010b）。对于这些模型的估计，主要采用极大似然估计法和广义矩估计方法。这两种方法都需要假定随机误差项是独立同分布的。相比较而言，广义矩估计法的优点在于不需要假定随机误差项服从正态分布，因而应用更灵活一些，但它的缺点在于，有可能会导致空间相关系数的估计值超出了其理论参数空间范围。

下面对于这些模型和估计方法一一进行简单介绍，更多详细内容可参考 Elhorst（2013）、叶阿忠等（2015）、胡亚权（2019）等专著。

2.3.1 空间面板滞后模型

空间面板滞后模型（Spatial Lag Model，SLM）是空间计量经济学中一种非常重要的模型，该模型假定因变量存在空间依赖性，因而该模型有时也被称为空间面板自回归模型（Spatial Autoregressive Regression，SAR）。

SLM具有如下的一些特点：（1）考虑空间自相关性：空间面板滞后模型认为经济现象之间存在空间相关性，即一个地区的经济变量可能会受到相邻地区经济变量的影响，因此，模型中引入了空间权重矩阵，以描述空间自相关性的结构；（2）结合面板数据结构：空间面板滞后模型结合了面板数据结构的特点，即包含时间和空间两个维度，这使得模型能够更好地处理动态数据和长期变化趋势，更准确地描述经济现象之间的关系；（3）估计参数的可靠性：空间面板滞后模型通过估计参数来解决面板数据中存在的异方差和相关系数的问题，从而提高了估计参数的可靠性和准确性；（4）分析空间溢出效应：空间面板滞后模型可以分析空间溢出效应，即一个地区的经济变量对相邻地区经济变量的影响程度和方向，这有助于揭示地区间的经济联系和相互影响机制。总之，空间面板滞后模型能够更准确地描述经济现象之间的关系，有助于深入分析地区间的经济联系和相互影响机制。

空间面板滞后模型一般分为固定效应和随机效应两类，我们分别讨论这两类空间面板滞后模型的参数估计问题。

（1）含固定效应的空间面板滞后模型

含固定效应的空间面板滞后模型通常可表示为：

$$y_{it} = \rho \sum_{j=1}^{n} w_{ij} y_{jt} + X_{it}^{\mathrm{T}} \beta + \mu_i + \varepsilon_{it}, \ i = 1, \cdots, n, \ t = 1, \cdots, T \qquad (2.15)$$

其中，y_{it} 是被解释变量，$X_{it} = (x_{it,\,1}, \cdots, x_{it,\,p})^{\mathrm{T}}$ 是 $p \times 1$ 维解释变量，$-1 < \rho < 1$ 是空间自回归系数，$W = (w_{ij})$ 是 $n \times n$ 阶空间权重矩阵，n 是横截面数据样本量，T 是样本时间维度，μ_i 是个体固定效应，$\beta = (\beta_1, \cdots, \beta_p)^{\mathrm{T}}$ 是 $p \times 1$ 维回归系数列向量，ε_{it} 是模型随机误差且满足 $E(\varepsilon_{it}|x_{it}) = 0$，$Var(\varepsilon_{it}|x_{it}) = \sigma^2 > 0$。

若记 $Y = (y_{11}, \cdots, y_{n1}, \cdots, y_{1T}, \cdots, y_{nT})^{\mathrm{T}}$，$X = (X_{11}, \cdots, X_{n1}, \cdots, X_{1T}, \cdots, X_{nT})^{\mathrm{T}}$，$\mu = (\mu_1, \cdots, \mu_n)^{\mathrm{T}}$，$\varepsilon = (\varepsilon_{11}, \cdots, \varepsilon_{n1}, \cdots, \varepsilon_{1T}, \cdots, \varepsilon_{nT})^{\mathrm{T}}$，则公式（2.15）可以表示为如下的矩阵形式：

$$Y = \rho W Y + X\beta + (\iota_T \otimes I_n)\mu + \varepsilon \qquad (2.16)$$

其中，$\iota_T = (1, \cdots, 1)^{\mathrm{T}}$ 为元素全为 1 的 $T \times 1$ 阶列向量，I_n 表示 $n \times n$ 阶单位阵，"$\otimes$" 表示 Kronecker 乘积。

当数据存在空间效应时，现有研究已得出结论：对于含固定效应的空间面板滞后模型，通常所使用的最小二乘估计往往存在统计偏差，一个主要原因是空间面板滞后模型中存在内生性问题。为此，Anselin 等（2006）提出了如下的极大似然估计（MLE）方法。

假定 $\varepsilon_{it}(i = 1, \cdots, n, t = 1, \cdots, T)$ 为独立同分布随机变量序列，且都服从正态分布 $N(0, \sigma^2)$，则模型参数 ρ，β，σ^2 的对数似然函数为：

$$\log L = -\left(\frac{nT}{2}\right)\log(2\pi\sigma^2) + T\log|I_n - \rho W| -$$
$$\frac{1}{2\sigma^2}\sum_{i=1}^{n}\sum_{t=1}^{T}(y_{it} - \rho\sum_{j=1}^{n}w_{ij}y_{jt} - X_{it}^{\mathrm{T}}\beta - \mu_i)^2 \tag{2.17}$$

对于式（2.17）求解关于 μ_i 的偏导数可得：

$$\frac{\partial \log L}{\partial \mu_i} = -\frac{1}{\sigma^2}\sum_{t=1}^{T}(y_{it} - \rho\sum_{j=1}^{n}w_{ij}y_{jt} - X_{it}^{\mathrm{T}}\beta - \mu_i), \quad i = 1, \cdots, n \tag{2.18}$$

依据最优化的一阶条件，令式（2.18）为零并对其进行求解得：

$$\mu_i = \frac{1}{T}\sum_{t=1}^{T}(y_{it} - \rho\sum_{j=1}^{n}w_{ij}y_{jt} - X_{it}^{\mathrm{T}}\beta), \quad i = 1, \cdots, n \tag{2.19}$$

将式（2.19）代入到式（2.18）中并进行整理，得到参数 ρ，β，σ^2 的去平均化后的拟对数似然函数：

$$\log L = -\left(\frac{nT}{2}\right)\log(2\pi\sigma^2) + T\log|I_n - \rho W| - \frac{1}{2\sigma^2}\sum_{i=1}^{n}\sum_{t=1}^{T}(y_{it}^* - \rho\sum_{j=}^{n}w_{ij}y_{it}^* - X_{it}^{*\mathrm{T}}\beta)^2 \tag{2.20}$$

其中，$y_{it}^* = y_{it} - \frac{1}{T}\sum_{t=1}^{T}y_{it}$，$X_{it}^* = X_{it} - \frac{1}{T}\sum_{t=1}^{T}X_{it}$。基于公式（2.20），通过最大化的一阶条件，得到参数估计值 $\hat{\beta}$，$\hat{\rho}$，$\hat{\sigma}^2$。具体的估计过程如下：

① 将观测值按顺序堆积成连续的横截面，记 $Y^* = (y_{11}^*, \cdots, y_{n1}^*, \cdots, y_{1T}^*, \cdots, y_{nT}^*)^{\mathrm{T}}$，$X^* = (X_{11}^*, \cdots, X_{n1}^*, \cdots, X_{1T}^*, \cdots, X_{nT}^*)^{\mathrm{T}}$。

② 建立 Y^* 关于 X^* 的最小二乘回归得到估计量 $\hat{b}_0$，相应残差向量记为 e_0^*；类似地，建立 $(I_T \otimes W)Y^*$ 关于 X^* 的最小二乘回归得到估计量 $\hat{b}_1$，相应残差向

量记为 e_1^*。于是得到如下的对数似然函数：

$$\log L = C - \left(\frac{nT}{2}\right)\log\left[(e_0^* - \rho e_1^*)^{\mathrm{T}}(e_0^* - \rho e_1^*)\right] + T\log|I_n - \rho W| \tag{2.21}$$

其中，C 是与 ρ 无关的常数。将式（2.21）关于 ρ 最大化可得 ρ 的估计值 $\hat{\rho}$。

③给定 ρ 的估计值，通过下式计算出 β 与 σ^2 的估计值：

$$
\begin{aligned}
\hat{\beta} &= \hat{b}_0 - \rho\hat{b}_1 = [X^{*\mathrm{T}}X^*]^{-1}X^{*\mathrm{T}}[Y^* - \rho(I_T \otimes W)Y^*], \\
\hat{\sigma}^2 &= \frac{1}{NT}(e_0^* - \rho e_1^*)^{\mathrm{T}}(e_0^* - \rho e_1^*)
\end{aligned}
\tag{2.22}
$$

④最后得到 $\hat{\mu}_i = \dfrac{1}{T}\sum\limits_{t=1}^{T}\left(y_{it} - \hat{\rho}\sum\limits_{j=1}^{n}w_{ij}y_{jt} - X_{it}^{\mathrm{T}}\hat{\beta}\right)$，$i = 1, \cdots, n$。

上述估计过程可以利用统计软件 Stata 很方便地实现，具体详细内容可参考叶阿忠等（2020）。

（2）含随机效应的空间面板滞后模型

对于含随机效应的空间面板滞后模型，我们采用张志强（2012）所提出的极大似然估计方法。

假定个体效应 μ_i 是随机变量，即 $\mu_i \sim N(0, \sigma_\mu^2)$，$i = 1, \cdots, n$。设 $\varepsilon_{it} \sim N(0, \sigma^2)$，则空间面板滞后模型的对数似然函数为：

$$\log L = -\left(\frac{nT}{2}\right)\log(2\pi\sigma^2) + T\log|I_n - \rho W| - \frac{1}{2\sigma^2}\sum_{i=1}^{n}\sum_{t=1}^{T}(\tilde{y}_{it} - \rho\tilde{y}_{it}^* - \tilde{X}_{it}^{\mathrm{T}}\beta)^2 \tag{2.23}$$

其中，$y_{it}^* = \sum\limits_{j=1}^{n}w_{ij}y_{jt}$。$\tilde{y}_{it}$，$\tilde{y}_{it}^*$，$\tilde{X}_{it}$ 的表达式如式（2.24）所示：

$$
\begin{aligned}
\tilde{y}_{it} &= y_{it} - (1 - \theta)\frac{1}{T}\sum_{t=1}^{T}y_{it}, \\
\tilde{y}_{it}^* &= y_{it}^* - (1 - \theta)\frac{1}{T}\sum_{t=1}^{T}y_{it}^*, \\
\tilde{X}_{it} &= X_{it} - (1 - \theta)\frac{1}{T}\sum_{t=1}^{T}X_{it}
\end{aligned}
\tag{2.24}
$$

这里，θ 是基于面板的横截面 OLS 和固定效应估计样本标准差的加权，即 $\theta^2 = \sigma^2 / (T \times \sigma_\mu^2 + \sigma^2)$。在给定参数 θ 的条件下，模型参数 β，ρ，σ^2 的似然函数和估计方法与固定效应的空间面板估计方法一致。而参数 θ 可以通过紧凑型的似然函数的最优化一阶条件得到其一致估计量，其似然函数如公式（2.25）

所示：

$$\log L = -\left(\frac{nT}{2}\right)\log\left[\sum_{i=1}^{n}\sum_{t=1}^{T}e(\theta)_{it}^2\right] + \frac{n}{2}\log\theta^2 \tag{2.25}$$

其中，$e(\theta)_{it}(i = 1, \cdots, n, t = 1, \cdots, T)$ 的定义如公式（2.26）所示：

$$
\begin{aligned}
e(\theta)_{it} = &\left[y_{it} - (1-\theta)\frac{1}{T}\sum_{t=1}^{T}y_{it}\right] - \rho\left[\sum_{j=1}^{n}w_{ij}\left(y_{jt} - (1-\theta)\frac{1}{T}\sum_{t=1}^{T}y_{it}\right)\right] \\
&- \left[X_{it} - (1-\theta)\frac{1}{T}\sum_{t=1}^{T}X_{it}\right]^{\mathrm{T}}\beta
\end{aligned}
\tag{2.26}
$$

于是得到如下的迭代算法：首先假定参数 β，ρ，σ^2 的初始估计值，然后循环迭代给出估计值 $\hat{\beta}$，$\hat{\rho}$，$\hat{\sigma}^2$ 和 $\hat{\theta}$ 直至算法收敛为止。由此可见，含随机效应的空间面板滞后模型的估计，是通过联合估计空间面板的固定效应模型与非空间面板的随机效应模型来实现的。

上述估计过程可以利用统计软件 Stata 很方便地实现，具体详细内容可参考叶阿忠等（2020）。

2.3.2 空间面板误差模型

空间面板误差模型（Spatial Errors Model，SEM）是空间计量经济学中的另一个重要模型，它考虑了空间自相关性和随机扰动项之间的关系。与空间面板滞后模型不同，空间面板误差模型关注的是随机扰动项对被解释变量的影响，而不是解释变量的滞后效应。

空间面板误差模型的主要特点是：（1）考虑空间自相关性：与空间面板滞后模型类似，空间面板误差模型也考虑了经济现象之间的空间自相关性，它通过空间权重矩阵来描述这种现象，以捕捉相邻地区经济变量对被解释变量的影响；（2）误差项的空间相关：在空间面板误差模型中，随机扰动项之间可能存在空间相关性，这意味着一个地区的扰动项可能会受到相邻地区扰动项的影响，从而影响被解释变量的估计；（3）动态面板数据结构：空间面板误差模型结合了面板数据的特性，可以处理动态面板数据结构，这使得该模型能够更好地描述长期变化趋势和时间序列数据的特性。

空间面板误差模型一般分为含固定效应和含随机效应两类，我们分别讨论这两类空间面板误差模型的参数估计问题。

（1）含固定效应的空间面板误差模型

含固定效应的空间面板误差模型通常可表示为：

$$y_{it} = X_{it}^{\mathrm{T}}\beta + \mu_i + u_{it}, \qquad u_{it} = \lambda \sum_{j=1}^{n} w_{ij} u_{jt} + \varepsilon_{it} \tag{2.27}$$

其中，λ 为空间误差相关系数，度量了邻近个体关于被解释变量的误差冲击对本个体观察值的影响大小与方向；$W = (w_{ij})$ 为 $n \times n$ 阶空间权重矩阵，其中元素 w_{ij} 描述了第 i 个截面个体误差项与第 j 个截面个体误差项之间的相关性。

与空间面板的滞后效应模型相类似，可以得到如式（2.28）的空间面板误差模型的对数似然函数：

$$\log L = -\frac{nT}{2}\log(2\pi\sigma^2) + T\log|I_n - \lambda W| - \frac{1}{2\sigma^2}\sum_{i=1}^{n}\sum_{t=1}^{T}\left\{ y_{it}^* - \lambda\sum_{j=1}^{n}w_{ij}y_{jt}^* - (X_{it}^* - \lambda\sum_{j=1}^{n}w_{ij}X_{jt}^*)^{\mathrm{T}}\beta \right\}^2 \tag{2.28}$$

式中的 X_{it}^*，y_{it}^* 的含义与前文阐述一致，即去平均化后的解释变量与被解释变量。给定 λ 的值，利用极大似然估计法，通过一阶最优化条件可以得到 β 和 σ^2 的估计量分别如式（2.29）和式（2.30）所示：

$$\hat{\beta} = \left[\left(X^* - \lambda(I_T \otimes W)X^* \right)^{\mathrm{T}} \left(X^* - \lambda(I_T \otimes W)X^* \right) \right]^{-1} \times \left[X^* - \lambda(I_T \otimes W)X^* \right]^{\mathrm{T}} \left[Y^* - \lambda(I_T \otimes W)Y^* \right], \tag{2.29}$$

$$\hat{\sigma}^2 = \frac{e(\lambda)^{\mathrm{T}}e(\lambda)}{nT} \tag{2.30}$$

其中，$Y^* = (y_{11}^*, \cdots, y_{n1}^*, \cdots, y_{1T}^*, \cdots, y_{nT}^*)^{\mathrm{T}}$，$X^* = (X_{11}^*, \cdots, X_{n1}^*, \cdots, X_{1T}^*, \cdots, X_{nT}^*)^{\mathrm{T}}$，$e(\lambda) = [Y^* - \lambda(I_T \otimes W)Y^*] - [X^* - \lambda(I_T \otimes W)X^*]^{\mathrm{T}}\beta$。那么关于 λ 的紧凑型似然函数如式（2.31）所示：

$$\log L = -\frac{nT}{2}\log\left[e(\lambda)^{\mathrm{T}}e(\lambda) \right] + T\log|I_n - \lambda W| \tag{2.31}$$

依据式（2.31）的一阶条件得到 $\hat{\lambda}$。代入式（2.29）和（2.30）得到 $\hat{\beta}$，$\hat{\sigma}$。相应的空间面板固定效应的参数估计为 $\hat{\mu}_i = \frac{1}{T}\sum_{t=1}^{T}(y_{it} - X_{it}^{\mathrm{T}}\hat{\beta})$。

（2）含随机效应的空间面板误差模型

对于含随机效应的空间面板误差模型，我们采用 Elhorst（2003）所提出的极大似然估计方法。

假定个体效应 μ_i 是随机变量，即 $\mu_i \sim N(0, \sigma_\mu^2)$，$i = 1, \cdots, n$，并设 $\varepsilon_{it} \sim N(0, \sigma^2)$。则空间面板误差模型的对数似然函数为：

$$\log L = -\left(\frac{nT}{2}\right)\log(2\pi\sigma^2) - \frac{1}{2}\log|V| + (T-1)\log|B| - \frac{1}{2\sigma^2}e^{\mathrm{T}}\left(\frac{1}{T}\iota_T\iota_T^{\mathrm{T}} \otimes V^{-1}\right)e - \frac{1}{2\sigma^2}e^{\mathrm{T}}\left[\left(I_T - \frac{1}{T}\iota_T\iota_T^{\mathrm{T}}\right) \otimes (B^{\mathrm{T}}B)\right]e \quad (2.32)$$

其中，ι_T 为元素全为 1 的 $T \times 1$ 维列向量，$V = T\phi^2 + (B^{\mathrm{T}}B)^{-1}$，$\phi^2 = \dfrac{\sigma_\mu^2}{\sigma^2}$，$B = I_n - \lambda W$，$Y = (y_{11}, \cdots, y_{n1}, \cdots, y_{1T}, \cdots, y_{nT})^{\mathrm{T}}$，$X = (X_{11}, \cdots, X_{n1}, \cdots, X_{1T}, \cdots, X_{nT})^{\mathrm{T}}$，$e = Y - X\beta$。注意到矩阵 V 的出现使得我们在极大化公式（2.32）时面临着极为复杂的计算过程，因而 Elhorst（2003）提出将 $\log|V|$ 表示为空间权重矩阵 W 的特征根的函数（参见 Griffith 和 Lagona，1998，表 3.1），从而简化了含随机效应的空间面板误差模型的模型参数估计求解过程。具体而言，设 ω_i，$i = 1, \cdots, n$ 为空间权重矩阵 W 的特征根且已知，则有：

$$|V| = \left|T\phi^2 I_n + (B^{\mathrm{T}}B)^{-1}\right| = \prod_{i=1}^{n}\left[T\frac{\sigma_\mu^2}{\sigma^2} + \frac{1}{(1-\lambda\omega_i)^2}\right] \quad (2.33)$$

从而，转换后的对数似然函数如公式（2.34）所示：

$$\log L = -\left(\frac{nT}{2}\right)\log(2\pi\sigma^2) - \frac{1}{2}\sum_{i=1}^{n}\log[1 + T\phi^2(1-\lambda\omega_i)^2] + T\sum_{i=1}^{n}\log(1-\lambda\omega_i) - \frac{1}{2\sigma^2}\sum_{t=1}^{T}\tilde{e}_t^{\mathrm{T}}\tilde{e} \quad (2.34)$$

其中，$\tilde{e}_t = Y_t^* - X_t^*\beta$，$Y_t^* = (I_n - \lambda W)Y_t - [P - (I_n - \lambda W)]\bar{Y}$，$X_t^* = (I_n - \lambda W)X_t - [P - (I_n - \lambda W)]\bar{X}$，$\bar{Y} = (\bar{Y}_{1\cdot}, \cdots, \bar{Y}_{n\cdot})^{\mathrm{T}}$，$\bar{X} = (\bar{X}_{1\cdot}^{\mathrm{T}}, \cdots, \bar{X}_{n\cdot}^{\mathrm{T}})^{\mathrm{T}}$，$\bar{Y}_{i\cdot} = \dfrac{1}{T}\sum_{t=1}^{T}y_{it}$，$\bar{X}_{i\cdot} = \dfrac{1}{T}\sum_{t=1}^{T}X_{it}$，$i = 1, \cdots, n$，矩阵 P 满足 $P^{\mathrm{T}}P = [T\phi^2 I_n + (B^{\mathrm{T}}B)^{-1}]^{-1}$。

基于公式（2.34）的一阶最优化条件可得 β 与 σ^2 的极大似然估计为：

$$\hat{\beta} = \left[(\tilde{X}^*)^{\mathrm{T}} \tilde{X}^*\right]^{-1} \left[(\tilde{X}^*)^{\mathrm{T}} \tilde{y}^*\right], \qquad \hat{\sigma}^2 = \frac{\sum_{t=1}^{T} (y_t^* - X_t^* \hat{\beta})^2}{nT}$$

其中，$\tilde{X}^* = (X_1^{*\mathrm{T}}, \cdots, X_T^{*\mathrm{T}})^{\mathrm{T}}$，$\tilde{y}^* = (y_1^*, \cdots, y_T^*)^{\mathrm{T}}$。将 $\hat{\beta}$ 与 $\hat{\sigma}^2$ 代入到公式（2.34）中得到 ρ 和 ϕ^2 的紧凑型似然函数，如式（2.35）所示。

$$\begin{aligned} \log L = C &- \frac{nT}{2} \log\left(\sum_{t=1}^{T} \tilde{e}_t^{\mathrm{T}} \tilde{e}_t\right) - \frac{1}{2} \sum_{i=1}^{n} \log\left[1 + T\phi^2 (1 - \lambda\omega_i)^2\right] \\ &+ T \sum_{i=1}^{n} \log(1 - \lambda\omega_i) \end{aligned} \tag{2.35}$$

其中，$C = -nT/2 \times \log(2\pi) - nT/2 + nT/2 \times \log(nT)$ 为常数。公式（2.35）关于 λ 和 ϕ^2 最大化，可得 $\hat{\lambda}$ 和 $\hat{\phi}^2$。于是通过对 $\{\beta, \sigma^2\}$ 和 $\{\lambda, \phi^2\}$ 进行循环迭代直至算法收敛为止，就可以得到 β，σ^2，λ，ϕ^2 的极大似然估计。

2.3.3　空间面板杜宾模型

空间面板杜宾模型（Spatial Durbin Model，SDM）也是空间计量经济学中的一个重要模型，它考虑了空间自相关性和解释变量之间的交互效应。与空间面板滞后模型和空间面板误差模型不同，空间面板杜宾模型关注的是解释变量之间的相互作用以及它们对被解释变量的影响。本质上讲，空间面板杜宾模型是一个通过在 SAR 模型中加入空间滞后变量而得到的增强了的 SAR 模型。

空间面板杜宾模型具有以下的一些特点：（1）考虑解释变量之间的交互效应：空间面板杜宾模型考虑了解释变量之间的相互作用，即一个解释变量对被解释变量的影响可能会受到邻近单元解释变量的影响；（2）考虑空间自相关性：与空间面板滞后模型和空间面板误差模型类似，空间面板杜宾模型也考虑了经济现象之间的空间自相关性，它通过空间权重矩阵来描述这种现象，以捕捉相邻地区经济变量对被解释变量的影响；（3）动态面板数据结构：空间面板杜宾模型结合了面板数据的特性，可以处理动态面板数据结构，这使得该模型能够更好地描述长期变化趋势和时间序列数据的特性。

空间面板杜宾模型的一般表达式为：

$$y_{it} = \rho \sum_{j=1}^{n} w_{ij,1} y_{jt} + X_{it}\beta + \sum_{j=1}^{n} w_{ij,2} X_{jt}\delta + \mu_i + \varepsilon_{it} \tag{2.36}$$

其中，$W_1 = (w_{ij,1})$ 是刻画因变量空间相关性的 $n \times n$ 阶空间权重矩阵，$W_2 = (w_{ij,2})$ 是刻画自变量空间相关性的 $n \times n$ 阶空间权重矩阵，两者可以设置为相同或不同的矩阵（详细说明可参考 Lesage 和 Pace，2009），随机误差项 $\varepsilon_{it} \sim N(0,\sigma^2)$，$\mu_i$ 为个体固定效应项，其他的解释变量的含义与前述模型相同。模型（2.36）的一个特别之处在于模型中引入了参数向量 δ，用于度量相邻区域的解释变量对因变量的间接影响。若定义 $Z_{it} = [X_{it}:\sum_{j=1}^{n} w_{ij,2} X_{jt}]$，$\theta = (\beta^{\mathrm{T}}, \delta^{\mathrm{T}})^{\mathrm{T}}$，则可以将模型（2.36）改写为如下的 SLM 模型：

$$y_{it} = \rho \sum_{j=1}^{n} w_{ij,1} y_{jt} + Z_{it}\theta + \mu_i + \varepsilon_{it} \tag{2.37}$$

从而可运用前述的极大似然估计法对模型参数进行估计。

在实际应用中，空间面板杜宾模型已被广泛应用，一个很重要的原因是很多模型可以视为其特殊形式之一。例如以下几种情况：

（1）当 $\delta = 0$ 时，模型（2.36）中排除了空间滞后解释变量的影响，从而转化为空间面板滞后模型：

$$y_{it} = \rho \sum_{j=1}^{n} w_{ij,1} y_{jt} + X_{it}\beta + \mu_i + \varepsilon_{it} \tag{2.38}$$

（2）当 $\rho = 0$ 时，即假设因变量之间的观测不存在相关性，但因变量与相邻区域的特性有关，则该模型变为解释变量的空间面板滞后模型：

$$y_{it} = X_{it}\beta + \sum_{j=1}^{n} w_{ij,2} X_{jt}\delta + \mu_i + \varepsilon_{it} \tag{2.39}$$

（3）当 $\rho = 0$，$\delta = 0$ 时，该模型转化为普通的最小二乘回归模型。

最后需要指出的是，空间面板固定效应模型既可以是空间固定效应模型，也可以是时间固定效应模型，甚至是双固定效应模型（即同时考虑空间固定效应和时间固定效应）。空间固定效应模型是一种常用来刻画空间面板数据中的变量作用效果随个体变化但不随时间变化的方法；时间固定效应模型是一种常用来刻画空间面板数据中的变量作用效果随时间变化但不随个体变化的方法；

而双固定效应模型是一种用来反映空间面板数据中既随个体变化，又随时间变化的一类变量效果的方法。例如，模型（2.36）定义的是面板数据空间杜宾固定效应模型，类似地，我们也可以构建如下的含时间固定效应的面板数据空间面板杜宾模型：

$$y_{it} = \rho \sum_{j=1}^{n} w_{ij,1} y_{jt} + X_{it}\beta + \sum_{j=1}^{n} w_{ij,2} X_{jt}\delta + \lambda_t + \varepsilon_{it} \tag{2.40}$$

和双固定效应的面板数据空间面板杜宾模型：

$$y_{it} = \rho \sum_{j=1}^{n} w_{ij,1} y_{jt} + X_{it}\beta + \sum_{j=1}^{n} w_{ij,2} X_{jt}\delta + \mu_i + \lambda_t + \varepsilon_{it} \tag{2.41}$$

关于面板数据空间面板杜宾模型的更多详细内容，可参见叶阿忠等（2020）。

2.3.4 固定效应面板模型偏误的修正

当面板数据模型中含固定效应时，前述所介绍的方法主要是基于 Baltagi（2005）提出的去均值方法（亦称为直接法）。Lee 和 Yu（2010a）指出，这种直接法有时会得到有偏的参数估计。例如，如果空间面板模型中仅包含空间固定效应，不含有时间固定效应，则当时间期数 T 固定而让横截面个数 n 很大时，得到的 σ^2 的估计是有偏的；如果空间面板模型同时包含空间固定效应和时间固定效应，则当 n 和 T 都很大时，所有参数的估计都是有偏的。因而 Lee 和 Yu（2010a）提出对用直接法得到的模型参数的估计进行一定程度的修正，即偏误校正法。

首先，如果 SAR、SEM 和 SDM 中只包含空间固定效应而不包含时间固定效应，Lee 和 Yu（2010a）建议对 σ^2 的估计进行如下的偏误校正：

$$\hat{\sigma}_{BC}^2 = \frac{T}{T-1}\hat{\sigma}^2 \tag{2.42}$$

相反，如果 SAR、SEM 和 SDM 中只包含时间固定效应而不包含空间固定效应，则可以通过如下方式进行修正：

$$\hat{\sigma}_{BC}^2 = \frac{n}{n-1}\hat{\sigma}^2 \tag{2.43}$$

如果 SAR、SEM 和 SDM 中同时包含空间固定效应和时间固定效应，此时也需要对模型参数进行修正，但每一种模型的偏误校正程序会各不相同，具体细节可参见 Lee 和 Yu（2010a）或 Elhorst（2013）。

2.4　动态空间面板模型的构建与估计

　　静态空间面板模型主要研究的是连续（或不连续）若干时期内的外生解释变量对因变量的影响；与之相对的动态空间面板模型则将一阶（或多阶）滞后的被解释变量亦作为解释变量纳入模型中，以充分考察模型中除解释变量之外的其他因素对被解释变量的影响。本节将简要介绍动态空间面板模型的构建及其估计方法。

2.4.1　广义动态空间面板模型

　　本节首先讨论一个在时间和空间上均存在动态效应的广义空间面板模型。理论上讲，这个广义动态空间面板模型可能会产生参数识别问题，但将若干简单而且实用的计量模型纳入一个统一的框架体系内进行研究，有助于识别这些模型之间的区别和联系，以及在实际应用中哪一个计量模型更加合适。

　　广义动态空间面板模型的一般表达式为（Elhorst，2013）：

$$Y_t = \tau W Y_t + \delta Y_{t-1} + \eta W Y_{t-1} + X_t \beta_1 + W X_t \beta_2 + X_{t-1} \beta_3 + W X_{t-1} \beta_4 + Z_t \theta + \nu_t,$$
$$\nu_t = \rho \nu_{t-1} + \lambda W \nu_t + \mu + \varsigma_t \iota_n + \varepsilon_t, \tag{2.44}$$
$$\mu = \kappa W \mu + \xi$$

其中，$Y_t = (y_{1t}, \cdots, y_{nt})^{\mathrm{T}}$ 是 $n \times 1$ 维列向量，由时间 t（$t = 1, \cdots, T$）上的被解释变量的样本观测值构成，X_t 为 $n \times K$ 阶外生解释变量矩阵，Z_t 为 $n \times L$ 阶内生解释变量矩阵，W 为 $n \times n$ 阶空间权重矩阵，δ，τ，η 分别为因变量的时间滞后 Y_{t-1}、空间滞后 $W Y_t$ 以及时空滞后 $W Y_{t-1}$ 的待估参数，β_1，β_2，β_3，β_4 分别为 $K \times 1$ 阶外生解释变量的效应参数，θ 为 $L \times 1$ 阶内生解释变量的效应参数，ν_t 为 $n \times 1$ 阶随机误差项，ρ 为序列自相关系数，λ 为空间自相关系数，$\mu = (\mu_1, \cdots, \mu_n)^{\mathrm{T}}$ 为 $n \times 1$ 阶含有特定空间效应 μ_i 的列向量，ς_t（$t = 1, \cdots, T$）为时间特定效应，ι_t（$t = 1, \cdots, T$）为 $n \times 1$ 阶元素全为 1 的列向量，$\varepsilon_t = (\varepsilon_{1t}, \cdots, \varepsilon_{nt})^{\mathrm{T}}$ 和 ξ 都是独立同分布的随机扰动项，并假定其均值为零，有限方差分别为 σ^2 和 σ_ξ^2。

由式（2.44）可以看出，广义动态空间面板模型本质上讲，是将常用的动态空间计量模型都融合到一起，其包含了一个或者若干个被解释变量或解释变量的时间滞后、空间滞后以及时空双滞后的形式，也包含了误差序列自相关、空间误差自相关和时空特定效应等，因而其形式非常灵活，应用非常广泛。

关于模型（2.44）的估计问题，文献上常用的估计方法大致分为三种：准似然函数或偏误修正的似然函数估计法（QML）、基于工具变量（IV）或广义矩（GMM）的估计法和基于 Markov 链的贝叶斯 Monte-Carlo 法（贝叶斯 MCMC），详情可参见 Elhorst（2013）、胡亚权（2019）和叶阿忠等（2020）等专著和文献。

基于广义动态空间面板模型，通过设定不同的参数限定条件，我们可以衍生出多种多样的动态空间面板模型。例如，若设定 $\rho = \lambda = \kappa = 0$，$\beta_3 = \beta_4 = 0$，则得到了动态空间面板杜宾模型：

$$Y_t = \tau W Y_t + \delta Y_{t-1} + \eta W Y_{t-1} + X_t \beta_1 + W X_t \beta_2 + Z_t \theta + \mu + s_t \iota_n + \varepsilon_t \tag{2.45}$$

下面我们针对本书将使用的几种特殊的动态空间面板模型进行具体讨论。

2.4.2 动态空间面板滞后模型

动态空间面板滞后模型结合了空间面板滞后模型和动态面板数据的特性。该模型不仅考虑了空间自相关性和解释变量之间的滞后效应，还引入了时间序列数据的时间动态性，从而更准确地描述经济现象之间的关系。

动态空间面板滞后模型具有以下主要特色：（1）考虑解释变量的时间动态性：与空间面板滞后模型相比，动态空间面板滞后模型引入了时间序列数据的动态性，这意味着解释变量不仅受前期值的影响，还可能受到更早时期值的影响；（2）空间自相关性：与空间面板滞后模型类似，动态空间面板滞后模型也考虑了经济现象之间的空间自相关性，它通过空间权重矩阵来描述这种现象，以捕捉相邻地区经济变量对被解释变量的影响；（3）动态面板数据结构：动态空间面板滞后模型结合了动态面板数据的特性，能够处理时间序列数据的时间动态性和空间相关性。这使得模型能够更好地捕捉长期变化趋势和时间序列数据的特性；（4）参数的时变性和稳定性：由于动态空间面板滞后模型涉及参数的时变性和稳定性，因此需要注意参数的估计和推断过程。如果参数估计的结果不稳定，可能会导致模型结果的不可靠。

含固定效应的动态空间面板滞后模型通常可表示为：

$$Y_t = \tau W Y_t + \delta Y_{t-1} + \eta W Y_{t-1} + X_t \beta + \mu + \nu_t \tag{2.46}$$

其中，$Y_t = (y_{1t}, \cdots, y_{nt})^T$ 和 $\nu_t = (\nu_{1t}, \cdots, \nu_{nt})^T$ 均为 $n \times 1$ 维列向量，$\{\nu_{it}\}$ 独立同分布且满足 $E(\nu_{it}) = 0$，$Var(\nu_{it}) = \sigma^2$，X_t 为 $n \times K$ 阶外生解释变量矩阵，W 为 $n \times n$ 阶空间权重矩阵，δ、τ、η 分别为因变量的时间滞后、空间滞后和时空滞后的待估参数，β 为 $K \times 1$ 阶外生解释变量的效应参数，$\mu = (\mu_1, \cdots, \mu_n)^T$ 为 $n \times 1$ 阶含有特定个体固定效应 μ_i 的列向量。

关于模型（2.46）的估计问题，学术界已提出了很多种方法，例如极大似然法、工具变量法、广义矩方法等。当 n 和 T 都比较大时，Yu 等（2008）运用 QML 方法构建了模型（2.46）的一个偏误校正估计量。Lee 和 Yu（2010b）对上述研究作了进一步的拓展，研究了双固定效应的动态空间面板滞后模型，并运用 QMLE 方法给出了模型参数的极大似然估计。其估计思路是：首先使用前文介绍的针对同时含有空间固定效应和时间固定效应的空间面板滞后模型所采用的"直接法"得到模型参数的 ML 估计量；由于直接法会带有一定的偏误，为此，他们对得到的 ML 估计量构建了一个严格的渐进理论，当 n 和 T 都趋向于无穷大时，他们提供了一个偏误校正的 ML 估计量。此外，Korniotis（2010）针对模型（2.46）且假定 $\tau = 0$，也提出了一种偏误校正 LSDV 估计量，该方法借鉴了 Hahn 和 Kuersteiner（2002）的偏误校正思想，对传统的 LSDV 估计量进行了偏误校正。针对模型（2.46）且假定 $\tau = \eta = 0$，Hsiao 等（2002）采用一阶差分法消除了空间固定效应，然后运用极大似然法得到了模型参数的无条件 ML 估计量。假定 $\eta = 0$，在观测期数 T 比较小的情况下，Elhorst（2010a）比较了 Yu 等（2008）提出的偏误修正 LSDV 方法、Hsiao 等（2002）提出的无条件极大似然方法以及 Arellano 和 Bond（1991）提出的 GMM 方法。通过比较他们发现：Hsiao 等（2002）提出的无条件极大似然方法所得到的 $W Y_t$ 的 τ 参数的估计量仍然有很大的偏误；然而，如果使用 τ 参数的偏误校正 ML 估计量且给定 τ 参数时，使用无条件 ML 估计量来估计其他参数，则当 T 值很小时（例如 $T = 5$），所得到的参数估计要优于 Yu 等（2008）提出的偏误校正估计。

关于模型（2.46）的另外一种估计方法是运用工具变量法或广义矩方法。在计量经济学领域，工具变量法和广义矩方法已被大量研究并应用。针对模型（2.46）且假定 $\eta = 0$ 的情形，Elhorst（2010a）拓展了 Arellano 和 Bond（1991）的差分 GMM 估计方法，但发现这种估计量仍可能存在严重的偏误，特别是 τ 参数的估计，产生严重偏误的主要原因在于参数估计过程中使用了内生变量 WY_t。为此，他们构建了基于线性矩和二阶矩条件的最优 GMM 估计量，并证明了该估计量的相合性。

2.4.3 动态空间面板误差模型

动态空间面板误差模型主要考虑了空间自相关性和解释变量之间的误差项交互效应，该模型通过引入时间序列数据的动态性和空间相关性，能够更准确地描述经济现象之间的关系。

动态空间面板误差模型具有以下主要特色：（1）考虑解释变量的时间动态性：与空间面板误差模型相比，动态空间面板误差模型引入了时间序列数据的动态性，这意味着解释变量不仅受前期值的影响，还可能受到更早时期值的影响；（2）空间自相关性：与空间面板误差模型类似，动态空间面板误差模型也考虑了经济现象之间的空间自相关性，它通过空间权重矩阵来描述这种现象，以捕捉相邻地区经济变量对被解释变量的影响；（3）误差项的交互效应：动态空间面板误差模型考虑了解释变量之间的误差项交互效应，这意味着一个解释变量的误差项可能会受到其他解释变量误差项的影响，从而影响整个模型的估计结果；（4）动态面板数据结构：动态空间面板误差模型结合了动态面板数据的特性，能够处理时间序列数据的时间动态性和空间相关性，这使得模型能够更好地捕捉长期变化趋势和时间序列数据的特性。

含固定效应的动态空间面板误差模型通常可表示为：

$$Y_t = \delta Y_{t-1} + X_t\beta + \mu + \nu_t, \quad \nu_t = \lambda W\nu_t + \varepsilon_t \tag{2.47}$$

其中，$Y_t = (y_{1t}, \cdots, y_{nt})^{\mathrm{T}}$、$\nu_t = (\nu_{1t}, \cdots, \nu_{nt})^{\mathrm{T}}$ 和 $\varepsilon_t = (\varepsilon_{1t}, \cdots, \varepsilon_{nt})^{\mathrm{T}}$ 均为 $n \times 1$ 维列向量，且 $\{\varepsilon_{it}\}$ 独立同分布且满足 $E(\nu_{it}) = 0$，$Var(\nu_{it}) = \sigma^2$，X_t 为 $n \times K$ 阶外生解释变量矩阵，W 为 $n \times n$ 阶空间权重矩阵，δ 为因变量的时间滞后 Y_{t-1} 的待估参数，ρ 为空间自相关系数，β 为 $K \times 1$ 阶外生解释变量的效应参数，$\mu =$

$(\mu_1, \cdots, \mu_n)^T$ 为 $n \times 1$ 阶含有特定个体固定效应 μ_i 的列向量。

关于模型（2.47）的参数估计问题，文献上常用的方法包括 QMLE 估计法和 GMM 估计法。当横截面个数 n 很大而观测期数 T 固定时，Elhorst（2005）以及 Su 和 Yang（2015）均研究了式（2.47）的估计问题。为消除个体固定效应 μ_i 的影响，Elhorst（2005）采用了一阶差分法，而 Su 和 Yang（2015）同时设定固定效应和随机效应，推导出 QMLE 的渐近性质。当 T 固定时，对于动态面板模型，初始值 Y_0 的设定显得尤为重要。若假定 Y_0 为外生的，由于不管是固定效应模型还是随机效应模型，都很容易得到似然函数，因而可以通过一阶差分法消除个体效应；若假定 Y_0 为内生的，则需要假定 Y_0 来自一个平稳过程，然后利用 QMLE 方法给出模型参数估计。

若记 $R = I_n - \lambda W$，则有 $\nu_t = R^{-1}\varepsilon_t$，从而式（2.47）可简化为：

$$Y_t = \delta Y_{t-1} + X_t\beta + \mu + R^{-1}\varepsilon_t, \ t = 1, \cdots, T \tag{2.48}$$

基于式（2.48），利用一阶差分法，可得：

$$\Delta Y_t = \delta \Delta Y_{t-1} + \Delta X_t\beta + R^{-1}\Delta\varepsilon_t, \ t = 2, \cdots, T \tag{2.49}$$

这里"Δ"表示相邻两期的一阶差分。注意到式（2.49）在 $t = 1$ 处没有定义，为此，Su 和 Yang（2015）通过对 ΔY_t 作近似处理的办法来解决此问题，即通过将 ΔY_t 分解成内生与外生两部分，从而利用 QMLE 方法给出模型参数的极大似然估计并讨论了其大样本性质。

Bai 等（2018）指出，QMLE 方法存在如下一些不足：（1）当扰动项存在异方差时，QMLE 估计方法得到估计量不具有相合性；（2）当空间权重矩阵不是标准化情形时，QMLE 估计方法难以使用；（3）如果起始期设置错误，会严重影响估计的有效性。为此，Bai 等（2018）在 Kelejian 和 Prucha（1998）研究的基础上，提出了一种三步广义空间系统 GMM 估计方法（Generalized spatial system GMM，简称 SGMM），并通过 Monte-Carlo 模拟实验与 QMLE 方法进行对比后发现：（1）QMLE 方法相对能更充分利用初始观测值 Y_0 的信息；（2）在一般情况下，QMLE 方法得到的估计量有着更优的统计性质；（3）当存在单位根、起始期设定错误时，SGMM 方法能够获得更准确的 $\hat{\lambda}$ 值；（4）QMLE 方法对起始期的设定不敏感，而且在起始期设定错误时，QMLE 方法要优于 SGMM

方法；（5）当空间自回归系数接近于1时，QMLE的表现要差些，而SGMM要更稳健些；（6）当扰动项存在异质性时，QMLE能够得到δ和β比较好的估计，而SGMM能够得到λ比较好的估计。这些发现提示我们：在收集了大量数据样本后应首先运用QMLE方法进行估计，如果发现δ的估计值接近于1，则再运用SGMM方法重新估计得到更准确的$\hat{\lambda}$值。

2.4.4 动态空间面板杜宾模型

动态空间面板杜宾模型（动态SDM模型）可以用于长短期的直接效应和间接效应的估计。Ertur和Koch（2007）、Elhorst等（2010）运用动态空间面板杜宾模型研究了国家或地区之间的经济增长和收敛性的问题。由于国家或地区之间存在着一定的经济活动和合作，在一般情况下，某个国家或地区的一些变量（如，经济增长、储蓄率、人口增长、技术革新等）会跟邻近国家或地区的相应变量存在相关性。

动态SDM模型通常表示为：

$$Y_t = \tau W Y_t + \delta Y_{t-1} + \eta W Y_{t-1} + X_t \beta_1 + W X_t \beta_2 + Z_t \theta + \mu + s_t \iota_n + \varepsilon_t \tag{2.50}$$

对式（2.50）进行整理后，可得：

$$\begin{aligned} Y_t &= (I - \tau W)^{-1} (\delta I + \eta W) Y_{t-1} + (I - \tau W)^{-1} (X_t \beta_1 + W X_t \beta_2) \\ &\quad + (I - \tau W)^{-1} Z_t \theta + (I - \tau W)^{-1} \mu + (I - \tau W)^{-1} s_t \iota_n + (I - \tau W)^{-1} \varepsilon_t \end{aligned} \tag{2.51}$$

式（2.50）的一个优点是，其可以决定短期和长期直接效应，以及短期和长期间接效应。然而需要注意的是，动态SDM模型可能会存在模型识别问题（Anselin等，2008）。为避免模型识别问题，文献上很多学者建议对式（2.50）中的参数添加一些约束条件。例如：①设定$\beta_2 = 0$（Yu等，2008；Lee和Yu，2014）。在该约束条件的限制下，局部间接效应（空间溢出效应）为零，其结果是，对于每个解释变量来说，不管是短期还是长期，间接效应和直接效应的比值是一样的；②设定$\tau = 0$（LeSage和Pace，2009；Korniotis，2010）。在该约束条件的限制下，$(I - \tau W)^{-1}$成为了单位阵，其结果是，每个解释变量的全局间接效应等于零，即该模型不适合分析短期空间溢出效应；③设定$\eta = -\tau\delta$（Parent和LeSage，2010，2011）。该限制条件的好处在于，当研究某个解释变量的变化对因变量的影响时，我们可以将其分解为空间个体效应和时间效应，其中空间个体效应会随着 τW 中高阶相邻而衰减，然而其不利之处在于，解释变量的直接效应与间接效应的比值在时间上会保持不变；④设定 $\eta = 0$ （Franzese 和 Hays，2007；Elhorst，2010b；Brady，2011）。该约束条件限制了间接效应与直接效应比值的灵活性，但在实证分析中需要弄清楚该约束条件是否成立。

更多的动态 SDM 模型的研究，可参见 Elhorst（2013）和胡亚权（2019）。

2.5　空间计量模型的检验与选择

在前文我们讨论了空间面板 SAR 模型、空间面板 SEM 模型和空间面板 SDM 模型，那么一个很自然的问题是：在实际应用中，我们应如何设定空间计量模型，以及这几种模型哪一个能够更好地拟合数据？因而在实证分析中，空间计量模型的比较与选择也是尤为重要的一个环节。

2.5.1　空间效应检验

在实证分析时，我们应该首先检验一下数据中是否存在空间交互效应。如果数据存在空间交互效应，我们接下来应该考虑空间计量模型；否则，运用传统的非空间计量模型即可。

拉格朗日乘子检验（简称 LM 检验）是检验数据是否存在空间交互效应的一种常用的方法，该方法分别由 Burridge（1980）和 Anselin（1988）提出，用来检验空间滞后被解释变量和空间误差自相关性。另外一种方法是使用 Robust LM 检验（Anselin 等，1996），主要用在当局部存在空间误差自相关时检验被解释变量是否存在空间滞后性，以及当被解释变量存在局部空间滞后性时检验是否存在空间误差自相关性。关于空间面板模型的其他形式的 LM 检验和 Robust LM 检验，可参见 Anselin 等（2006）和 Elhorst（2010a）。由于这些检验的结果取决于在空间计量模型中应包含哪些空间效应，因而对于不同的空间计量模型均需作 LM 检验，很多软件（如 MATLAB、Stata）等均可以实现此任务。

如果经过 LM 检验后，检验结果为拒绝非空间计量模型从而接受空间滞后模型或者空间误差模型，那么接下来应如何从这两个模型中选一个呢？LeSage 和 Pace（2009，第 5 章）推荐考虑使用空间面板杜宾模型，即把空间滞后模型扩展为含有空间滞后被解释变量的模型，其一般表达式为：

$$y_{it} = \rho \sum_{j=1}^{n} w_{ij} y_{jt} + X_{it}^{\mathrm{T}} \beta + \sum_{j=1}^{n} w_{ij} X_{ijt} \theta + \mu_i + \eta_t + \varepsilon_{it} \tag{2.52}$$

其中，β 和 θ 为 $K \times 1$ 阶参数列向量，μ_i 和 η_t 分别为个体固定效应和时间固定效应（两者可以只包含一个，或者两个都包含在模型中）。基于该模型，我们可以检验如下的原假设：H_{01}：$\theta = 0$ 和 H_{02}：$\theta + \rho\beta = 0$。原假设 H_{01} 主要研究的是空间面板杜宾模型是否能简化成空间滞后模型，而原假设 H_{02} 主要研究的是空间面板杜宾模型是否能简化成空间误差模型。

学术界关于上述这些假设的检验方法主要包括似然比（LR）检验和 Wald 检验。当空间滞后模型和空间误差模型都可以估计时，可以使用 LR 检验；如果这些模型不能估计，则推荐使用 Wald 检验。

如果两个假设 H_{01} 和 H_{02} 均被拒绝，则选用空间面板杜宾模型能更好地拟合数据。在使用 Robust LM 检验后接受空间面板滞后模型的条件下，如果不能拒绝 H_{01}，则可以认为空间面板滞后模型最适合用来拟合数据；类似地，在使用 Robust LM 检验后接受空间面板误差模型的条件下，如果不能拒绝 H_{02}，则可以认为空间面板误差模型最适合用来拟合数据。如果这些条件中的一个条件不能满足，例如，如果 Robust LM 检验指向了一个模型，而 Wald/LR 检验却没有指向该模型，则应该采用空间面板杜宾模型，原因在于空间面板杜宾模型适用性更广。

最后总结如下：首先估计非空间计量模型来检验它是否存在空间滞后效应或者空间误差效应；在拒绝非空间面板模型的条件下，再估计空间面板杜宾模型来检验其是否可以简化成空间面板滞后模型或者空间面板误差模型。如果两个检验均指向要么是空间面板滞后模型，要么是空间面板误差模型，则可以很放心地认为该模型能够很好地拟合数据；反之，如果拒绝非空间面板模型而接受空间面板滞后模型或者空间面板误差模型，但不拒绝空间面板杜宾模型，则应退而求其次选择更为一般化的空间面板杜宾模型。

2.5.2　固定效应还是随机效应

关于空间计量模型中的个体效应的设定，文献上主要分为固定效应和随机效应两大类。在横截面个数 n 固定而观测期数 T 很大的情形下，将个体效应设为固定效应或随机效应没有太大区别。然而当观测期数 T 固定而横截面个数 n 很大时，将个体效应视为固定常数还是随机变量，则不是一个很容易解答的问题。

很多学者青睐于选择随机效应空间计量模型进行研究，例如，Baltagi 等（2003）研究了空间随机效应计量模型的空间误差自相关检验问题；Kapoor 等（2007）研究了具有时间随机效应的空间面板误差模型的 GMM 估计问题；Pfaffermayr（2009）研究了含随机效应的空间面板误差模型的极大似然估计问题；Montes-Rojas（2010）研究了含随机效应的空间面板滞后模型的误差项序列自相关的检验问题；Baltagi 和 Liu（2011）将 Kelejian 和 Prucha（1998）与 Lee（2003）的空间面板滞后模型的工具变量估计方法推广到了含随机效应的空间面板滞后模型中。

随机效应模型的设定之所以比较流行，大概是由于以下三个原因（Elhorst，2013）：第一，在使用空间面板数据模型时，如果想对空间固定效应进行控制，则只能利用数据的时间序列要素来控制（例如利用一阶差分法来消除固定效应），而如果设定为随机效应，则可以同时利用数据的时间序列要素和横截面要素。第二，当 T 有限而 n 很大时，由于个体效应，参数 μ_i 的数量会随着 n 的增大而增长，因而固定效应面板模型在估计效应项时由于自由度的损失会带来效率上的损失，而随机效应面板模型则可以避免这个问题；另外，对于固定效应空间面板模型，只有当 T 比较大时，空间固定效应的估计才是相合的，此时每个残差项参数值的观测个数就是 T。第三，当采用固定效应面板数据模型时，非时变解释变量的系数通常难以估计，而若采用随机效应面板数据模型，则可以很好地得到非时变解释变量回归系数的估计。简而言之，固定效应和随机效应各有优点，同时也互相弥补了对方的缺点。

虽然随机效应模型比较流行，但也不是说对于任何问题，都可以直接使用随机效应模型。在考虑使用随机效应模型前，通常要注意三个适用条件

（Elhorst，2013）：第一，观测单元的个数是否可以（潜在地）趋于无穷大；第二，观测单元是否是一个更大总体的具有代表性的观测单元；第三，随机效应与解释变量之间是否是零相关。

对于上述的第一个和第二个条件，可以根据具体问题给出直观的判断，而对于第三个条件，即选用固定效应模型，还是随机效应模型，学术界已提出了一些检验方法，最常用的方法之一就是 Hausman 检验（Baltagi，2005，pp.66-68），其原假设为个体效应与解释变量之间存在零相关，因而如果检验结果拒绝原假设，则应拒绝随机效应模型而采用固定效应模型。Lee 和 Yu（2012）针对一般空间面板模型推导出了适用的 Hausman 检验。

2.5.3 拟合优度 R^2

拟合优度是统计学里经常采用的评价模型拟合数据优劣的一种准则，也可以用来做模型比较和模型选择。然而，对于空间面板数据模型而言，由于它并不存在类似于普通最小二乘回归模型的 R^2 的精确计算公式，文献上常用的是采用如下 R^2 计算公式（Elhorst，2013）：

$$R^2(e, \Omega) = 1 - \frac{e^T \Omega e}{(Y - \bar{Y})^T(Y - \bar{Y})} \text{集中对数似然函数} \tag{2.53}$$

或

$$R^2(\tilde{e}) = 1 - \frac{e^T e}{(Y - \bar{Y})^T(Y - \bar{Y})} \tag{2.54}$$

其中，$\bar{Y}$ 是样本中被解释变量 Y 的总体均值，e 是模型的残差向量。但有些学者对于采用这种计算 R^2 的方法持反对意见，原因在于，它无法确保从模型中增加（减少）变量会导致相应的 R^2 增加（减少）。另外一种度量拟合优度的方法是采用下述公式（Verbeek，2000，pp.21）：

$$corr^2(Y, \hat{Y}) = \frac{[(Y - \hat{Y})^T(\hat{Y} - \bar{Y})]^2}{[(Y - \bar{Y})^T(Y - \bar{Y})][(\hat{Y} - \bar{Y})^T(\hat{Y} - \bar{Y})]} \tag{2.55}$$

其中，$\hat{Y}$ 是 $nT \times 1$ 阶被解释变量的样本的拟合值列向量。这种拟合优度忽略了由空间固定效应所解释的变化。

最后，Elhorst（2013）对四种模型（固定效应空间面板滞后模型、固定效应空间面板误差模型、随机效应空间面板滞后模型以及随机效应空间面板误差模型）的这两种拟合优度的度量方法进行了归纳总结（详见 Elhorst，2013）。

2.6　半参数空间计量模型

随着空间计量经济学的发展，越来越多的学者致力于空间计量经济模型的理论和应用研究。在前述几节的讨论中，不难发现，很多学者都是从线性参数回归角度出发来进行研究的，然而在实际生活中，很多变量间并不只是存在着线性关系，还存在着大量的非线性关系。因此，近些年来，很多学者将非参数回归的思想引入到空间计量经济学中，开始致力于半参数空间计量经济学的研究。

半参数空间计量模型是一种综合运用参数方法和非参数方法进行空间数据分析的统计模型。它结合参数部分和非参数部分，能够更好地处理空间数据中的复杂结构和变化趋势。

半参数空间计量模型主要包括以下优点：（1）灵活性和适应性：模型能够灵活地捕捉数据的特征和变化趋势，适应各种复杂的数据结构；（2）考虑空间自相关性和空间异质性：模型能够考虑到数据的空间自相关性和空间异质性，更好地处理实际问题；（3）提高预测精度和可靠性：通过引入参数部分和非参数部分，模型能够更好地拟合数据，从而提高预测的精度和可靠性；（4）可解释性强：模型的参数部分具有明确的经济学含义，便于解释和分析，而非参数部分可以捕捉到空间关系的动态变化和调整，以及时间序列数据的变化趋势和动态调整。

本节将首先介绍一下非参数回归模型和半参数回归模型的一些基本知识，然后讨论如下的几种空间计量模型的拓展模型：半参数空间面板滞后模型、半参数空间面板误差模型和半参数空间面板杜宾模型。

2.6.1　非参数回归模型

对实际问题的分析，人们往往习惯于建立线性或者非线性的参数模型来刻画自变量与因变量之间的关系，但这类建模的前提是必须预先设定关系的具体形式。由于现实中绝大多数变量的分布未知，变量间的这种关系未必可以简单地用线性关系或者参数化非线性关系表示，所以这类线性或者非线性参数模型在实际估计时可能存在较大的模型设定误差。进一步，若变量之间存在非线性关系，基于经典假设所建立的参数模型统计推断方法往往缺乏稳健性，不能满足应用研究的实际需要，无法捕捉到变量间的真实关系。

为研究数据内部的非线性特征，减少建模误差的影响，提高关于模型统计推断的准确性和稳健性，学者们在实际研究中往往采用更灵活的模型形式，其中较为常用的一种方法是采用非参数回归模型。非参数回归模型对变量间的关系描述不设定为某种具体的形式，回归函数可以为任意形式，而且对因变量和自变量的分布限制更少，从而保证所建立的回归模型有较强的稳健性和泛化性。对于变量之间存在未知的非线性关系情况，相对于传统的参数回归模型，非参数回归模型可以得到更好的拟合效果，统计推断有更高的精确度，更加符合实际情况的需要。

非参数模型的研究早在20世纪中叶就已得到广泛关注。Bartlett（1946）在研究时间序列谱密度估计中借鉴平滑技术最早给出了非参数密度估计的基本思想。由于现实中变量之间的非线性特征广泛存在，多数基于参数模型研究的问题都可以应用非参数的对照模型解释，并且基于非参数模型得到的结论更加符合实际，非参数模型的研究开始为经济学家和统计学家所接受。但由于非参数模型的统计推断方法的研究需要进行大量模拟计算，在很长一段时间内受限于计算机水平，大量非参数模型的统计推断方法难以实现，因此，关于非参数模型的研究进展较为缓慢。20世纪90年代以来，随着计算机技术的快速发展，非参数模型的理论研究取得了较大进展，研究重心逐渐由理论研究开始转向实证应用，非参数研究逐步成为非常活跃的科研领域之一（Fan和Yao，2003；Li和Ricane，2007）。

非参数模型问题的一般描述是：基于给定的一组样本数据$\{(X_i, Y_i), i = 1, 2, \cdots, n\}$，寻找随机变量$X$和$Y$的关系函数：

$$E(Y_i|X_i = x_i) = m(x_i) \tag{2.56}$$

其中，$X_i = (X_{i,1}, \cdots, X_{i,d})^{\mathrm{T}}$为$d \times 1$维解释变量，$Y_i$为被解释变量，$m(x) = E(Y|X = x)$为未知函数，代表变量之间的未知关系。当假定$m(x)$为线性函数

（或已知的非线性函数），但包含某些未知参数时，此即为线性回归模型（或非线性回归模型）。但在实际研究中，由于 $\{(X_i, Y_i), i = 1, 2, \cdots, n\}$ 分布通常是未知的，因而假定 $m(x)$ 为某种线性函数或非线性函数是带有一定风险的，当这种假设不正确时，很有可能会得到错误的统计推断结果。非参数回归模型则是假定公式（2.56）中的 $m(x)$ 为未知的光滑函数，然后基于样本观测数据对其进行估计和预测。相对于参数回归方法，非参数统计方法的优点在于其开放性，对变量间的关系假定不拘泥于具体的数学模型，所拟合的曲线可以很好地反映变量之间的细微变化。

关于公式（2.56）的估计问题，借鉴非参数密度估计思想，Nadaraya（1964）和 Watson（1964）分别提出了核回归的基本思想。在 Stone（1977）关于非参数加权函数的大样本理论发表以后，非参数模型得到更快发展，模型统计推断方法的研究得到了计量经济学家的广泛关注（Devroye，1981；Zhao 和 Bai，1984）。为提高非参数估计方法在不同数据模型中的有效性，人们又陆续提出了局部多项式拟合、样条平滑等非参数估计方法。随着非参数模型理论研究的不断深入，统计推断方法的稳健性逐渐得到保证，非参数模型的思想很快被应用于时间序列数据模型、广义线性模型、面板数据模型及金融利率等实际模型之中（Härdle，1990；Fan 和 Gijbels，1996；Simonoff，1996）。

尽管非参数模型的形式非常灵活，能够很好地刻画因变量与自变量间的关系，但它也有自己的弱点。尽管非参数模型对回归函数的维数没有限制，但是非参数回归方法对数据点个数要求较高。由于在实际分析中，需要同时考虑多个解释变量对被解释变量的影响，因而非参数光滑估计的精度会随着解释变量的个数增加迅速下降，即出现所谓"维数灾难"问题（Stone，1980）。这就导致缺乏足够的样本来保证估计的可靠性，无法得到回归函数的准确估计。比较科学合理的一种解决方法是增加样本，然而增加样本在实际中往往是很难实现的，因此寻找合适的降维技术成为解决问题的关键，即将解释变量的维数降下来。许多学者围绕这一问题进行大量研究并尝试给出了各种解决方法，这也是半参数回归模型研究兴起的主要原因。

2.6.2 半参数回归模型

对多元非参数模型进行回归建模时，随着解释变量维数的增加，估计方法的稳定性和精确度会随之变差，出现"维数灾难"问题；相比较而言，参数模型尽管形式比较固定，灵活性比较差，但其受解释变量维数增加而带来的影响比较小。因此，统计学家在对数据进行建模时提出了半参数回归模型，以解决"维数灾难"问题，同时又保证非参数模型的灵活性和稳健性。

半参数回归模型作为非参数数据分析中常用的降维技术，主要包括部分线性模型（partially linear model，见 Engle 等，1986；Speckman，1988）和非线性降维模型。部分线性模型，即存在非参数混合形式的模型，允许一部分解释变量为线性形式，另一部分解释变量为非线性形式。该模型结合了线性模型和非参数模型的各自优点，具备较大的灵活性。非线性降维模型主要包括非参数可加模型、单指数模型、变系数模型以及一些复杂的半参数模型（如多指标模型、部分线性单指标模型、单指标变系数模型、广义可加模型等等），这几类模型分别基于实际数据体现的不同特征，利用不同的方法刻画了未知结构函数的非参数形式，构成了解决"维数灾难"的有力工具。

设样本数据为 $\{(X_i, Y_i), i = 1, 2, \cdots, n\}$，这里 $X_i = (X_{i,1}^{\mathrm{T}}, X_{i,2}^{\mathrm{T}})^{\mathrm{T}}$ 为 $d \times 1$ 维解释变量，其中 $X_{i,1}$ 为 $d_1 \times 1$ 维解释变量，$X_{i,2}$ 为 $d_2 \times 1$ 维解释变量，这里 $d_1 + d_2 = d$，Y_i 为被解释变量。部分线性回归模型的目标是寻找随机变量 X 和 Y 的关系函数：

$$E(Y_i | X_{i,1} = x_{i,1}, X_{i,2} = x_{i,2}) = \beta^{\mathrm{T}} x_{i,1} + m(x_{i,2}) \tag{2.57}$$

其中，$m(\cdot)$ 为未知的光滑函数。易见，当 $X_{i,2}$ 的维数非常小时（例如 d_2 等于 1 或 2），式（2.57）能够非常有效地解决"维数灾难"问题。

部分线性模型的主要研究方法包括一般光滑方法（Speckman，1988）、分段多项式方法（Chen，1988）、拟似然方法（Severini 和 Staniswalis，1994），以及经验似然方法（Owen，1991）等。更多关于非参数模型和半参数模型的理论和估计方法内容，可参阅薛留根（2012）的研究。

2.6.3　半参数空间面板滞后模型

设固定效应半参数空间面板滞后模型为：

$$y_{it} = \rho \sum_{j=1}^{n} w_{ij} y_{jt} + X_{it}^{\mathrm{T}} \gamma + g(Z_{it}) + \mu_i + \varepsilon_{it} \qquad (2.58)$$

其中，$i = 1, 2, \cdots, n$ 表示地区，$t = 1, 2, \cdots, T$ 表示时期，y_{it} 为被解释变量，$X_{it} = (X_{it,1}, \cdots, X_{it,p})^{\mathrm{T}}$ 为 $p \times 1$ 阶解释变量列向量，$Z_{it} = (Z_{it,1}, \cdots, Z_{it,q})^{\mathrm{T}}$ 为 $q \times 1$ 阶非参数部分解释变量列向量，μ_i 为个体固定效应，$\gamma = (\gamma_1, \cdots, \gamma_p)^{\mathrm{T}}$ 为 $p \times 1$ 阶参数部分效应系数，$g(\cdot)$ 为非参数部分的光滑效应函数且未知，ρ 为空间效应系数，ε_{it} 为独立同分布随机误差项且满足 $E(\varepsilon_{it}) = 0$，$Var(\varepsilon_{it}) = \sigma^2$。

关于模型（2.58）的估计问题，叶阿忠等（2015）、Ai 和 Zhang（2017）以及叶阿忠等（2020）均予以讨论。本节我们运用非参数模型中的样条函数方法来给出 $g(\cdot)$ 的估计。

首先，注意到 $g(z) + \mu = (g(z) + c) + (\mu - c)$。为保证模型的可识别性，我们不妨假定 $Eg(Z_{it}) = 0$。由于当维数 q 比较大时，非参数回归模型会导致"维数灾难"问题，因而这里我们只考虑 $q = 1$ 的情形。

不失一般性，不妨假设 Z_{it} 的取值范围为 $[0, 1]$。由于模型（2.58）中的 $g(\cdot)$ 为未知的光滑函数，我们选用一组样条基函数的某个线性组合来逼近 $g(\cdot)$。首先选取等距离节点 $0 = K_0 < K_1 < \cdots < K_L < K_{L+1} = 1$，从而将 $[0, 1]$ 区间划分成若干个子区间 $[K_l, K_{l+1})$，$l = 0, 1, \cdots, L$。基于这些节点，选取 d 次 B-样条基函数：$B_1(\cdot), \cdots, B_K(\cdot)$，这里 $K = L + d$。于是 $g(\cdot)$ 可近似表示为：

$$g(Z_{it}) \approx \sum_{k=1}^{K} B_k(Z_{it}) b_k \equiv b^{\mathrm{T}} B(Z_{it}) \qquad (2.59)$$

其中，$B(\cdot) = (B_1(\cdot), \cdots, B_K(\cdot))^{\mathrm{T}}$ 为基函数向量，$b = (b_1, \cdots, b_K)^{\mathrm{T}}$ 为待估的基函数系数。将式（2.59）代入模型（2.58）中，可得：

$$y_{it} = \rho \sum_{j=1}^{n} w_{ij} y_{jt} + X_{it}^{\mathrm{T}} \gamma + b^{\mathrm{T}} B(Z_{it}) + \mu_i + \varepsilon_{it} \qquad (2.60)$$

接下来运用固定效应空间面板滞后模型的理论和估计方法，即可得到 $\hat{\rho}$、$\hat{\gamma}$、$\hat{b}$。最后，$g(\cdot)$ 的估计为：

$$\hat{g}(\cdot) = \sum_{k=1}^{K} \hat{b}_k B_k(\cdot) \tag{2.61}$$

2.6.4 半参数空间面板误差模型

设固定效应半参数空间面板误差模型为:

$$y_{it} = X_{it}^{\mathrm{T}} \gamma + g(Z_{it}) + \mu_i + \varepsilon_{it}, \quad \varepsilon_{it} = \lambda \sum_{j=1}^{n} w_{ij} \varepsilon_{jt} + v_{it} \tag{2.62}$$

其中,$i = 1, 2, \cdots, n$ 表示地区,$t = 1, 2, \cdots, T$ 表示时期,y_{it} 为被解释变量,$X_{it} = (X_{it, 1}, \cdots, X_{it, p})^{\mathrm{T}}$ 为 $p \times 1$ 阶解释变量列向量,$Z_{it} = (Z_{it, 1}, \cdots, Z_{it, q})^{\mathrm{T}}$ 为 $q \times 1$ 阶非参数部分解释变量列向量,μ_i 为个体固定效应,$\gamma = (\gamma_1, \cdots, \gamma_p)^{\mathrm{T}}$ 为 $p \times 1$ 阶参数部分效应系数,λ 为空间效应系数,v_{it} 为独立同分布随机误差项且满足 $E(v_{it}) = 0$,$Var(v_{it}) = \sigma^2$。

关于模型(2.62)的估计问题,文献上已有很多种估计方法,例如 Zhang 和 Sun(2015)提出了两阶段最小二乘法(2SLS)。本节我们依然运用非参数模型中的样条函数方法来给出 $g(\cdot)$ 的估计。

首先,注意到 $g(z) + \mu = (g(z) + c) + (\mu - c)$。为保证模型的可识别性,我们不妨假定 $Eg(Z_{it}) = 0$。由于当维数 q 比较大时,非参数回归模型会导致"维数灾难"问题,因而这里我们只考虑 $q = 1$ 的情形。

不失一般性,不妨假设 Z_{it} 的取值范围为 $[0, 1]$。由于模型(2.62)中的 $g(\cdot)$ 为未知的光滑函数,我们选用一组样条基函数的某个线性组合来逼近 $g(\cdot)$。首先选取等距离节点 $0 = K_0 < K_1 < \cdots < K_L < K_{L+1} = 1$,从而将 $[0, 1]$ 区间划分成若干个子区间 $[K_l, K_{l+1})$,$l = 0, 1, \cdots, L$。基于这些节点,选取 d 次 B-样条基函数:$B_1(\cdot), \cdots, B_K(\cdot)$,这里 $K = L + d$。于是 $g(\cdot)$ 可近似表示为:

$$g(Z_{it}) \approx \sum_{k=1}^{K} B_k(Z_{it}) b_k \equiv b^{\mathrm{T}} B(Z_{it}) \tag{2.63}$$

其中,$B(\cdot) = (B_1(\cdot), \cdots, B_K(\cdot))^{\mathrm{T}}$ 为基函数向量,$b = (b_1, \cdots, b_K)^{\mathrm{T}}$ 为待估的基函数系数。将式(2.63)代入模型(2.62)中,可得:

$$y_{it} = X_{it}^{\mathrm{T}} \gamma + b^{\mathrm{T}} B(Z_{it}) + \mu_i + \varepsilon_{it}, \quad \varepsilon_{it} = \lambda \sum_{j=1}^{n} w_{ij} \varepsilon_{jt} + v_{it} \tag{2.64}$$

接下来运用固定效应空间面板误差模型的理论和估计方法,即可得到

$\hat{\lambda}$，$\hat{\gamma}$，$\hat{b}$。最后，$g(\cdot)$的估计为：

$$\hat{g}(\cdot) = \sum_{k=1}^{K} \hat{b}_k B_k(\cdot) \tag{2.65}$$

2.6.5 半参数空间面板杜宾模型

如前文所述，空间面板杜宾模型能够同时考虑空间自相关性和解释变量之间的交互效应，因而在很多经济领域有着广泛的应用。本节将在传统的空间面板杜宾模型的基础上，引入非参数回归的思想，构建半参数空间面板杜宾模型。

设固定效应半参数空间面板杜宾模型为：

$$y_{it} = \rho \sum_{j=1}^{n} w_{ij} y_{jt} + X_{it}^{\mathrm{T}} \gamma + \phi^{\mathrm{T}} \sum_{j=1}^{n} w_{ij} X_{jt} + g(Z_{it}) + \psi^{\mathrm{T}} \sum_{j=1}^{n} w_{ij} Z_{jt} + \mu_i + \varepsilon_{it} \tag{2.66}$$

其中，$i = 1, 2, \cdots, n$ 表示地区，$t = 1, 2, \cdots, T$ 表示时期，y_{it} 为被解释变量，$X_{it} = (X_{it,1}, \cdots, X_{it,p})^{\mathrm{T}}$ 为 $p \times 1$ 阶解释变量列向量，$Z_{it} = (Z_{it,1}, \cdots, Z_{it,q})^{\mathrm{T}}$ 为 $q \times 1$ 阶非参数部分解释变量列向量，μ_i 为个体固定效应，$\gamma = (\gamma_1, \cdots, \gamma_p)^{\mathrm{T}}$ 为 $p \times 1$ 阶参数部分效应系数，$\phi = (\phi_1, \cdots, \phi_p)^{\mathrm{T}}$ 和 $\psi = (\psi_1, \cdots, \psi_q)^{\mathrm{T}}$ 为空间溢出效应，$g(\cdot)$ 为非参数部分的光滑效应函数且未知，ρ 为空间效应系数，ε_{it} 为独立同分布随机误差项且满足 $E(\varepsilon_{it}) = 0$，$Var(\varepsilon_{it}) = \sigma^2$。为保证模型参数的可识别性，这里假定 μ_i 满足 $\sum_{i=1}^{n} \mu_i = 0$。本节我们依然运用非参数模型中的样条函数方法来给出 $g(\cdot)$ 的估计。

首先，注意到 $g(z) + \mu = (g(z) + c) + (\mu - c)$。为保证模型的可识别性，我们不妨假定 $Eg(Z_{it}) = 0$。由于当维数 q 比较大时，非参数回归模型会导致"维数灾难"问题，因而这里我们只考虑 $q = 1$ 的情形。

不失一般性，不妨假设 Z_{it} 的取值范围为 $[0, 1]$。由于模型（2.66）中的 $g(\cdot)$ 为未知的光滑函数，我们选用一组样条基函数的某个线性组合来逼近 $g(\cdot)$。首先选取等距离节点 $0 = K_0 < K_1 < \cdots < K_L < K_{L+1} = 1$，从而将 $[0, 1]$ 区间划分成若干个子区间 $[K_l, K_{l+1})$，$l = 0, 1, \cdots, L$。基于这些节点，选取 d 次 B-样条基函数：$B_1(\cdot), \cdots, B_K(\cdot)$，这里 $K = L + d$。于是 $g(\cdot)$ 可近似表示为：

$$g(Z_{it}) \approx \sum_{k=1}^{K} B_k(Z_{it})b_k \equiv b^{\mathrm{T}}B(Z_{it}) \tag{2.67}$$

其中，$B(\cdot) = \left(B_1(\cdot), \cdots, B_K(\cdot)\right)^{\mathrm{T}}$ 为基函数向量，$b = \left(b_1, \cdots, b_K\right)^{\mathrm{T}}$ 为待估的基函数系数。将式（2.67）代入式（2.66）中，可得：

$$y_{it} = \rho \sum_{j=1}^{n} w_{ij}y_{jt} + X_{it}^{\mathrm{T}}\gamma + \phi^{\mathrm{T}}\sum_{j=1}^{n} w_{ij}X_{jt} + b^{\mathrm{T}}B(Z_{it}) + \psi^{\mathrm{T}}\sum_{j=1}^{n} w_{ij}Z_{jt} + \mu_i + \varepsilon_{it} \tag{2.68}$$

接下来运用固定效应空间面板杜宾模型的理论和估计方法，即可得到 $\hat{\rho}$、$\hat{\gamma}$、$\hat{\phi}$、$\hat{b}$、$\hat{\psi}$。最后，$g(\cdot)$ 的估计为：

$$\hat{g}(\cdot) = \sum_{k=1}^{K} \hat{b}_k B_k(\cdot) \tag{2.69}$$

2.7　本章小结

当样本数据存在空间依赖性时，采用非空间的面板数据无法处理观测单元在空间位置上的空间交互效应，因此学者们提出了空间计量模型。

本章对关于空间计量经济学的一些理论知识和模型方法进行了简要的总结。本章首先回顾了空间效应、空间权重矩阵和空间相关性等概念；然后回顾了几种静态空间面板模型的构建与估计方法，其中包括空间面板滞后模型、空间面板误差模型以及空间面板杜宾模型；随后又回顾了动态空间面板模型的构建与估计方法，主要包括动态空间面板滞后模型、动态空间面板误差模型以及动态空间面板杜宾模型；接下来又讨论了空间计量模型的检验与选择，主要内容包括空间效应检验、Hausman 检验和拟合优度的计算；最后总结了几种半参数空间计量模型，主要包括：半参数空间面板滞后模型、半参数空间面板误差模型以及半参数空间面板杜宾模型，并给出了相应的模型参数的估计方法。

本章的内容为后续各章的数字普惠金融发展的非线性经济效应研究做好了理论与方法上的铺垫。

第3章　我国数字普惠金融的发展现状

3.1　引言

随着互联网技术的飞速发展和广泛普及，数字普惠金融作为一种新型的金融服务模式，已经成为我国金融体系的重要组成部分。数字普惠金融以数字技术为手段，以普惠金融为目标，致力于为广大人民群众提供更加便捷、高效和低成本的金融服务。研究我国数字普惠金融的发展现状，不仅有助于我们了解金融科技在普惠金融领域的应用，更能使我们深入理解我国金融体系向普惠、包容和可持续发展方向的重要转变。

本章将详细探讨我国数字普惠金融的发展现状，包括我国数字普惠金融的起源背景与发展历程、北京大学数字普惠金融指标体系的构建、我国数字普惠金融的区域性差异等。通过深入了解我国数字普惠金融的发展现状，我们可以更好地把握金融科技的发展脉络，为构建更加普惠、包容和可持续的金融体系提供参考和借鉴。

3.2 我国数字普惠金融的起源背景与发展历程

3.2.1 起源背景

2005 年，联合国在"国际小额信贷年"上正式提出了普惠金融（Inclusive Finance）的理念，旨在构建一个包容性的金融体系，确保社会各阶层和群体，特别是传统金融服务难以覆盖的弱势群体，如小微企业、农民、城镇低收入人群等，能够以可负担的成本获得适当、有效的金融服务。这一理念的提出，为全球范围内的金融改革和创新指明了方向。与此同时，随着信息技术的飞速发展，大数据、云计算、人工智能等新一代信息技术逐渐成熟并广泛应用，为金融服务提供了全新的手段和方式。这些技术不仅降低了金融服务的成本，提高了服务效率，还使得金融服务能够突破地域和时间的限制，实现更加广泛和深入的覆盖。

在上述背景下，普惠金融的理念与数字技术的融合，催生了数字普惠金融这一新型金融业态。数字普惠金融通过运用数字技术，为普惠金融的实现提供了更加便捷、高效、低成本的手段，使得普惠金融的理念得以更加深入地贯彻和实施。

3.2.2 发展历程

➢ 起步阶段（2004—2012 年）：

在这一阶段，我国数字普惠金融主要由政府来推动其发展。政府出台了一系列政策文件，如《银行开展小企业贷款业务指导意见》（中国银行业监督管理委员会，2005）以及《关于小额贷款公司试点的指导意见》（中国人民银行和中国银行业监督管理委员会，2008）等，为数字普惠金融的发展奠定了基础。同时，金融机构开始积极探索将传统金融业务线上化的途径，为数字普惠金融的兴起提供了技术支撑。然而，由于技术水平和市场接受度的限制，此阶段的数字普惠金融服务尚未形成规模化，服务范围相对较小。

➢ 快速发展阶段（2013—2015 年）：

随着互联网金融的兴起，我国数字普惠金融进入了快速发展期。P2P 网贷、第三方支付等新型金融业态快速发展，丰富了数字普惠金融的产品和服务。这些新型金融业态通过运用大数据、云计算等先进技术，实现了金融服务的智能化、个性化和高效化，满足了不同客户群体的金融需求。同时，政府也加大了对数字普惠金融的支持力度，出台了《关于促进互联网金融健康发展的指导意见》等政策性文件，为数字普惠金融的健康发展提供了有力保障。

➤ 稳固成熟阶段（2016年至今）：

进入稳固成熟阶段后，我国数字普惠金融的发展更加注重监管体系的完善和金融科技的深度应用。政府加强了对数字普惠金融的监管力度，建立了完善的监管体系，对数字普惠金融的业务范围、风险控制、信息披露等方面进行了严格规范。同时，金融科技的应用也更加深入和广泛，大数据、人工智能、区块链等先进技术被广泛应用于数字普惠金融的各个领域，推动了金融服务的创新和发展。此外，数字普惠金融还开始向更广泛的领域拓展，如普惠保险、普惠养老等，为更多人提供了全方位的金融服务。

总结来说，我国数字普惠金融的发展经历了从起步到快速发展再到稳固成熟的过程。在这一过程中，政府政策、技术创新以及市场需求等因素共同推动了数字普惠金融的快速发展。未来，随着技术的不断进步和政策的持续支持，我国数字普惠金融将继续保持快速发展的态势，为更多人群提供便捷、高效、低成本的金融服务。

3.3　北京大学数字普惠金融指数

北京大学数字普惠金融指数是由北京大学数字金融研究中心编制并发布的，旨在全面、客观地评估中国各地区数字普惠金融的发展水平。北京大学数字普惠金融指数具有如下的几个特点：一是综合性，该指数综合考虑了金融服务的多个维度，能够全面反映我国数字普惠金融的发展水平；二是客观性，该指数基于大数据和人工智能技术，通过科学的方法和数据模型进行计算，保证了结果的客观性和准确性；三是连续性，该指数编制具有连续性，能够反映数字普惠金融在不同时间点的发展趋势和变化。

　　北京大学数字普惠金融指数的测算指标体系主要由三个一级维度构成：覆盖广度、使用深度和数字化程度，每个一级维度又划分为多个二级维度，每个二级维度又由多个具体指标构成，因而三个一级维度是由总计33个具体的三级指标构成的。

　　➢ 覆盖广度：主要衡量金融服务的普及程度，如银行账户、移动支付、互联网理财等金融服务的普及率。这一维度反映了金融服务在不同地区、不同群体之间的均衡性和普及性。

　　➢ 使用深度：主要关注金融服务的使用频率和深度，包括支付、理财、信贷等金融服务的活跃度和人均使用金额。这一维度反映了金融服务在人民群众中的实际使用情况和满意度。

　　➢ 数字化程度：主要评估金融服务的数字化水平，包括移动支付占比、互联网理财渗透率、线上信贷占比等指标。这一维度反映了金融服务在数字化转型方面的进展和成效。

　　具体指标情况如表3-1所示：

表3-1　　　　　　　　　　　北京大学数字普惠金融指标体系

一级维度	二级维度		具体指标
覆盖广度	账户覆盖率		每万人拥有支付宝账号数量
			支付宝绑卡用户比例
			平均每个支付宝账号绑定的银行卡数
使用深度	支付业务		人均支付笔数
			人均支付金额
			高频度（年活跃50次及以上）活跃用户数与年活跃1次及以上比
	货币基金业务		人均购买余额宝笔数
			人均购买余额宝金额
			每万支付宝用户购买余额宝的人数
	信贷业务	个人消费贷	每万支付宝成年用户中有互联网消费贷的用户数
			人均贷款笔数

续表

一级维度	二级维度		具体指标
使用深度	信贷业务	个人消费贷	人均贷款金额
		小微经营者	每万支付宝成年用户中有互联网小微经营贷的用户数
			小微经营者户均贷款笔数
			小微经营者平均贷款金额
	保险业务		每万支付宝用户中被保险用户数
			人均保险笔数
			人均保险金额
	投资业务		每万人支付宝用户中参与互联网投资理财人数
			人均投资笔数
			人均投资金额
	信用业务		自然人信用人均调用次数
			每万支付宝用户中使用基于信用的服务用户数（包括金融、住宿、出行、社交等）
数字化程度	移动化		移动支付笔数占比
			移动支付金额占比
	实惠化		小微经营者平均贷款利率
			个人平均贷款利率
	信用化		花呗支付笔数占比
			花呗支付金额占比
			芝麻信用免押笔数占比（较全部需要押金情形）
			芝麻信用免押金额占比（较全部需要押金情形）
	便利化		用户二维码支付的笔数占比
			用户二维码支付的金额占比

资料来源：郭峰，王靖一，王芳. 测度中国数字普惠金融发展：指数编制与空间特征 [J]. 经济学季刊，2019，19（1）。

自 2011 年开始，北京大学数字金融研究中心基于表 3-1 所构建的数字普惠金融指标体系，对我国31个省（自治区、直辖市）（不含香港、澳门和台湾地区）的年度数字普惠金融指数进行编算并公开发布。基于官方可下载数据，本书采用2011年至2022年的北京大学数字普惠金融指数并对其进行分析。

3.4   我国数字普惠金融的区域发展差异

3.4.1   我国数字普惠金融发展的描述性分析

按照中国统计年鉴对我国省（自治区、直辖市）的划分标准，我们将中国31个省（自治区、直辖市）（不含香港、澳门、台湾地区）划分为如下三大地区（见表3-2）：

表3-2   三大地区的划分

东部地区	1.北京市 2.天津市 3.河北省 6.辽宁省 9.上海市 10.江苏省 11.浙江省 13.福建省 15.山东省 19.广东省 21.海南省
中部地区	4.山西省 7.吉林省 8.黑龙江省 12.安徽省 14.江西省 16.河南省 17.湖北省 18.湖南省
西部地区	5.内蒙古自治区 20.广西壮族自治区 22.重庆市 23.四川省 24.贵州省 25.云南省 26.西藏自治区 27.陕西省 28.甘肃省 29.青海省 30.宁夏回族自治区 31.新疆维吾尔自治区

为了直观体现我国各省数字普惠金融在2011—2022年间的发展速度和拓展程度，图3-1绘制了我国31个省（自治区、直辖市）（不含香港、澳门和台湾地区）的总指数平均值和分维度指数平均值。从图3-1可以发现，2011—2022年间我国数字普惠金融总指数和三个维度指数整体上呈现出明显的上升趋势。2011年我国数字普惠金融总指数平均值仅为40，而在2022年我国数字普惠金融总指数的平均值高达386.68，12年期间我国数字普惠金融总指数年平均增长28.89%。

考虑到我国各省之间存在的差异性，图3-2绘制了2011—2022年间全国及东中西部地区数字普惠金融总指数的平均走势图。由图3-2可以发现，分区域来看，我国各省的数字普惠金融发展显露出明显的区域化差异，受各地区政策、经济水平、金融发展程度等相关因素的影响，发展较为不平衡，在东、中、西三大地区之间都存在比较明显的差异。我国数字普惠金融的发达程度在地域上表现为东部居于领先地位，中西部则与东部存在差异，稍逊一筹。平均来看，2011—2022 年我国东部地区的数字普惠金融总指数在全国居于领先地位，高于同时期的全国平均水平；中部地区的数字普惠金融总指数基本与全国平均水平持平；西部地区的数字普惠金融总指数居于全国最低。这提示我们，我国数字普惠金融发展东强西弱，区域不均衡，应加大西部数字基建投入，促进金融科技普及，缩小区域差距。然而从年平均增长率来看，全国年平均增长率为30.14%，而东部、中部和西部地区的年平均增长率分别为 22.84%、31.94% 和35.64%。在年平均增长率上，中部和西部地区要领先于东部地区，其中，西部地区平均增长最快，中部地区次之。因此，对比发展水平和发展增速区域分布发现，自伴随互联网金融兴起的数字普惠金融在全国范围普及的这些年来，东部地区在数字普惠金融的发展水平这一领域处于领先地位，而中西部地区则因为受到经济发展水平和基础设施建设等诸多方面的约束，数字普惠金融的发展总体落后于东部地区，但其发展速度比较快。这在一定程度上体现了我国数字普惠金融发展的区域差异处于不断变化当中，具有潜在的收敛特征。

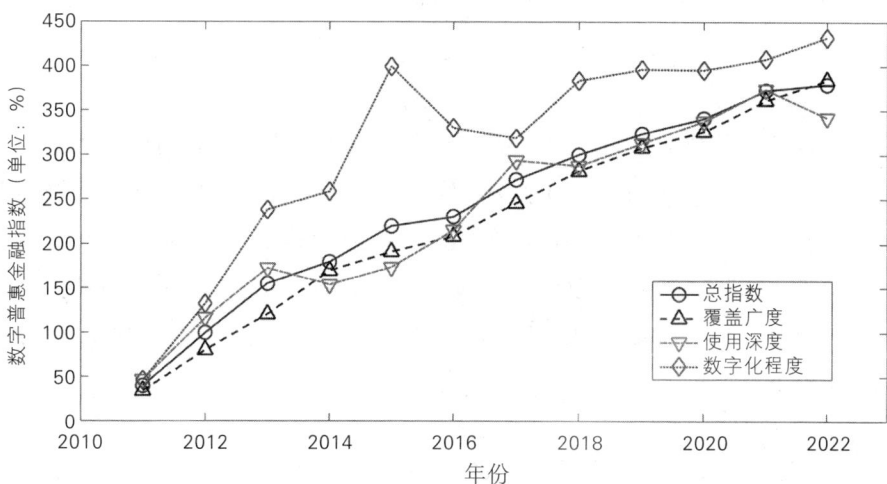

图 3-1　2011—2022 年我国数字普惠金融总指数及三个维度发展情况

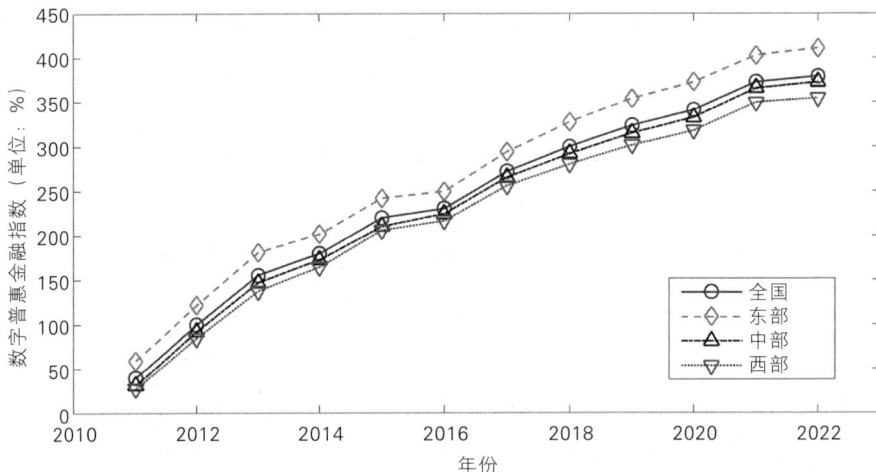

图 3-2　2011—2022 年全国及东中西部地区数字普惠金融总指数发展状况

3.4.2　地区数字普惠金融发展的差距分析

由前文的分析结果发现，我国的数字普惠金融发展在 2011—2022 年间内表现出明显的地区异质性，但前文的分析仅仅简单地给出我国数字普惠金融发展现状和大致的趋势图，未定量分析区域间、区域内各省数字普惠金融发展差异的具体大小，以及地区间、地区内这种差异对总体差异的贡献率。基于此，接下来我们将采用 Theil 指数分解法来进一步深入探讨我国数字普惠金融发展的地区差异。

Theil 指数（泰尔指数）是一个反映区域发展不平衡性的指标，将不同年份的数字普惠金融指数的 Theil 值进行纵向比较，可以看到数字普惠金融指数不平衡性的动态演变过程。Theil 指数越大，说明数字普惠金融指数在区域间发展越不平衡。将 Theil 指数分解为包含区域内差异和区域间差异的两部分，设 $Theil_东$、$Theil_中$、$Theil_西$ 分别表示中国东部、中部、西部三大地区的 Theil 指数，则：

$$Theil_东 = \sum_{i \in \{东部地区\}} \frac{f_i}{F_东} \ln \frac{f_i / F_东}{g_i / G_东} \tag{3.1}$$

$$Theil_{中} = \sum_{i \in \{中部地区\}} \frac{f_i}{F_{中}} \ln \frac{f_i/F_{中}}{g_i/G_{中}} \tag{3.2}$$

$$Theil_{西} = \sum_{i \in \{西部地区\}} \frac{f_i}{F_{西}} \ln \frac{f_i/F_{西}}{g_i/G_{西}} \tag{3.3}$$

其中，$F_{东}$、$F_{中}$、$F_{西}$ 分别表示三大地区的数字普惠金融总指数；f_i 表示第 i 个省份的数字普惠金融总指数，$G_{东}$、$G_{中}$、$G_{西}$ 分别表示三大地区的总人口数；g_i 表示第 i 个省份的人口数。若 F 表示全国总的数字普惠金融总指数，G 表示全国总的人口数，则可以对 Theil 指数按组进行分解，其中总指数等于组间指数和组内指数之和。于是按组分解后，可以得到区域间的差异为：

$$Theil_{组间} = \frac{F_{东}}{F} \ln \frac{F_{东}/F}{G_{东}/G} + \frac{F_{中}}{F} \ln \frac{F_{中}/F}{G_{中}/G} + \frac{F_{西}}{F} \ln \frac{F_{西}/F}{G_{西}/G} \tag{3.4}$$

而区域内差异为：

$$Theil_{组内} = \frac{F_{东}}{F} Theil_{东} + \frac{F_{中}}{F} Theil_{中} + \frac{F_{西}}{F} Theil_{西} \tag{3.5}$$

进而可以得到总的 Theil 指数：

$$Theil_{全国} = Theil_{组间} + Theil_{组内} \tag{3.6}$$

依据上述介绍的 Theil 指数分解的有关计算公式，按照全国和东中西部三个区域将数字普惠金融总指数分别进行分解，分解结果见表3-3。

表3-3　　　　　　　　数字普惠金融总指数的 Theil 指数

年份	$Theil_{全国}$	$Theil_{组间}$	$Theil_{组内}$	$Theil_{东}$	$Theil_{中}$	$Theil_{西}$
2011	0.2925	0.0363	0.2562	0.3464	0.0646	0.2271
2012	0.2496	0.0164	0.2332	0.3065	0.0697	0.2550
2013	0.2483	0.0171	0.2312	0.2906	0.0658	0.2773
2014	0.2542	0.0194	0.2348	0.2876	0.0704	0.2907
2015	0.2647	0.0224	0.2423	0.2874	0.0754	0.3073
2016	0.2587	0.0220	0.2367	0.2812	0.0752	0.3013
2017	0.2590	0.0219	0.2371	0.2801	0.0741	0.3045

续表

年份	$Theil_{全国}$	$Theil_{组间}$	$Theil_{组内}$	$Theil_{东}$	$Theil_{中}$	$Theil_{西}$
2018	0.2581	0.0204	0.2377	0.2858	0.0728	0.3007
2019	0.2572	0.0198	0.2374	0.2864	0.0726	0.2995
2020	0.2566	0.0196	0.2370	0.2848	0.0738	0.2994
2021	0.2595	0.0203	0.2392	0.2856	0.0783	0.3023
2022	0.2557	0.0196	0.2361	0.2840	0.0780	0.2959

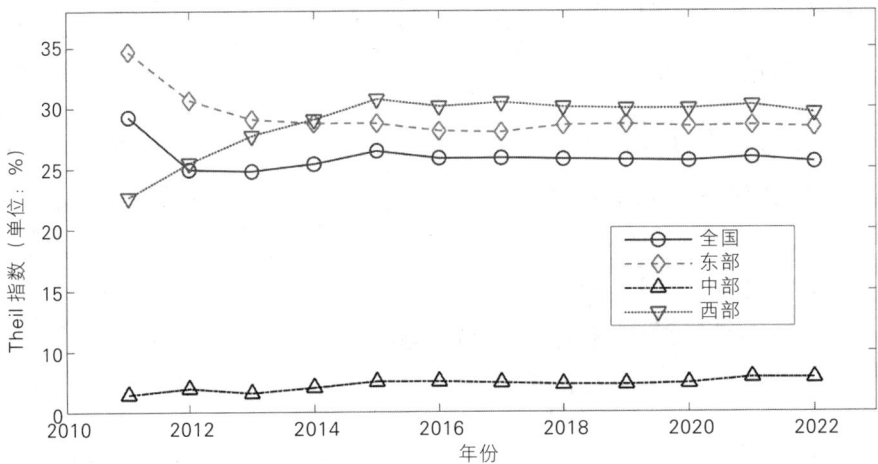

图3-3　全国及东中西部三大地区的数字普惠金融总指数的 Theil 指数

　　从表3-3可以看到从2011—2022年总的 Theil 指数呈现出先缩小后扩大然后趋于平衡的状态趋势，这说明中国数字普惠金融发展的差距相应地经历了先减小后扩大然后趋于稳定的过程。从 Theil 指数组间和组内分解的结果可以看到，Theil 指数主要由组内差异构成，说明按照西部、中部、东部地区之间差异不大，反而是各地区不同省会和直辖市的差异较大，说明数字普惠金融指数存在不平衡性主要来源于地区内的不平衡性。从东部、中部、西部三个不同地区的内部差异性来看，东部地区的区域内数字普惠金融发展的差异最大，中部地区的区域内数字普惠金融发展的差异最小。东部地区 Theil 指数呈现先减小后不断增大的趋势，其基数较大；中部地区 Theil 指数没有明显的趋势，且基数保持在较低的水平；而西部地区的 Theil 指数呈现先增大后逐渐缩小的趋势，且基数和东部地区一样保持在高位。这表明东部地区内部数字普惠金融发展水平呈现了不断分化的趋势；中部地区数字普惠金融发展水平比较均衡，并且随着时间变化也一直保持稳定；西部地区数字普惠金融发展水平虽然初始发展差异较大，但是随着时间的推移这种差距在慢慢缩小，但目前仍保持在较高的水平。

3.4.3　空间收敛性理论

前文的分析，不免让我们思考：我国数字普惠金融的长期发展是否会存在收敛趋势？或者说，从动态视角来讲，我国数字普惠金融发展地区差异的动态演进趋势会是怎样？是否存在某种收敛性？若各地区数字普惠金融发展存在收敛性，则表明我国数字普惠金融发展的各地区差异会逐渐缩小；若不存在，则表明我国数字普惠金融发展的各地区差异会趋于扩大。为此，本节将对我国数字普惠金融指数分别进行 σ 收敛分析和 β 收敛分析。

（1）σ 收敛

σ 收敛是指不同地区数字普惠金融的离差随着时间的变化呈现不断降低的态势。本文采用变异系数来衡量 σ 收敛，其计算公式为：

$$\sigma_{j,\,t} = \frac{\sqrt{\sum_{i}^{N_j}(f_{ij,\,t} - \bar{f}_{j,\,t})^2 / N_j}}{\bar{f}_{j,\,t}}, \quad t = 1,\ 2,\ \cdots,\ T \tag{3.7}$$

其中，$j \in \{$ 东、中、西 $\}$ 表示不同地区，i 表示省份（$i = 1,\ 2,\ \cdots$），N_j 为 j 地区内的省份个数，$f_{ij,\,t}$ 为 j 地区中省份 i 在第 t 期的数字普惠金融指数，$\bar{f}_{j,\,t} = \sum_{i}^{N_j} f_{ij,\,t} / N_i$ 为 j 地区在第 t 期的数字普惠金融指数平均值。σ 收敛从公式上看衡量的是数字普惠金融发展的波动程度，值越小波动程度越小，收敛性越明显。

（2）β 收敛

σ 收敛只能分析存量之间的变化趋势，而 β 收敛同时考虑了存量和增长速度，能够探究初始禀赋不同的两个地区，其数字普惠金融指数能否通过发展最后得到趋同并达到稳态。β 收敛又分为绝对 β 收敛和条件 β 收敛。绝对 β 收敛认为数字普惠金融指数存在一个绝对的稳态，即所有地区不论外部因素如何影响，最终都将处于一个相同的均衡状态。而条件 β 收敛则考虑了外部因素的影响，并认为只有那些结构特征相同、初始条件相近似的地区才最终收敛于同一稳态。

绝对 β 收敛的计算公式如下：

$$\ln\left(\frac{f_{i,\,t+1}}{f_{i,\,t}}\right) = \alpha + \beta\ln(f_{i,\,t}) + \varepsilon_{i,\,t} \tag{3.8}$$

其中，$\ln\left(\frac{f_{i,\,t+1}}{f_{i,\,t}}\right)$ 表示省份 i 在 t 期的数字普惠金融发展的增长率，$f_{i,\,t}$ 表示省份 i 在 t 期的数字普惠金融发展水平，$\varepsilon_{i,\,t}$ 为随机误差项，β 为收敛系数。根据 β 收敛系数符号的显著性可判断是否存在 β 收敛特征。若 $\beta < 0$ 且通过显著性检验，则判定 β 收敛假说成立，即数字普惠金融指数随着时间的推移将趋于收敛；反之，则判定数字普惠金融具有发散特征。此外，还可通过公式 $\omega = -\log(1 + \beta)/T$ 来计算数字普惠金融的收敛速度，其中 ω 表示收敛速度；同时，还可以根据公式 $\Pi = \log(2)/\omega$ 来进一步计算数字普惠金融发展落后的地区追赶数字普惠金融发展先进的地区所需要的半生命周期 Π。

条件 β 收敛模型是在绝对 β 收敛的基础上，加入一些控制变量得到的。条件 β 收敛的计算公式如下：

$$\ln\left(\frac{f_{i,\,t+1}}{f_{i,\,t}}\right) = \alpha + \beta\ln(f_{i,\,t}) + \gamma^{\mathrm{T}}X_{i,\,t} + \varepsilon_{i,\,t} \tag{3.9}$$

其中，$X_{i,\,t}$ 表示省份 i 在 t 时期的影响数字普惠金融发展的其他因素。

经典的 β 收敛通常假设所研究的个体在空间上是相互独立的，主要用来考察各省份数字普惠金融发展水平在时间演化上的收敛性问题，但若忽视考察单元空间上的关联效应，则有可能会导致 β 收敛结论出现偏倚。文献上已有研究成果表明，我国省域数字普惠金融发展水平存在空间异质性。在此情形下，本文将空间因素考虑在内，对经典 β 收敛模型进行修正，从而构建了三种形式的空间面板β收敛模型，来对我国省域数字普惠金融发展水平的β收敛特征进行相关检验，同时对经典收敛模型和空间收敛模型的检验结果进行对比。

所构建的空间面板β收敛模型的具体形式如下：

• 空间面板滞后β收敛模型：

$$\ln\left(\frac{f_{i,\,t+1}}{f_{i,\,t}}\right) = \alpha + \rho \sum_{j=1}^{N} w_{ij} \ln\left(\frac{f_{j,\,t+1}}{f_{j,\,t}}\right) + \beta \ln(f_{i,\,t}) + \gamma^{\mathrm{T}} X_{i,\,t} + \mu_i + \eta_t + \varepsilon_{i,\,t} \tag{3.10}$$

• 空间面板误差β收敛模型：

$$\ln\left(\frac{f_{i,\,t+1}}{f_{i,\,t}}\right) = \alpha + \beta \ln(f_{i,\,t}) + \gamma^{\mathrm{T}} X_{i,\,t} + \mu_i + \eta_t + \varepsilon_{i,\,t}, \quad \varepsilon_{i,\,t} = \lambda \sum_{j=1}^{N} w_{ij} \varepsilon_{j,\,t} + v_{i,\,t} \tag{3.11}$$

• 空间面板杜宾β收敛模型：

$$\ln\left(\frac{f_{i,\,t+1}}{f_{i,\,t}}\right) = \alpha + \rho \sum_{j=1}^{N} w_{ij} \ln\left(\frac{f_{j,\,t+1}}{f_{j,\,t}}\right) + \beta \ln(f_{i,\,t}) + \delta \sum_{j=1}^{N} w_{ij} \ln(f_{j,\,t})$$
$$+ \gamma^{\mathrm{T}} X_{i,\,t} + \varphi \sum_{j=1}^{N} w_{ij} X_{j,\,t} + \mu_i + \eta_t + \varepsilon_{i,\,t} \tag{3.12}$$

其中，ρ为空间自相关系数，表示相邻省份数字普惠金融发展水平的提升对本省数字普惠金融发展水平收敛性的影响，

3.4.4 实证结果分析

（1）σ收敛

依据前面介绍的σ指数的计算公式，现将σ收敛的分析结果计算如表3-4及图3-4展示。

表3-4　　　　　　　我国省域数字普惠金融总指数的σ指数

年份	全国	东部	中部	西部
2011	0.4576	0.2738	0.1318	0.3327
2012	0.2205	0.1663	0.0574	0.1401
2013	0.1658	0.1321	0.0521	0.0990
2014	0.1284	0.1143	0.0476	0.0714
2015	0.1026	0.0938	0.0308	0.0505

年份	全国	东部	中部	西部
2016	0.0905	0.0853	0.0301	0.0508
2017	0.0870	0.0836	0.0346	0.0405
2018	0.0976	0.0905	0.0480	0.0428
2019	0.1011	0.0938	0.0527	0.0447
2020	0.1001	0.0926	0.0527	0.0460
2021	0.0879	0.0822	0.0484	0.0378
2022	0.0894	0.0778	0.0498	0.0458

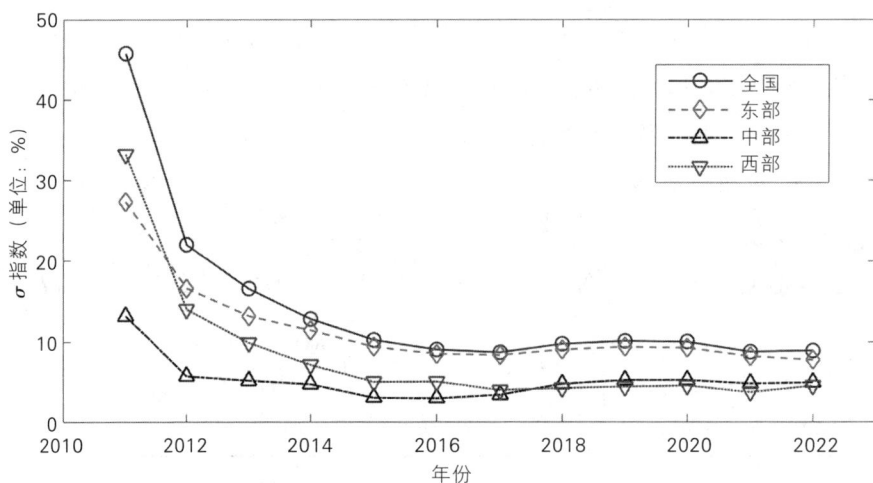

图3-4　我国省域数字普惠金融总指数的 σ 收敛分析结果

由表3-4及图3-4可以发现，无论是全国，还是东、中、西部，数字普惠金融发展水平的 σ 收敛指数均呈现出逐年递减的趋势，即全国的数字普惠金融发展水平的波动均趋于收敛，分地区来看亦是如此。此外，在2011—2016年间，西部的 σ 收敛程度最大，东部其次，中部地区 σ 收敛的程度最小；2016—

2018年间，东中西部的 σ 收敛指数均趋于平稳；而在 2018 年之后，东中西部的 σ 收敛指数又略有上升。

（2）数字普惠金融指数的空间相关性检验

空间相关性检验是一种统计方法，用于评估地理空间数据中观测值之间是否存在显著的依赖性和关联性。这种检验方法基于空间自相关理论，通过计算空间权重矩阵和相应的统计指标，来判断地理空间中不同位置的观测值是否表现出明显的空间模式，如是否出现集聚或离散现象。

在进行空间相关性检验时，常用的统计指标包括莫兰指数（Moran's I）、盖里指数（Geary's C）等。这些指标能够量化观测值与其邻近观测值之间的相似性或差异性，从而揭示空间上的依赖性和关联性。如果检验结果显示观测值之间存在显著的空间相关性，那么就可以认为这些观测值并非完全独立，而是受到周围观测值的影响。

因此，空间相关性检验是空间数据分析中不可或缺的一部分，它为我们提供了一种有效的工具来评估地理数据中的空间依赖性和关联性，进而深入理解地理现象的空间特征。

❖ 空间权重矩阵的设定

• 空间权重矩阵是用于量化不同空间单元之间关系的重要工具。它通过一个 $n \times n$ 的矩阵形式，明确地表示了每一个空间单元与其邻近单元之间的依赖程度。空间权重矩阵的选择直接影响到空间统计推断的准确性。本章我们选用不同的两种空间权重矩阵。第一种是邻近空间权重矩阵，记为 $W_1 = \left(w_{ij}\right)_{n \times n}$，其矩阵元素非 0 即 1，若两个样本在地理位置上是相邻的，则认为两者存在空间相关性，从而赋值为 1；否则，则认为两者空间不相关，赋值为 0，即 $w_{ij} = \begin{cases} 1, & \text{若 } i \text{ 与 } j \text{ 相邻} \\ 0, & \text{若 } i \text{ 与 } j \text{ 不相邻} \end{cases}$。第二种是地理空间距离权重矩阵，依据地理学第一定律，距离较近事物的相关性要大于距离较远事物的相关性，若记 d_{ij} 表示地区 i 的地理位置中心到地区 j 的地理位置中心的距离，则 $w_{ij} = \begin{cases} 1/d_{ij}^2, & i \neq j \\ 0, & i = j \end{cases}$。

❖ 空间自相关指标的选择

Moran's I 指数和 Geary's C 指数是两种经常用来检验变量之间是否存在空间相关性的统计量,其中,Moran's I 指数的取值范围在−1到1之间,正值表示正相关(空间集聚),负值表示负相关(空间分散),接近0则表示无明显的空间自相关。此外,Moran's I 指数包括全局 Moran's I 指数(可以用来检验全局自相关)和局部 Moran's I 指数(可以用来检验局部自相关)。因此,本文利用 Moran's I 指数来检验数字普惠金融发展水平是否存在空间效应。

全局 Moran's I 指数的定义如下:

$$I_{\text{全局}} = \frac{n \sum\limits_{i=1}^{n} \sum\limits_{j=1}^{n} w_{ij}(Y_i - \bar{Y})(Y_j - \bar{Y})}{\sum\limits_{i=1}^{n}(Y_i - \bar{Y})^2 \sum\limits_{i=1}^{n} \sum\limits_{j=1}^{n} w_{ij}} \tag{3.13}$$

其中,n 代表地区内的单元个数,Y_i 和 Y_j 分别代表单元 i 和单元 j 的样本观测数据,$\bar{Y} = n^{-1} \sum\limits_{i=1}^{n} Y_i$ 为样本均值,w_{ij} 为空间权重矩阵的第 (i, j) 元素。由第二章的理论,Moran's I 指数近似服从均值为 $E(I) = -1/(n-1)$,方差为 $Var(I) = (n^2 w_1 + n w_2 + 3 w_0^2)/[w_0^2(n^2 - 1)] - E^2(I)$ 的正态分布,其中 $w_0 = \sum\limits_{i=1}^{n} \sum\limits_{j=1}^{n} w_{ij}$,$w_1 = \frac{1}{2} \sum\limits_{i=1}^{n} \sum\limits_{j=1}^{n} (w_{ij} + w_{ji})^2$,$w_2 = \sum\limits_{i=1}^{n} (w_{i\cdot} + w_{\cdot j})$,$w_{i\cdot}$ 与 $w_{\cdot j}$ 分别表示 W 的第 i 行和第 j 列的和。若对 Moran's I 指数作标准化,则有 $Z = \dfrac{I - E(I)}{\sqrt{Var(I)}}$ 近似服从标准正态分布,从而针对假设 H_0:不存在空间相关性,可以基于标准正态分布对空间相关性作显著性检验。

局部 Moran's I 指数的定义如下:

$$I_{\text{局部}.i} = \frac{n(Y_i - \bar{Y})}{\sum\limits_{j=1}^{n}(Y_i - \bar{Y})^2} \sum_{j} w_{ij}(Y_j - \bar{Y}) \tag{3.14}$$

若对 Y_i 作中心标准化 $Z_i = \dfrac{Y_i - \bar{Y}}{\sigma_Y}$,则有 $\sum\limits_{i=1}^{n}(Y_i - \bar{Y})^2 = n$。于是,式(3.14)

可简化为 $I_{局部, i} = Z_i \sum_{j \neq i}^{n} w_{ij}^* Z_j$，其中，$w_{ij}^*$ 为空间权重矩阵 W 进行标准化之后的第 (i, j) 元。易见，$I_{局部, i}$ 为第 i 个空间单元的观测值 Z_i 与邻近空间单元观测值加权平均的乘积，$I_{局部, i}$ 大于 0 表示空间单元 i 与邻近单元具有相似属性（即高值聚集或低值聚集），$I_{局部, i}$ 小于 0 表示空间单元 i 与邻近单元具有相异属性（即高值周围是低值或低值周围是高值）。

❖ **空间自相关实证分析结果**

运用全局 Moran's I 指数公式（3.13）来检验 2011—2022 年我国省域数字普惠金融指数的空间自相关性，其计算结果如表 3-5 所示：

表 3-5　　　　　我国省域数字普惠金融指数的空间自相关性

年份	邻近空间权重矩阵 W_1			地理距离空间权重矩阵 W_2		
	全局 Moran's I 指数	z 值	p 值	全局 Moran's I 指数	z 值	p 值
2011	0.490	4.415	0.000	0.318	4.455	0.000
2012	0.487	4.428	0.000	0.345	4.851	0.000
2013	0.456	4.190	0.000	0.329	4.667	0.000
2014	0.453	4.164	0.000	0.330	4.676	0.000
2015	0.416	3.856	0.000	0.291	4.179	0.000
2016	0.438	4.050	0.000	0.323	4.612	0.000
2017	0.498	4.573	0.000	0.333	4.739	0.000
2018	0.544	4.934	0.000	0.351	4.941	0.000
2019	0.544	4.932	0.000	0.360	5.046	0.000
2020	0.563	5.083	0.000	0.366	5.128	0.000
2021	0.573	5.162	0.000	0.380	5.285	0.000
2022	0.594	5.294	0.000	0.381	5.253	0.000

数据来源：北京大学数字普惠金融指数。

　　从表 3-5 可知，在 5% 的显著性水平下，无论是选用邻近空间权重矩阵 W_1，还是地理距离空间权重矩阵 W_2，所得到的省域数字普惠金融指数的全局 Moran's I 指数值都显著大于 0，这表明我国各省的数字普惠金融发展水平存在正向的空间自相关关系，即存在集聚效应。此外，在 2011—2015 年内，数字普惠金融指数的 Moran's I 指数呈现出震荡的趋势，而在 2015 年之后，数字普惠金融指数的 Moran's I 指数呈现出递增的趋势，这说明其空间集聚程度呈现出震荡—递增的趋势，整体上集聚性增强。

　　为了解单个地区的相邻范围内的集聚状况，接下来我们采用局部 Moran's I 指数进行分析。图 3-5 绘制了在邻近空间权重矩阵下，我国各省数字普惠金融指数在 2011 年、2015 年、2016 年和 2020 年的局部 Moran's I 指数散点图（地理距离空间权重矩阵设定下的结果类似，在此不再赘述）。

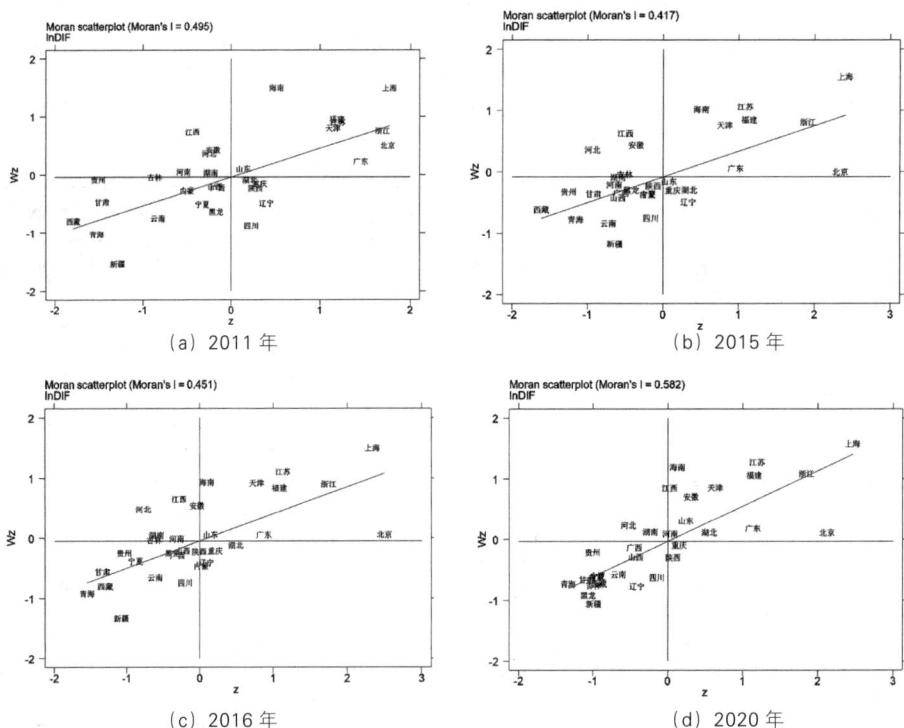

(a) 2011 年　　　　　　　　(b) 2015 年

(c) 2016 年　　　　　　　　(d) 2020 年

图 3-5　邻近空间权重矩阵下局部 Moran's I 指数散点图

通过观察图 3-5，我们可以得出以下结论：

首先，从整体来看，我国各省的数字普惠金融发展水平确实存在空间上的集聚现象，这与全局 Moran's I 指数的变化趋势是一致的。从 2011 年至 2015 年，局域 Moran's I 指数的散点图显示出逐渐分散的态势；然而，从 2015 年到 2016 年，再到 2020 年，散点图中的点逐渐趋向中间那条斜线，表明各省与其相邻省份的集聚效应在加强。

其次，在 Moran's I 指数的散点图中，横坐标代表各省份的数字普惠金融指数，而纵坐标则代表与该省份相邻省份的数字普惠金融指数的加权平均值，也即空间滞后值。图中可见一条过原点且向右上方倾斜的直线。此外，多数省份位于第一和第三象限，意味着它们要么是数字普惠金融发展水平高的集聚（高-高组合），要么是发展水平低的集聚（低-低组合），而第二和第四象限的省份数量相对较少。具体来说，第一象限主要包含东部地区的省份，这些省份及其相邻地区的数字普惠金融都发展得较好；相反，第三象限主要包含中西部地区的省份，这些地区及其周边地区的数字普惠金融发展相对滞后。

最后，数字普惠金融发展水平接近的省份往往地理位置也较近。长期位于第一象限的省份包括北京、上海、浙江、江苏和天津，这些地区的空间集聚效应显著，且均为正向溢出，即它们的数字普惠金融发展水平均较高。河北是唯一长期位于第二象限的省份，这表明尽管它被高水平的京津地区环绕，但自身的数字普惠金融发展却相对缓慢，显示出京津冀地区内部发展的不均衡。长期位于第三象限的省份有青海、甘肃、云南、新疆和西藏，这些地区的数字普惠金融发展水平低，且其周边地区的水平也低。没有省份长期处于第四象限。

（3）绝对 β 收敛分析

本节首先采用经典绝对 β 收敛模型对全国 31 个省（自治区、直辖市）的数字普惠金融进行绝对 β 收敛分析，结果如表 3-6 所示，β 收敛系数的估计为 -0.395，且通过了 1% 的显著性水平检验，这表明我国省域数字普惠金融发展水平存在显著的绝对 β 收敛，即落后地区对领先地区具有追赶效应。

由上文的空间相关性检验分析得知，省域数字普惠金融指数存在显著的空间依赖性，因此接下来我们采用空间计量方法作进一步的 β 收敛性分析。我们依次采用了空间面板滞后模型、空间面板误差模型和空间面板杜宾模型，分析结果列在了表3-6中。由表3-6可以发现，在三种空间面板模型下，β收敛系数的估计也均为负值，且都通过了1%显著性水平检验，而且三种空间面板模型下的对数似然函数值都要大于经典绝对β收敛模型下的对数似然函数值，这说明在经典绝对β收敛模型的基础上考虑空间效应是恰当合理的。从拟合优度的角度看，三种空间面板模型的差异性并不大，但是从极大似然估计的角度，空间面板杜宾模型的对数似然函数值最大，因而我们可以认为，空间面板杜宾模型是最优的。

由上述分析可以得出如下结论：引入空间效应后，省域数字普惠金融指数仍存在显著的绝对β收敛的收敛特征；较之于经典的绝对β收敛，引入空间效应后的收敛速度明显提升，且落后地区赶上发达地区而趋于稳态的时间也在缩短。

表3-6　　　　　我国31个省（自治区、直辖市）数字普惠金融发展水平的绝对β收敛分析结果

变量	经典绝对β收敛模型	空间绝对β收敛模型		
		空间面板滞后模型	空间面板误差模型	空间面板杜宾模型
α	2.297*** (59.57)	—	—	—
β	−0.395*** (−54.48)	−0.137*** (−11.23)	−0.640*** (−41.34)	−0.650*** (−43.47)
ρ	—	0.667*** (23.13)	—	0.920*** (38.96)
λ	—	—	0.971*** (169.12)	—
R^2	0.898	0.886	0.898	0.880
$\log L$	336.58	492.532	733.483	752.181
是否收敛	是	是	是	是
收敛速度（ω，%）	4.2	1.2	8.5	8.7
半生命周期（Π，年）	16.552	56.453	8.141	7.923

注：***、**、*对应的显著性水平分别为1%、5%、10%；括号内的数值为z统计量样本值，"−"表示此项为空。

由于我国地域辽阔，不同区域之间在经济发展、资源禀赋、人口密度、产业结构等方面存在显著的差异。这种差异不仅影响了各地区的数字金融基础设施建设、金融服务覆盖和普及程度，还影响了数字普惠金融的具体实施效果和发展潜力。将我国分为东部、中部和西部三个区域进行讨论，可以更加深入地揭示各地区数字普惠金融发展的特点和问题，为制定更加精准的政策措施提供参考。为此，我们按照国家统计年鉴的划分方法，将我国31个省（自治区、直辖市）（不包含香港、澳门和台湾地区）划分为东部、中部和西部三个地区，然后分别对三个地带的数字普惠金融发展进行β收敛性分析，分析结果见表3-7至表3-9。由表3-7至表3-9的分析结果可知，在经典绝对β收敛模型下，三大地区的数字普惠金融的β收敛系数的估计均为负值，且都通过了1%的显著性检验，这表明三大地区的数字普惠金融发展水平在不考虑空间因素的前提下，均存在显著的绝对β收敛特征。从收敛速度上看，西部最快，中部次之，而东部最慢。接下来考虑在经典绝对β收敛模型中引入空间效应，从R^2来看最优模型为空间面板误差模型，而从极大似然估计的角度看，空间面板杜宾模型最优。无论是选择空间面板误差模型，还是选择空间面板杜宾模型，我们发现：当引入空间效应后，各地区的收敛特征没有发生变化，但收敛速度却发生了变化。较之于经典的绝对β收敛，三大地带的收敛速度得到了不同程度的提升，然而中部地区的数字普惠金融发展速度超越西部地区，成为发展速度最快的地区。

表3-7　　　东部各省数字普惠金融发展水平的绝对β收敛分析结果

变量	经典绝对β收敛模型	空间绝对β收敛模型		
		空间面板滞后模型	空间面板误差模型	空间面板杜宾模型
α	2.047*** (30.02)	—	—	—
β	−0.345*** (−27.53)	−0.121*** (−7.85)	−0.515** (−18.87)	−0.547*** (−23.67)
ρ		0.659*** (16.63)	—	0.879*** (20.76)

续表

变量	经典绝对β收敛模型	空间绝对β收敛模型		
		空间面板滞后模型	空间面板误差模型	空间面板杜宾模型
λ	—	—	0.926*** (60.54)	—
R^2	0.864	0.861	0.864	0.846
$\log L$	137.22	202.050	267.815	279.489
是否收敛	是	是	是	是
收敛速度（ω，%）	3.5	1.1	6.0	6.6
半生命周期（Π，年）	19.658	64.494	11.495	10.504

注：***、**、*对应的显著性水平分别为1%、5%、10%；括号内的数值为z统计量样本值，"–"表示此项为空。

表3-8　　　中部各省数字普惠金融发展水平的绝对β收敛分析结果

变量	经典绝对β收敛模型	空间绝对β收敛模型		
		空间面板滞后模型	空间面板误差模型	空间面板杜宾模型
α	2.351*** (32.49)	—	—	—
β	−0.406*** (−29.64)	−0.155*** (−7.23)	−0.635*** (−6.45)	−0.761*** (−18.60)
ρ	—	0.624*** (12.65)	—	0.858*** (16.40)
λ	—	—	0.924*** (26.62)	—
R^2	0.911	0.907	0.911	0.909
$\log L$	89.759	127.460	155.852	176.603
是否收敛	是	是	是	是
收敛速度（ω，%）	4.3	1.4	8.4	11.9
半生命周期（Π，年）	15.969	49.387	8.253	5.811

注：***、**、*对应的显著性水平分别为1%、5%、10%；括号内的数值为z统计量样本值，"–"表示此项为空。

表 3-9　　　　西部各省数字普惠金融发展水平的绝对 β 收敛分析结果

变量	经典绝对 β 收敛模型	空间绝对 β 收敛模型		
		空间面板滞后模型	空间面板误差模型	空间面板杜宾模型
α	2.433*** (42.47)	—	—	—
β	−0.424*** (−38.73)	−0.180*** (−8.14)	−0.627*** (−19.68)	−0.663*** (−23.75)
ρ	—	0.586*** (11.77)	—	0.870*** (20.14)
λ	—	—	0.940*** (63.01)	—
R^2	0.920	0.908	0.920	0.919
$\log L$	238.067	170.840	239.540	251.683
是否收敛	是	是	是	是
收敛速度（ω，%）	4.6	1.7	8.2	9.1
半生命周期（Π，年）	15.078	41.913	8.434	7.647

注：***、**、*对应的显著性水平分别为1%、5%、10%；括号内的数值为 z 统计量样本值，"–"表示此项为空。

（4）条件 β 收敛分析

基于文献上关于数字普惠金融影响因素的已有研究成果，这里我们考虑下述控制变量：经济发展水平（$\ln PGDP$）、互联网发展水平（NET）、地理因素（$\ln GEO$）、教育发展水平（EDU）、科技创新能力（$\ln TEC$）、政府干预程度（GOV）、城乡收入差距（GAP），其含义如表 3-10 所示，各变量的描述性统计结果见表 3-11。所使用的数据来自《中国统计年鉴》、Wind 数据库及各地区政府部门官网发布的公告，选取 2011—2022 年全国 31 个省（自治区、直辖市）（不含香港、澳门和台湾地区）的各项指标，每个指标包含 372 个观测值。

表3-10 控制变量及含义

变量名称	符号	具体内容
经济发展水平	ln PGDP	以人均地区生产总值来表示地区经济发展水平（取对数）
互联网发展水平	NET	以互联网宽带接入用户数占该地区常住人口数的比重来表示互联网发展水平
地理因素	ln GEO	以人口密度GEO作为刻画地理因素的变量（取对数）
教育发展水平	EDU	以高等学校在校学生数占地区总人口之比来表示
科技创新能力	ln TEC	以专利申请数量来表示（取对数）
政府干预程度	GOV	以一般预算开支占地区生产总值的比重来表示
城乡收入差距	GAP	以城镇居民人均可支配收入与农村居民人均可支配收入的比值来表示

表3-11 控制变量的描述性统计分析

变量	样本量	平均值	标准差	最小值	最大值
ln PGDP	372	10.856	0.462	9.682	12.155
NET	372	0.240	0.114	0.043	0.523
ln GEO	372	5.316	1.492	0.893	8.275
EDU	372	0.021	0.006	0.008	0.044
ln TEC	372	10.157	1.630	4.796	13.679
GOV	372	0.291	0.205	0.105	1.354
GAP	372	2.561	0.382	1.827	3.672

首先，我们针对全国31个省（自治区、直辖市）的数字普惠金融做条件 β 收敛性分析，分析结果见表3-12。由表3-12的拟合结果可以发现，在1%的

显著性水平下，经济发展水平、互联网发展水平以及政府干预程度对于数字普惠金融发展均有着显著正向的促进作用。这种结果也是合理的，因为互联网提升了金融服务的便捷性和覆盖范围，通过线上平台打破了地域和时间限制，降低了金融服务门槛，使得更多人能够享受金融服务；而政府干预在数字普惠金融中也起着重要作用。政府通过政策引导和监管，确保金融市场的稳定和公平，促进数字普惠金融的健康发展，这种干预有助于调节市场，推动金融服务更广泛地惠及社会各阶层。因而，为促进数字普惠金融的发展，我们应当加强互联网发展和政府干预措施。

与经典绝对 β 收敛模型分析结果相比，加入一些控制变量后，经典条件 β 收敛模型下得到的对数似然函数要更大，而且收敛速度要更快。这表明控制变量的引入，能够使得分析模型更全面、更准确地反映数字普惠金融发展的实际情况。此外，我国各省份的数字普惠金融发展受到很多因素的影响，例如经济发展、政府干预程度以及互联网发展水平，通过将这些因素纳入考量，模型能够更精确地预测和解释数字普惠金融的收敛速度。如果不考虑这些控制变量，分析结果可能受到多种外部因素的干扰，导致收敛速度的测量不准确；而加入控制变量后，可以有效地减少这些干扰因素的影响，使得收敛速度的测量更加准确。这也可以从空间面板模型下的条件 β 收敛分析结果得到类似的结论。

由表 3-12 的空间条件 β 收敛模型结果发现，经济发展水平、互联网发展水平和科技创新能力对我国数字普惠金融发展的收敛性均起到显著的正向促进作用，其中科技创新能力的显著性最强，这表明加速提高我国的科技创新能力，有助于促进我国各省的数字普惠金融发展的收敛性。此外，教育发展水平和政府干预程度对于我国数字普惠金融发展的收敛性亦起到正向促进作用，但这种促进作用并不显著。地理因素和城乡收入差距阻碍我国数字普惠金融发展的收敛性，但地理因素的阻碍作用并不明显，而城乡收入差距的阻碍作用却是非常地显著，这提示我们在发展数字普惠金融时要特别注意城乡收入差距的缩小问题。

表 3-12   全国 31 个省（自治区、直辖市）数字普惠
金融发展水平的条件 β 收敛分析结果

变量	经典条件 β 收敛模型	空间条件 β 收敛模型		
		空间面板滞后模型	空间面板误差模型	空间面板杜宾模型
α	2.211*** (15.87)	—	—	—
β	−0.515*** (−66.76)	−0.400*** (−17.81)	−0.688*** (−37.68)	−0.704*** (−39.38)
$\ln PGDP$	0.030** (2.18)	0.281*** (6.33)	0.057* (1.72)	0.067* (1.95)
NET	0.893*** (14.55)	0.441*** (5.35)	0.088* (1.75)	0.108* (1.95)
$\ln GEO$	0.008* (1.76)	0.075 (0.80)	−0.050 (−0.85)	−0.071 (−1.19)
EDU	0.966 (1.24)	−2.994 (−1.48)	0.331 (0.30)	0.068 (0.06)
$\ln TEC$	0.005 (1.13)	−0.015 (−1.35)	0.013** (2.02)	0.015** (2.24)
GOV	0.091*** (2.88)	0.504*** (5.58)	0.074 (1.51)	0.110** (2.13)
GAP	0.020* (1.75)	−0.054 (−1.11)	−0.106*** (−3.63)	−0.116*** (−3.78)
ρ	—	0.343*** (9.73)	—	0.823*** (33.15)
λ	—	—	0.970*** (161.73)	—
R^2	0.955	0.729	0.895	0.222
$\log L$	478.04	595.236	747.790	786.988
是否收敛	是	是	是	是
收敛速度（ω，%）	6.0	4.3	9.7	10.1
半生命周期（Π，年）	11.495	16.283	7.141	6.832

注：***、**、*对应的显著性水平分别为 1%、5%、10%；括号内的数值为 z 统计量样本值，"−"表示此项为空。

　　我们分别针对三大地区来分析数字普惠金融发展的条件 β 收敛性问题，分析结果见表 3-13 至表 3-15。由这些分析结果可以发现：首先，三大地区的数字普惠金融发展均呈条件 β 收敛，但收敛速度不同，中部最快，西部次之，东部最慢；其次，各控制变量在不同的地区所起到的作用有着很大的不同。具体来说，经济发展水平对东中西部三大地区的数字普惠金融发展的收敛性均起到了非常显著的正向促进作用；互联网发展水平对东中西部三大地区的数字普惠金融发展的收敛性虽然也起到了正向促进作用，但这种正向促进作用的显著性却不相同，互联网发展水平对东部地区的正向促进作用并不明显，而对西部地区却非常地显著，这提示我们在发展西部地区的数字普惠金融时要特别注意该地区的互联网发展；另外，教育发展水平对东部地区和中部地区的数字普惠金融发展的收敛性起到了正向促进作用，其中东部地区的这种正向促进作用最为明显，但对于西部地区来说，教育发展水平却起到了负向的抑制作用；最后，城乡收入差距对各地区的数字普惠金融发展的收敛性虽然起到了负向的抑制作用，但这种抑制作用对西部地区最为显著，因而在发展西部地区的数字普惠金融时，要特别重视该地区的城乡收入差距问题。

表 3-13　东部省份数字普惠金融发展水平的条件 β 收敛分析结果

变量	经典条件 β 收敛模型	空间条件 β 收敛模型		
		空间面板滞后模型	空间面板误差模型	空间面板杜宾模型
α	1.387*** (5.40)	—	—	—
β	−0.500*** (−29.95)	−0.301*** (−10.22)	−0.529*** (−15.16)	−0.616*** (−22.58)
$\ln PGDP$	0.085** (2.53)	0.375*** (5.39)	0.201*** (3.65)	0.142*** (3.04)

续表

变量	经典条件 β 收敛模型	空间条件 β 收敛模型		
		空间面板滞后模型	空间面板误差模型	空间面板杜宾模型
NET	0.819***	−0.038	0.024	0.034
	(7.55)	(−0.31)	(0.46)	(0.47)
ln GEO	0.001	0.052	0.271*	−0.093
	(0.04)	(0.30)	(1.66)	(−0.76)
EDU	−1.437	5.393	6.162***	5.654***
	(−1.17)	(1.38)	(3.06)	(2.60)
ln TEC	0.013	−0.015	0.001	−0.003
	(1.57)	(−0.87)	(0.01)	(−0.24)
GOV	0.602***	0.304	0.066	0.356***
	(3.50)	(1.42)	(0.53)	(2.90)
GAP	0.040	0.143	0.040	0.101*
	(1.37)	(1.53)	(0.72)	(1.69)
ρ	—	0.472***	—	0.810***
		(9.72)		(28.36)
λ	—	—	0.885***	—
			(18.78)	
R^2	0.942	0.550	0.427	0.777
log L	188.20	235.384	282.222	307.326
是否收敛	是	是	是	是
收敛速度（ω，%）	5.8	3.0	6.3	8.0
半生命周期（Π，年）	12	23.227	11.048	8.690

注：***、**、*对应的显著性水平分别为1%、5%、10%；括号内的数值为 z 统计量样本值，"−"表示此项为空。

表 3-14　　　中部省份数字普惠金融发展水平的条件 β 收敛分析结果

变量	经典条件 β 收敛模型	空间条件 β 收敛模型		
		空间面板滞后模型	空间面板误差模型	空间面板杜宾模型
α	−0.931	—	—	—
	(−1.28)			
β	−0.603***	−0.434***	−0.600***	−0.905***
	(−34.98)	(−10.91)	(−26.44)	(−22.80)
$\ln PGDP$	0.315***	0.338***	0.352***	0.047**
	(4.66)	(3.45)	(3.71)	(0.70)
NET	0.679***	0.370	0.474**	0.171
	(4.63)	(1.55)	(2.04)	(0.96)
$\ln GEO$	0.073***	0.037	0.026	1.017***
	(3.61)	(0.20)	(0.11)	(4.20)
EDU	−3.254	−0.392	3.721	0.621
	(−1.03)	(−0.07)	(0.92)	(0.19)
$\ln TEC$	0.026*	−0.027	−0.005	0.003
	(1.97)	(−1.13)	(−0.28)	(0.21)
GOV	1.229***	1.289***	0.970***	0.294
	(4.50)	(4.65)	(3.11)	(1.45)
GAP	−0.029	−0.129	−0.031	−0.297***
	(−0.71)	(−1.28)	(−0.27)	(−3.53)
ρ	—	0.321***		0.734***
		(5.34)		(17.77)
λ	—	—	0.605***	—
			(8.99)	
R^2	0.977	0.897	0.959	0.396
$\log L$	149.95	169.391	179.915	219.830
是否收敛	是	是	是	是
收敛速度（ω，%）	7.7	4.7	7.6	19.6
半生命周期（Π，年）	9.004	14.614	9.078	3.534

注：***、**、*对应的显著性水平分别为1%、5%、10%；括号内的数值为 z 统计量样本值，"−"表示此项为空。

表3-15 西部省份数字普惠金融发展水平的条件β收敛分析结果

变量	经典条件β收敛模型	空间条件β收敛模型		
		空间面板滞后模型	空间面板误差模型	空间面板杜宾模型
α	1.202*** (2.63)	—	—	—
β	-0.553*** (-44.25)	-0.505*** (-13.36)	-0.646*** (-14.81)	-0.778*** (-23.48)
$\ln PGDP$	0.125*** (3.10)	0.347*** (4.19)	0.233*** (3.32)	0.222*** (3.15)
NET	0.879*** (9.00)	0.425*** (3.12)	0.508*** (3.93)	0.288** (2.23)
$\ln GEO$	0.014* (1.71)	0.200 (1.05)	0.231** (1.97)	0.261** (2.05)
EDU	-3.765** (-2.03)	-5.562* (-1.73)	-1.156 (-0.48)	-3.270 (-1.44)
$\ln TEC$	0.020** (2.25)	-0.008 (-0.41)	-0.007 (-0.50)	-0.001 (-0.08)
GOV	0.118*** (2.78)	0.464*** (3.61)	0.082 (0.88)	0.129 (1.61)
GAP	0.061** (2.43)	-0.137* (-1.67)	-0.283*** (-4.02)	-0.307*** (-4.66)
ρ	—	0.201*** (3.62)	—	0.720*** (14.51)
λ	—	—	0.804*** (8.42)	—
R^2	0.969	0.670	0.482	0.165
$\log L$	190.043	222.723	259.533	283.812
是否收敛	是	是	是	是
收敛速度（ω，%）	6.7	5.9	8.7	12.5
半生命周期（Π，年）	10.330	11.828	8.010	5.526

注：***、**、*对应的显著性水平分别为1%、5%、10%；括号内的数值为z统计量样本值，"-"表示此项为空。

3.5　本章小结

本章对我国数字普惠金融的发展现状进行了分析和研究。通过研究我们发现，我国数字普惠金融总指数和三个维度指数整体呈向上发展的趋势。分区域来看，东部、中部和西部三大地带的数字普惠金融发展显露出明显的区域化差异，其中东部居于领先地位，中西部则比东部稍逊一筹。

接下来运用 Theil 指数分解法来定量分析区域间、区域内各省数字普惠金融发展差异的具体大小，以及地区间、地区内差异对总体差异的贡献率。研究结果发现，总的 Theil 指数呈现出先缩小后扩大然后趋于平衡的状态趋势，这说明中国数字普惠金融发展的差距相应地经历了先减小后扩大然后趋于稳定的过程；此外，从东部、中部和西部三个不同地区的内部差异性来看，东部地区的区域内数字普惠金融发展的差异最大，呈现出不断分化的趋势；中部地区的区域内数字普惠金融发展的差异最小，数字普惠金融发展水平比较均衡，并且随着时间变化也一直保持稳定；西部地区的区域内数字普惠金融发展水平虽然初始发展差异较大，然而随着时间的推移这种差距在慢慢缩小，但目前仍保持在较高的水平。

最后研究了我国各省数字普惠金融发展的 σ 收敛性和 β 收敛性问题，研究结果发现，无论是全国，还是东、中、西部，数字普惠金融发展水平的 σ 收敛指数均呈现出逐年递减的趋势，即全国的数字普惠金融发展水平的波动均趋于收敛，分地区来看亦是如此；从 β 收敛角度来看，我国省域数字普惠金融发展水平存在显著的 β 收敛性，即落后地区对领先地区具有追赶效应，而且中部地区的 β 收敛速度最快，西部地区其次，东部地区最慢。

第4章　数字普惠金融与经济增长

4.1　引言

自实行改革开放以后，我国经济迅猛发展，经济总量节节攀升，人均GDP亦呈稳步上升态势。近年来，我国力求借助先进的网络技术和数字化手段，促使经济转型为创新驱动发展模式。正如党的第二十次全国代表大会上的报告所强调："推动经济实现质的有效提升和量的合理增长。"这深刻体现了我党坚决践行新发展理念，推动经济高水平发展的坚定决心。

金融发展与经济增长之间的关系一直是经济学研究的热点问题之一。随着信息技术的快速发展，数字普惠金融作为一种新型的金融服务模式，旨在通过数字技术降低金融服务门槛，让更多人享受到便捷、高效的金融服务，从而为传统金融服务覆盖不到的群体提供新的可能，因而在理论上具备了促进经济增长的潜力。

近年来，尽管关于数字普惠金融与经济增长的研究逐渐增多，但现有研究成果仍存在一些不足：一是多数研究都是基于线性相关关系的假设，忽视了数字普惠金融与经济增长之间可能存在非线性关系；二是较少研究考虑到地区间的空间依赖性，导致分析结果可能存在偏误；三是对于数字普惠金融影响经济增长的内在机制探讨不够深入。

基于此，本章拟从非参数统计分析角度出发，构建半参数空间面板模型，深入探讨数字普惠金融与经济增长之间的关系和作用机制及其在不同地区、不同阶段的差异性，以期揭示其内在的非线性经济效应，并为相关政策制定提供科学依据，以充分发挥数字普惠金融在促进经济增长中的积极作用，助力我国经济高质量发展。

4.2 变量选择、数据来源及描述性统计分析

4.2.1 变量选择

（1）被解释变量

当前我国经济增长速度虽然有所放缓，但总体上仍然保持了高效率和高质量的中低速发展。在此背景下，经济增长的提升被置于首要位置，而国内生产总值（GDP）是衡量某一地区经济发展程度的主要指标。此外，考虑到各省的人口数量的影响，文献上经常使用人均地区生产总值（PGDP）来衡量地区经济发展状况。因而本章采用人均地区生产总值作为被解释变量来刻画地区经济增长状况。

（2）核心解释变量

本章选定数字普惠金融指数（DIFI）作为核心解释变量，该总指数由三个维度构成，即覆盖广度（WID）、使用深度（DEP）和数字化程度（DIG）。其中，覆盖广度由金融机构的网点数量和网络覆盖率构成，使用深度由金融机构提供的网络信贷产品数量和可获得性构成，数字化程度由金融机构运用的互联网技术等对信贷业务进行数字化程度测度，可以在一定程度上反映我国数字普惠金融的发展状况。

（3）控制变量

基于文献上已有的研究成果，本章共选择了如下5个控制变量：

城镇化水平（Urbanization）：本章使用城镇人口占年末总人口的比例来刻画城镇化水平。城镇化是现代化进程中的重要组成部分，反映了人口从农村向城市转移和城市化发展的情况。城镇化通过集中人口、资本和技术，产生集聚

效应，提高生产效率，扩大市场规模，增加就业机会，吸引投资，促进技术创新，推动经济结构转型，从而有效促进经济增长（范兆媛，2019）。

受教育水平（*EDU*）：本章使用受高等教育人数占总人口的比例来衡量地区受教育水平。受教育水平的提高有助于提高人力资本质量，可能对经济增长产生影响。

对外开放程度（*OPEN*）：本章采用外商投资企业进出口总额占地区生产总值的比例来体现各地区的对外开放程度。通过与全球市场进行广泛的贸易往来和资本互动，积极推动区域经济的对外开放进程，可以促进国内经济的增长和发展。

通货膨胀（*INF*）：本章使用居民消费价格指数的增长率来反映地区通货膨胀水平。通货膨胀会导致人们用相同的货币购买力购买更少的商品和服务，从而有利于经济稳定。

政府干预程度（*GOV*）：本章使用政府公共财政支出占GDP的比例来衡量某一地区的政府干预程度。政府干预作为地方政府履行公共服务职责不可或缺的工具，将关系到地区经济的发展。

相关变量选取、符号、名称及描述如表4-1所示。

表4-1 变量定义、符号及描述

变量类型	变量符号	变量名称	变量描述
被解释变量	*PGDP*	人均地区生产总值	人均地区生产总值
核心解释变量	*DIFI*	数字普惠金融总指数	数字普惠金融指数
	WID	覆盖广度	
	DEP	使用深度	
	DIG	数字化程度	
控制变量	*Urbanization*	城镇化水平	城镇人口占年末总人口的比例
	EDU	受教育水平	受高等教育人数占总人口的比例
	OPEN	对外开放程度	外商投资企业进出口总额占地区生产总值的比例
	INF	通货膨胀	居民消费价格指数的增长率（上一年=100）
	GOV	政府干预程度	政府公共财政支出占GDP的比例

4.2.2　数据来源及描述性统计分析

本章选取了中国31个省（自治区、直辖市）（不包括香港、澳门和台湾地区）2011—2022年的空间面板数据。其中，核心解释变量数字普惠金融指数的数据源自北京大学数字金融研究中心，被解释变量及控制变量的数据均来自中国统计年鉴及 Wind 数据库。

各变量描述性统计结果如表4-2所示。

表 4-2　　　　　　　　　　　　　变量的描述性统计

变量名称	样本量	平均值	标准差	最小值	最大值
PGDP	372	60 056.60	30 289.44	16 413.00	190 313.00
DIFI	372	242.876	107.644	16.220	460.690
WID	372	226.011	110.703	1.960	455.930
DEP	372	235.600	107.402	6.760	510.690
DIG	372	311.795	117.835	7.580	467.170
Urbanization	372	0.592	0.130	0.227	0.896
EDU	372	0.150	0.077	0.024	0.505
OPEN	372	0.107	0.157	0.00000521	0.942
INF	372	0.023	0.012	0.001	0.063
GOV	372	0.277	0.193	0.107	1.334

从表4-2中可以看出：PGDP、DIFI、WID、DEP、DIG、OPEN这些变量的样本数据有着非常大的差异性，这表明，各省级行政区域内经济增长和数字普惠金融的发展状况存在显著的差异化特征，并且显示出不同地区间数字普惠金融资源的分布与利用存在显著不均衡现象。此外，在统计建模时如果不对这种大的差异性进行处理，会导致我们的统计结果不准确。为了消除这种差异性对统计分析结果带来的影响，我们对其进行对数化处理。经过对数化处理后，$\ln PGDP$ 的样本数据在9.706—12.156区间内，其均值和标准差分别为10.896和0.455；$\ln DIFI$ 的样本数据在2.786—6.133之间，均值为5.331，标准差为0.673；三个维度指数取对数后，$\ln WID$、$\ln DEP$、$\ln DIG$ 的最小值分别为0.673、1.911、2.026，最大值分别为6.122、6.236、6.147；$\ln OPEN$ 的样本数

据在−12.164至−0.059之间，其均值为−3.613，标准差为2.311。可以发现，经过对数化处理后，这些变量的样本数据的差异性减小了很多。

图4-1和图4-2分别描述了我国人均GDP及环比增长在2011—2022年间的变化情况。从图4-1可以看出，从2011年至2022年，我国人均GDP一直处于增长状态。2011年我国人均GDP为36 439元，而到了2022年我国人均GDP增长到83 972元，翻了近两番。分区域看，由图4-1可以发现，我国经济发展状况呈现出显著的不平衡性。东部地区的人均地区生产总值常年最高，高出全国人均GDP的40%左右，而中西部地区的人均地区生产总值则常年落后于全国人均GDP的值，低20%左右。东部地区各省凭借优越的地理位置，拥有悠久的经济发展历史，尤其在对外开放层面长期领跑中西部地区，该地区汇聚了大量的技术密集型产业，第三产业高度发达，高等院校众多，人力资源整体素质较高，这些优势共同造就了东部地区经济发展长期居于领先地位的格局。中西部地区虽然坐拥丰富的自然资源，但单纯依赖资源驱动经济增长的效力远不及技术创新对经济的推动力，加之中西部地区人力资源相对比较匮乏，这就造成了中西部地区的经济发展落后于东部地区。

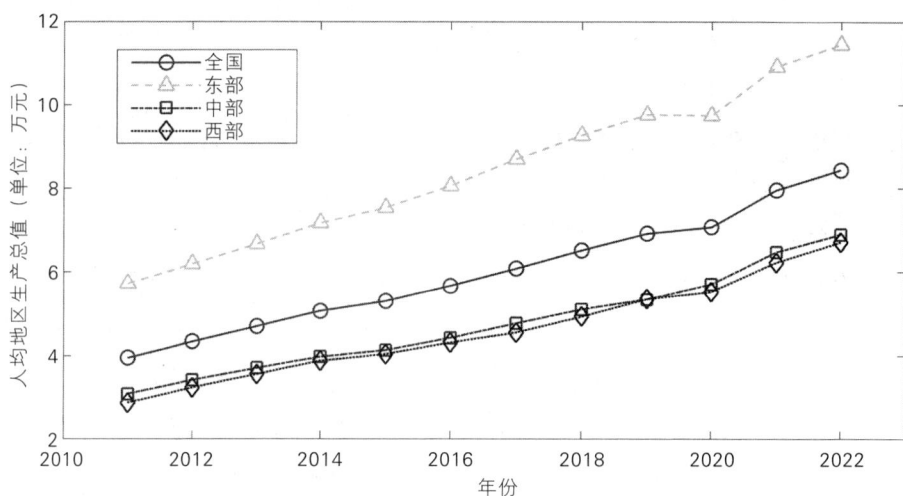

图4-1 2011—2022年我国各省人均地区生产总值发展趋势

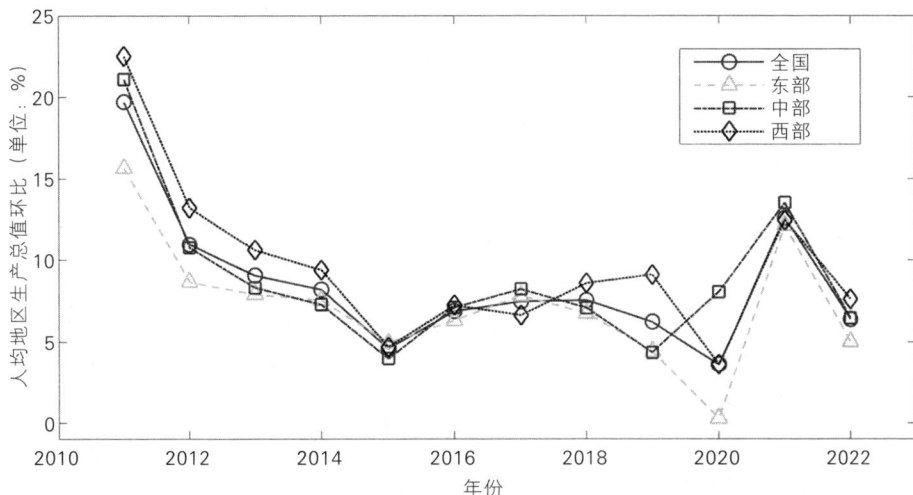

图 4-2　2011—2022 年我国各省人均地区生产总值环比增长变化趋势

从图 4-2 来看，尽管我国人均 GDP 总体上呈现上升态势，但其环比增长率在 2011 年至 2015 年间却呈现出下降走势。具体来说，2011 年人均 GDP 的环比增长率为 18.72%，2015 年人均 GDP 的环比增长率下降到 5.40%。自 2015 年以后，我国人均 GDP 的环比增长率出现小幅上升，在 2017 年达到顶峰，然后又开始回落，至 2020 年达到最低点，环比平均增长率为 2.95%，随后在 2021 年缓慢回升至 13.41%，然后又开始回落。若分区域来看，基于图 4-2，我们发现西部地区的人均地区生产总值的环比增长率常年高于全国平均值，中部地区的人均地区生产总值的环比增长率与全国平均值相近，东部地区的人均地区生产总值的环比增长率常年低于全国平均值。特别是在 2015 年以前和 2016 年之后，东部地区的人均地区生产总值的环比增长率要低于中西部地区的人均地区生产总值的环比增长率，这表明尽管中西部地区的经济发展从绝对意义上要落后于东部地区的经济发展，但凭借其独特优势和丰富的自然资源，加上国家政策的大力扶持，中西部地区各省的经济发展后劲十足，大有赶超东部地区各省经济的趋势。

4.3 经济增长的探索性空间分析

4.3.1 空间权重矩阵的设定

本节将对我国31个省（自治区、直辖市）的经济增长进行空间相关性分析。在进行空间相关性分析之前要先确定空间权重矩阵。从理论上来说，要寻找一种能够充分体现空间相关性的空间矩阵是非常困难的，因此在选取空间权重矩阵时并没有严格的准则。本章选择了一种常用的邻接权重矩阵 $W = \left(w_{ij} \right)_{n \times n}$，作为空间权重矩阵，这里 $n = 31$，w_{ij} 的定义如下：

$$w_{ij} = \begin{cases} 1, & \text{若地区} i \text{和地区} j \text{相邻接} \\ 0, & \text{若地区} i \text{和地区} j \text{不邻接} \end{cases} \tag{4.1}$$

4.3.2 经济增长的空间相关性检验

给定空间权重矩阵 W，我们借助 Moran's I 检验和 Geary's C 检验判断我国各省人均地区生产总值是否存在显著的空间相关性，统计检验结果见表4-3。

表4-3　　　　各省人均地区生产总值的空间相关性检验结果

年份	Moran's I	z 值	p 值	Geary's C	z 值	p 值
2011	0.328	3.330	0.001	0.510	−3.487	0.000
2012	0.309	3.143	0.002	0.530	−3.377	0.001
2013	0.291	2.978	0.003	0.541	−3.316	0.001
2014	0.267	2.754	0.006	0.559	−3.203	0.001
2015	0.252	2.623	0.009	0.567	−3.143	0.002
2016	0.252	2.628	0.009	0.546	−3.214	0.001
2017	0.273	2.832	0.005	0.507	−3.419	0.001
2018	0.265	2.751	0.006	0.512	−3.383	0.001
2019	0.246	2.593	0.010	0.503	−3.293	0.001
2020	0.251	2.650	0.008	0.481	−3.358	0.001
2021	0.244	2.587	0.010	0.497	−3.286	0.001
2022	0.224	2.392	0.017	0.527	−3.148	0.002

根据表 4-3 的分析结果可以看出，2011—2022 年我国 31 个省（自治区、直辖市）的人均地区生产总值的空间 Moran's I 指数和 Geary's C 指数均大于零，且全部通过了显著性水平为 5% 的空间相关性检验，因此可以认为我国各省（自治区、直辖市）人均地区生产总值存在显著的空间正相关性。

为进一步探究我国各省人均地区生产总值的局域空间集聚形态，接下来我们采用局部 Moran's I 指数来分析其局部相关性。图 4-3 绘制了我国 31 个省（自治区、直辖市）的人均地区生产总值分别在 2011 年、2014 年、2018 年、2022 年的 Moran 散点图。观察散点图发现，大多数省份的观测值在散点图的第一象限（高-高，H-H）与第三象限（低-低，L-L），少量观测值在第二象限（低-高，L-H）和第四象限（高-低，H-L）。这一分布清晰地揭示了我国人均 GDP 在空间上呈现出显著的"高值聚集"与"低值聚集"特征，换言之，邻近省区之间的人均地区生产总值具有明显的空间依赖和空间聚集。进一步分析发现，位于第三象限（低-低，L-L）的省份数量超过位于第一象限（高-高，H-H）的省份数量。这意味着我国省际人均地区生产总值更倾向于形成"低-低"集聚模式，即经济发展水平较低的省份倾向于邻近其他同样处于较低发展水平的省份，揭示出我国不同地域间的经济发展存在不均衡状态。这表明全国范围内的人均地区生产总值存在一定的空间相关关系。

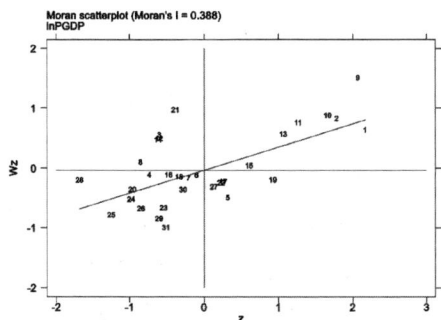

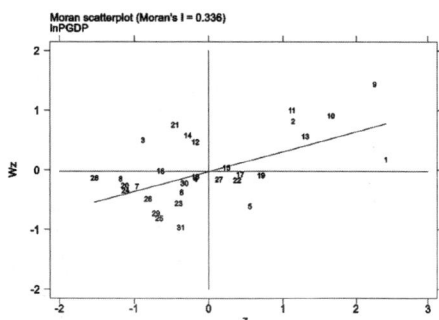

（a）2011 年　　　　　　　　　　（b）2014 年

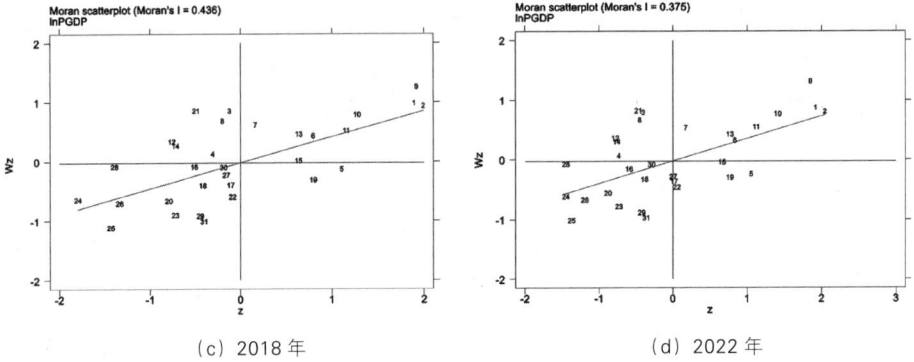

(c) 2018 年　　　　　　　　　　　　　(d) 2022 年

图 4-3　我国各省人均地区生产总值的 Moran 散点图

4.4　数字普惠金融对经济增长的线性时空影响

4.4.1　模型设定与选择

基于前文分析，本节我们构建如下的空间面板模型：

空间面板滞后模型（SAR）：

$$\ln PGDP_{it} = \rho \sum_{j=1}^{n} w_{ij} \ln PGDP_{jt} + \beta \ln DIFI_{it} + \gamma^{T} X_{it} + \mu_{i} + \varepsilon_{it} \tag{4.2}$$

空间面板误差模型（SEM）：

$$\ln PGDP_{it} = \beta \ln DIFI_{it} + \gamma^{T} X_{it} + \mu_{i} + \varepsilon_{it}, \quad \varepsilon_{it} = \lambda \sum_{j=1}^{n} w_{ij} \varepsilon_{jt} + \nu_{it} \tag{4.3}$$

空间面板杜宾模型（SDM）：

$$\ln PGDP_{it} = \rho \sum_{j=1}^{n} w_{ij} \ln PGDP_{jt} + \beta \ln DIFI_{it} + \delta \sum_{j=1}^{n} w_{ij} \ln DIFI_{jt}$$

$$+ \gamma^{T} X_{it} + \phi^{T} \sum_{j=1}^{n} w_{ij} X_{jt} + \mu_{i} + \varepsilon_{it} \tag{4.4}$$

其中，$i = 1, 2, \cdots, n$ 表示省份，$t = 1, 2, \cdots, T$ 表示年份，$\ln PGDP$ 表示人均地区生产总值的对数，$\ln DIFI$ 表示数字普惠金融总指数的对数，X_{it} 为由控制变量所构成的向量，$W = \left(w_{ij} \right)_{n \times n}$ 表示空间权重矩阵，用于刻画不同空间单元之间的相互影响关系，空间相关系数 ρ 衡量这种影响的强度和方向，β

和 δ 为核心解释变量 $\ln DIFI$ 的回归系数，γ 和 ϕ 为控制变量的回归系数，μ_i 为个体效应，ε_{it} 表示随机误差项。

对于空间面板数据，LM 检验通常用来判断空间模型是否要优于无空间效应的回归模型。首先，基于空间面板误差模型和空间面板滞后模型的 LM 检验结果的显著性来进行评判，若这两种检验均显示出统计上的显著性特征，那么即可认为运用空间模型要优于无空间效应的回归模型。接下来将进一步采取更为稳固严谨的 Robust LM 检验进行模型确认，如果两种空间模型下的 Robust LM 检验结果都展示出显著性特征，则最终决定采纳空间面板杜宾模型作为分析模型。

首先运行 LM 检验和 Robust LM 检验，分析结果见表 4-4。

表 4-4　　　　　　　　　　　LM 检验分析结果

模型	检验方法	统计量	p 值
空间面板误差模型	LM	9.123	0.003
	Robust LM	8.248	0.004
空间面板滞后模型	LM	20.370	0.000
	Robust LM	19.496	0.000

表 4-4 展示的检验结果表明，运用 LM 检验和 Robust LM 检验发现，空间面板误差模型和空间面板滞后模型均通过了 1% 的显著性检验，故最后确定选用空间面板杜宾模型。

面板模型分为固定效应面板模型和随机效应面板模型两种，为确定哪一个模型最优，接下来运行 Hausman 检验。表 4-5 展示的 Hausman 检验结果中，统计量的样本值为 94.26，对应的 p 值为 0.000，模型通过了 1% 的显著性检验，因此应选择固定效应空间面板杜宾模型（4.4）。

表4-5 Hausman检验结果

检验方法	统计量	p值
Hausman	94.26	0.000

　　接下来运行似然比（LR）检验来判断空间面板杜宾模型是否要优于空间面板误差模型和空间面板滞后模型，分析结果见表4-6。由表4-6的分析结果可以发现，无论是空间面板杜宾模型与空间面板误差模型作比较，还是空间面板杜宾模型与空间面板滞后模型作比较，似然比检验均通过了1%的显著性检验。这表明空间面板杜宾模型在这三个模型中是最优的。此外，表4-6还列出了Wald检验的分析结果。通过运行Wald检验，我们发现，空间面板杜宾模型既不能退化成空间面板误差模型，也不能退化成空间面板滞后模型。因而最终我们选择个体固定效应空间面板杜宾模型来分析数字普惠金融对地区经济增长的时空效应影响。

表4-6 似然比检验和Wald检验的分析结果

模型	检验方法	统计量	p值
空间面板杜宾模型 vs. 空间面板误差模型	似然比检验	54.04	0.000
	Wald检验	44.46	0.000
空间面板杜宾模型 vs. 空间面板滞后模型	似然比检验	30.52	0.000
	Wald检验	59.71	0.000

4.4.2　数字普惠金融总指数对经济增长的线性影响分析

　　本节假定核心解释变量为数字普惠金融总指数（*DIFI*），然后运用模型（4.4），来研究数字普惠金融总指数对全国31个省（自治区、直辖市）的经济增长的线性影响，分析结果见表4-7。此外，考虑到中国不同区域的普惠金融和经济发展程度不同，将我国各省份按地域划分为东部、中部和西部三个地区，分别运用模型（4.4）来探讨三个不同区域的数字普惠金融总指数对该地区经济增长影响的差异性，分析结果亦列于表4-7中。

表4-7　　　　　　　数字普惠金融总指数对经济增长的线性影响分析

变量	全国	东部	中部	西部
$\ln DIFI$	0.172*** (3.50)	−0.075 (−0.62)	0.013 (0.16)	0.201*** (3.78)
EDU	0.736*** (3.11)	1.834*** (5.20)	−0.171 (−0.54)	−0.350 (−1.04)
$Urbanization$	0.636** (2.02)	1.483*** (2.99)	1.238* (1.78)	4.044*** (7.86)
GOV	−1.301*** (−9.23)	−3.753*** (−10.00)	−2.744*** (−8.62)	−0.641*** (−4.71)
$\ln OPEN$	0.023*** (2.75)	−0.153** (−2.53)	−0.075*** (−4.34)	0.040*** (5.27)
INF	−1.788* (−1.69)	−2.552 (−1.41)	3.987*** (3.11)	0.404 (0.34)
$W \times \ln DIFI$	−0.089* (−1.70)	0.239* (1.96)	0.089 (1.09)	−0.131** (−2.28)
$W \times EDU$	−0.089 (−0.93)	−1.040** (−2.02)	1.403*** (3.88)	−0.001 (−0.00)
$W \times Urbanization$	1.505*** (3.26)	−1.106 (−1.64)	3.090*** (4.57)	−1.585** (−2.26)
$W \times GOV$	−0.340 (−1.37)	0.732 (1.20)	−0.301 (−0.81)	−0.461* (−1.90)
$W \times \ln OPEN$	−0.043** (−2.57)	−0.006 (−0.08)	−0.065*** (−2.62)	0.005 (0.35)
$W \times INF$	3.261*** (2.69)	4.968*** (2.62)	−2.478* (−1.76)	0.348 (0.25)
ρ	0.393*** (6.89)	0.340*** (4.16)	−0.074 (−0.80)	0.393*** (4.13)
N	372	132	96	144
R^2	0.921	0.893	0.982	0.957
$\log L$	468.17	163.14	186.15	215.50

　　注：***、**、*对应的显著性水平分别为1%、5%、10%；括号内的数值为z统计量样本值。

    首先，从全国层面来看，由表4-7的分析结果可以发现，数字普惠金融总指数对本地区的经济增长有着显著的正向促进作用，而邻近地区的数字普惠金融总指数对本地区的经济增长则有着负向的阻碍效应，但这种阻碍效应并不是非常显著，这可能是由于相邻地区之间存在一种竞争关系，从而会产生这种阻碍现象。对于其他变量，教育水平、城镇化水平和贸易开发度，均能显著有效地促进当地的经济增长，而政府干预程度和居民消费价格指数增长，都会对当地的经济增长起负向的阻碍作用，由此可见，节省开支、缩小政府财政支出规模会有助于发展当地的经济。从空间溢出效应来看，邻近省份的城镇化水平和居民消费价格指数，能够对当地的经济增长起到正向的空间溢出效应，这表明我国的城镇化发展的确有效地促进了我国各省的经济发展；此外，邻近省份的对外贸易发展对于本地的经济增长起到了显著的抑制作用，其主要原因应该是对外贸易之间存在一定竞争性。

    接下来分区域来看，由表4-7的分析结果可以发现，数字普惠金融总指数对于东部地区和中部地区的经济增长，没有产生显著的促进或抑制作用，但对于西部地区的经济增长，产生了显著的正向促进作用。这可能因为东部和中部地区的金融基础比较好，数字普惠金融的直接刺激作用减弱；西部地区基础薄弱，因而这种直接刺激比较明显。此外，对于东部地区，邻近省份的数字普惠金融总指数对当地的经济发展起到显著的正向促进作用；对于中部地区，邻近省份的数字普惠金融总指数对当地的经济增长也有正向促进作用，但不显著；对于西部地区，邻近省份的数字普惠金融总指数对当地的经济增长起到了负向显著的抑制效应。这种现象产生的原因比较复杂，例如金融基础设施的完备性差异、金融服务的需求性差异、金融资源的流动性差异等，均有可能会导致邻近省份的数字普惠金融发展对西部地区经济产生负向的空间溢出效应。对于其他控制变量，教育水平和城镇化发展均能对东部地区当地的经济增长有着显著的直接正向促进作用，而对于中部和西部地区的经济增长则起着负向的直接抑制作用，虽然这种直接抑制效应并不显著。其原因大概是东部地区教育比较发达，人才比较密集，人力资本雄厚，因而教育发展水平对其经济发展起到了显著的直接推动作用，而中部和西部地区的教育设施和资源比较薄弱，教育资金欠缺，因而教育水平的直接刺激效应并不明显。城镇化水平对东中西部地区的经济发展均能起到显著的正向促进作用，而政府干预程度对东中西部地区的经济发展起到了显著的抑制作用，这与全国层面的分析结果是一致的。从空间溢出效应来看，东部地区邻近省份的教育发展水平会对当地的经济增长起到显著的抑制作用，其原因可能是东部地区交通便捷，信息发达，因而会导致人才流动性比较强；而中部地区邻近省份的教育发展水平会对当地的经济增长起到显著的正向促进作用，这表明中部地区的教育发展水平能够起到聚集效应，相互省份之间起到互相促进的显著效果。城镇化水平，从直接效应来看，无论是东部地区，还是中西部地区，其都可以显著地正向促进地区的经济增长，而从间接效应来看，只有中部地区的城镇化水平能够显著地正向促进地区的经济增长，这表明中部地区的集聚效应非常明显；政府干预程度，从直接效应来看，无论是东部地区，还是中西部地区，都会显著地拉低当地的经济增长速度，特别地，对于西部地区，强化政府干预程度还会拉低周围地区的经济增长速度。

4.4.3　数字普惠金融的三个维度对经济增长的线性影响分析

本节分别假定核心解释变量为数字普惠金融的覆盖广度（WID）、使用深度（DEP）和数字化程度（DIG），构建如下的空间面板杜宾模型：

覆盖广度：
$$\ln PGDP_{it} = \rho \sum_{j=1}^{n} w_{ij} \ln PGDP_{jt} + \beta \ln WID_{it} + \delta \sum_{j=1}^{n} w_{ij} \ln WID_{jt}$$
$$+ \gamma^{\mathrm{T}} X_{it} + \phi^{\mathrm{T}} \sum_{j=1}^{n} w_{ij} X_{jt} + \mu_i + \varepsilon_{it} \tag{4.5}$$

使用深度：
$$\ln PGDP_{it} = \rho \sum_{j=1}^{n} w_{ij} \ln PGDP_{jt} + \beta \ln DEP_{it} + \delta \sum_{j=1}^{n} w_{ij} \ln DEP_{jt}$$
$$+ \gamma^{\mathrm{T}} X_{it} + \phi^{\mathrm{T}} \sum_{j=1}^{n} w_{ij} X_{jt} + \mu_i + \varepsilon_{it} \tag{4.6}$$

数字化程度：
$$\ln PGDP_{it} = \rho \sum_{j=1}^{n} w_{ij} \ln PGDP_{jt} + \beta \ln DIG_{it} + \delta \sum_{j=1}^{n} w_{ij} \ln DIG_{jt}$$
$$+ \gamma^{\mathrm{T}} X_{it} + \phi^{\mathrm{T}} \sum_{j=1}^{n} w_{ij} X_{jt} + \mu_i + \varepsilon_{it} \tag{4.7}$$

然后分别运行模型（4.5）—（4.7）来研究数字普惠金融的三个维度对全国31个省（自治区、直辖市）的经济增长以及东部、中部和西部三个地区的经济增长的线性影响，分析结果见表4-8。

表4-8　　　　　数字普惠金融的三个维度对经济增长的线性影响分析

变量	全国	东部	中部	西部
$\ln WID$	0.055^{***}	0.001	0.047	0.059^{***}
	(3.03)	(0.01)	(1.30)	(3.66)
$\ln DEP$	0.033	-0.052	-0.052	0.018
	(0.97)	(-0.45)	(-0.86)	(0.56)
$\ln DIG$	0.060^{*}	0.041	0.021	0.041
	(1.81)	(0.68)	(0.65)	(1.04)
$W \times \ln WID$	-0.003	0.124^{*}	0.051	0.001
	(-0.14)	(1.92)	(1.35)	(0.01)
$W \times \ln DEP$	-0.008	0.107	0.122^{**}	0.003
	(-0.20)	(0.93)	(2.03)	(0.07)
$W \times \ln DIG$	0.009	0.043	0.045	0.021
	(0.23)	(0.63)	(1.43)	(0.49)

注：***、**、*对应的显著性水平分别为1%、5%、10%；括号内的数值为z统计量样本值。

由表4-8的分析结果可以发现，从全国层面来看，覆盖广度和数字化程度对于全国的经济发展起到了显著的正向促进作用，而使用深度对于全国的经济发展的正向促进影响并不显著；但若分区域来看，数字普惠金融的覆盖广度对各区域的经济增长均起到了正向的促进作用，但在不同区域却表现出了显著的差异性，使用深度和数字化程度对东中西部的经济发展没有起到显著的促进或抑制作用。具体来说，对于东部和中部地区，覆盖广度对于经济增长的这种促进作用并不显著，而对西部地区的经济增长的正向促进作用非常显著。这种现象产生的原因可能是，东部地区由于经济基础雄厚和金融资源丰富，覆盖广度的提升对经济增长的促进作用不显著；中部地区由于经济基础相对薄弱和金融环境有待改善，覆盖广度的提升同样未能显著促进经济增长；而西部地区由于经济基础非常薄弱和金融抑制现象严重，覆盖广度的提升对经济增长的促进作用非常显著。因此，在推动数字普惠金融发展的过程中，应根据不同地区的实际情况制定差异化的政策措施和发展策略，特别是对于西部地区，应该大力扩展数字普惠金融的使用群体和覆盖范围。

4.5 数字普惠金融对经济增长的非线性时空影响——基于半参数空间面板杜宾模型

4.5.1 半参数空间面板杜宾模型的构建与估计

在进行建模之前，绘制具有代表性的省（自治区、直辖市）数字普惠金融与其对应人均地区生产总值（$\ln DIFI$ 和 $\ln PGDP$）关系的散点图，如图4-4所示，北京的数字普惠金融与人均地区生产总值表现出了上升的趋势，而辽宁与天津的数据则大体上呈现出一种先增长、继而下降然后再次回升的非线性趋势。该散点图直观地揭示了数字普惠金融对区域经济增长可能存在非线性效应，进而印证了本节运用非参数模型探究数字普惠金融与经济增长的非线性关系的合理性与必要性。

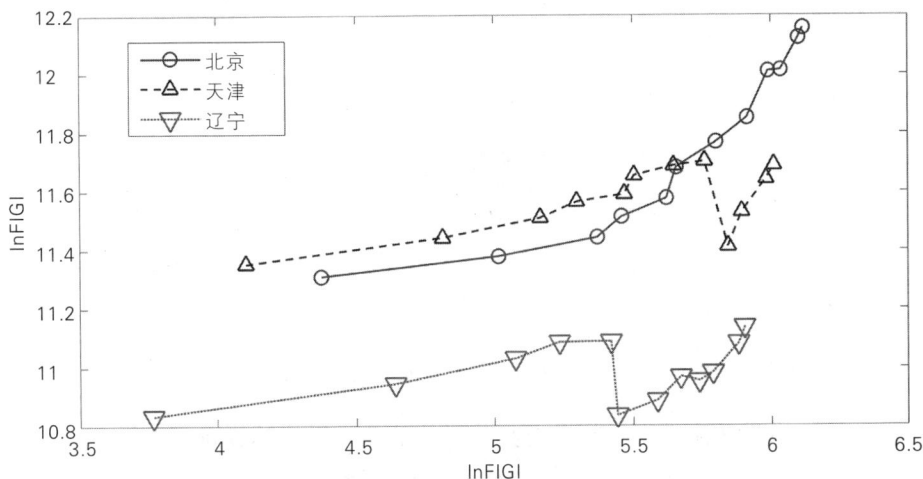

图4-4 部分省市数字普惠金融和人均地区生产总值的散点图

为研究数字普惠金融总指数对经济增长的非线性时空影响，本节建立如下的半参数空间面板杜宾模型：

$$\ln PGDP_{it} = \rho \sum_{j=1}^{n} w_{ij} \ln PGDP_{jt} + g(\ln DIFI_{it}) + \psi \sum_{j=1}^{n} w_{ij} \ln DIFI_{it}$$
$$+\beta^{\mathrm{T}} X_{it} + \phi^{\mathrm{T}} \sum_{j=1}^{n} w_{ij} X_{ij} + \mu_i + \varepsilon_{it} \tag{4.8}$$

其中，i表示省份，t表示年份，$\ln PGDP$表示人均地区生产总值的对数；$g(\cdot)$为未知光滑回归函数，刻画了省份i的数字普惠金融发展对该地区的经济增长的函数型影响，未知参数ψ刻画了邻近省份的数字普惠金融发展对省份i的经济增长的影响，其他变量和符号如前文所述。当$g(x) = x$时，模型（4.8）则转化为了模型（4.4），因而模型（4.8）比模型（4.4）更为灵活、应用更广泛。

由于模型（4.8）中的$g(\cdot)$为未知光滑函数，我们采用非参数回归中的样条函数方法对其进行估计，具体的估计方法见第2.6.5节。

不失一般性，不妨假设$\ln DIFI_{it}$的取值范围为$[0, 1]$。首先选取等距离节点$0 = \kappa_0 < \kappa_1 < \cdots < \kappa_L < \kappa_{L+1} = 1$，这里$L = 4$，从而将$[0, 1]$区间划分成若干个子区间$[\kappa_l, \kappa_{l+1})$，$l = 0, 1, \cdots, L$。基于这些节点，选取3次B-样条基函数：$B_1(\cdot), \cdots, B_K(\cdot)$，这里$K = L + 3 = 7$。于是$g(\cdot)$可近似表示为：

$$g(\ln DIFI_{it}) \approx \sum_{k=1}^{K} B_k(\ln DIFI_{it}) b_k \equiv b^{\mathrm{T}} B(\ln DIFI_{it}) \tag{4.9}$$

其中，$B(\cdot) = (B_1(\cdot), \cdots, B_K(\cdot))^{\mathrm{T}}$为基函数向量，$b = (b_1, \cdots, b_K)^{\mathrm{T}}$为待估的基函数系数。将式（4.9）代入模型（4.8）中，可得：

$$\ln PGDP_{it} = \rho \sum_{j=1}^{n} w_{ij} \ln PGDP_{jt} + b^{\mathrm{T}} B(\ln DIFI_{it}) + \psi \sum_{j=1}^{n} w_{ij} \ln DIFI_{jt}$$
$$+\beta^{\mathrm{T}} X_{it} + \phi^{\mathrm{T}} \sum_{j=1}^{n} w_{ij} X_{jt} + \mu_i + \varepsilon_{it} \tag{4.10}$$

由式（4.10）可以得到$\hat{\rho}, \hat{b}, \hat{\psi}, \hat{\beta}, \hat{\phi}$。最后，$g(\cdot)$的估计为：$\hat{g}(\cdot) = \sum_{k=1}^{K} \hat{b}_k B_k(\cdot)$。

4.5.2　数字普惠金融总指数对经济增长的非线性影响分析

我们运用模型（4.8）分析全国样本数据和东部、中部、西部三大地区的样本数据，分析结果见表4-9及图4-5。

表4-9 数字普惠金融总指数对经济增长的非线性影响分析（参数部分）

变量	全国	东部	中部	西部
EDU	0.345	0.922***	-0.379	-0.557*
	(1.50)	(2.61)	(-0.98)	(-1.73)
Urbanization	1.526***	1.776***	1.362	2.976***
	(4.55)	(3.62)	(1.60)	(4.85)
GOV	-1.228***	-2.948***	-3.243***	-0.471***
	(-9.06)	(-8.02)	(-9.02)	(-3.28)
$\ln OPEN$	0.025***	-0.165***	-0.096***	0.054***
	(3.24)	(-3.26)	(-4.30)	(6.66)
INF	-1.620	-1.750	4.666***	0.841
	(-1.63)	(-1.03)	(2.92)	(0.70)
$W \times EDU$	-1.703***	-3.251***	0.940	-0.641
	(-4.75)	(-6.23)	(1.32)	(-1.01)
$W \times Urbanization$	0.095	-1.733**	2.492**	3.953***
	(0.19)	(-2.21)	(2.43)	(3.11)
$W \times GOV$	-0.647**	-0.185	0.492	-0.883***
	(-2.57)	(-0.31)	(0.83)	(-3.14)
$W \times \ln OPEN$	-0.015	-0.072	-0.064	0.039**
	(-0.87)	(-0.91)	(-1.57)	(2.20)
$W \times INF$	1.861	0.755	-4.361**	0.703
	(1.57)	(0.39)	(-2.21)	(0.46)
$W \times \ln DIFI$	-0.080	0.091	-0.014	-0.089
	(-1.45)	(0.96)	(-0.13)	(-1.19)
N	372	132	96	144
R^2	0.981	0.980	0.982	0.981
$\log L$	499.08	188.42	178.05	226.37

注：***、**、*对应的显著性水平分别为1%、5%、10%；括号内的数值为 z 统计量样本值。

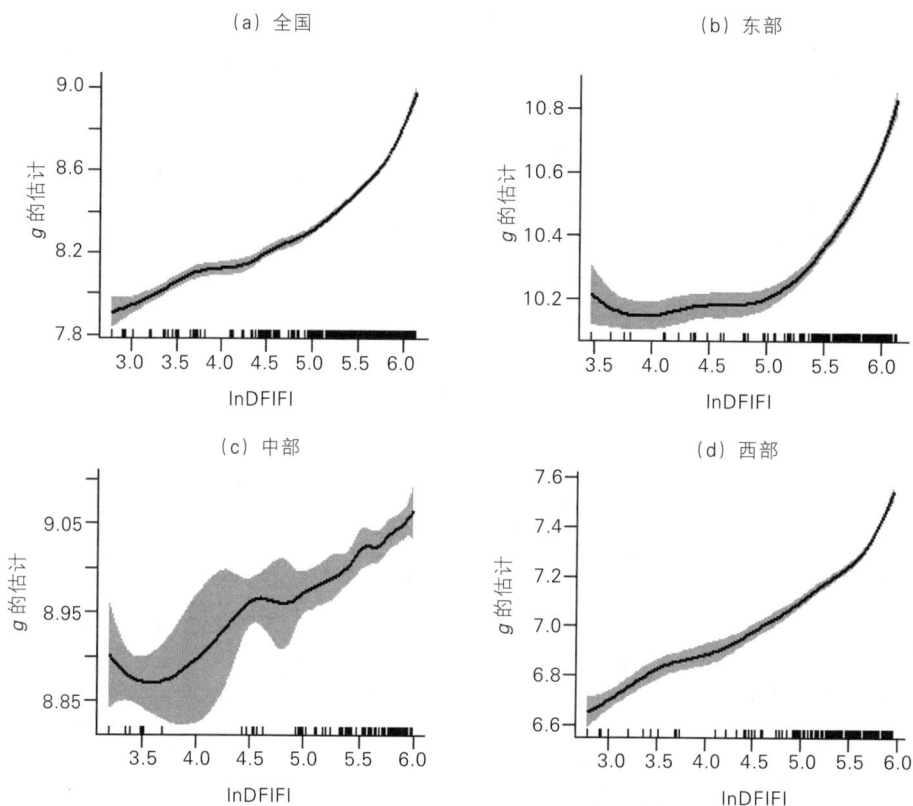

(a) 全国

(b) 东部

(c) 中部

(d) 西部

图4-5 数字普惠金融总指数对经济增长的非线性影响（非参数部分）

首先由表4-9的分析结果可以发现，与模型（4.4）相比，半参数空间面板杜宾模型（4.8）有着更大的 R^2 值和更大的 $\log L$ 值，因而可以认为，模型（4.8）要优于模型（4.4）。

由图4-5可以发现，无论是从全国层面来看，还是分地区来看，数字普惠金融总指数对于当地的经济增长均有着显著的非线性刺激作用，即数字普惠金融总指数的发展能够显著带动当地的经济发展，而且这种带动又存在一些差异性。

从全国层面来看，在数字普惠金融发展的早期阶段，总指数与经济增长大致呈正向线性关系，而当总指数增长到一定程度（大约在 $e^{5.1}$）后，这种正向促进作用会迅速变大，产生这种现象的原因可能是由于数字普惠金融总指数对于经济增长的正向促进效应具有一定的累积作用，当这种正向促进效应累积到一定程度后，其所产生的影响会进一步放大。

分地区来看，在数字普惠金融发展的早期阶段，总指数对东部地区的经济增长的促进效应非常缓慢，而当数字普惠金融发展到一定程度后，这种正向促进作用迅速膨胀爆发，其原因可能是在早期发展阶段，东部地区已具备较完善的金融体系和较高的金融普及率，新增覆盖对经济增长的边际贡献有限。而当数字普惠金融发展到一定程度，技术普及、服务深化及政策环境优化共同作用，使得金融资源得以更高效配置，从而迅速推动经济增长。对于中部地区，随着数字普惠金融的发展，其对当地经济增长的带动效应大致呈震荡型线性上升趋势，而对于西部地区，数字普惠金融总指数与经济增长之间大致呈线性上升关系，直到总指数发展到一定程度（大致在 $e^{5.8}$）后，这种正向促进效应迅速变大。产生这种现象的原因可能是中部地区数字普惠金融发展初期，因基础设施、技术普及及居民接受度差异，数字普惠金融对经济增长的带动效应呈现震荡现象；但随着时间推移，技术逐渐普及，金融服务深入，带动效应线性上升。西部地区因经济基础薄弱，数字普惠金融发展初期即能显著促进经济增长；随着总指数的提升，金融服务覆盖面扩大，效率提升，当达到一定阈值后，这种正向促进效应会迅速增强，从而快速推动经济快速增长。

下面分析一下数字普惠金融的空间溢出效应和其他控制变量对经济增长的效应。

由表4-9的分析结果可以发现，从全国层面来看，邻近省份的数字普惠金融发展对当地的经济增长会起到负向的空间溢出效应，但这种溢出效应并不显著；城镇化水平和贸易开放度对当地的经济发展有着显著的正向直接促进作用，而邻近省份的城镇化水平则有着正向的空间溢出效应，但这种溢出效应并不显著；政府干预程度对当地的经济增长起到了显著的负向抑制作用，而邻近省份的政府干预程度对当地的经济增长具有负向的空间溢出效应；接下来，教育水平对当地的经济增长虽然起到了正向促进作用，但这种正向刺激效应并不显著，而邻近省份的教育发展水平会显著地产生负向空间溢出效应，从而抑制了当地的经济增长。

　　分区域来看，对于东部地区，由表4-9的分析结果可以发现，邻近省份的数字普惠金融发展具有一定的正向空间溢出效应，但这种空间溢出效应并不显著；此外，当地的教育发展会显著地正向促进当地的经济增长，而邻近省份的教育发展呈现出显著的负向空间溢出效应，由此可见大力发展教育对于拉动经济增长的重要性；城镇化发展亦是如此，当地的城镇化发展水平能够显著地促进当地的经济增长，而邻近省份的城镇化发展呈现出显著的负向空间溢出效应；政府干预程度对当地的经济增长起到了显著的负向抑制作用。对于中部地区，邻近省份的数字普惠金融发展具有负向的空间溢出效应，但这种负向效应并不显著；政府干预程度和贸易开放度对当地的经济增长具有显著的负向抑制效应，其原因可能是中部地区的贸易开放度相对比较低，未能充分利用国际贸易带来的资源和市场，限制了其经济增长潜力，另外一个原因可能是区域发展不平衡，面临着资源分配不均、基础设施建设滞后等问题，从而影响了贸易开放的有效转化，进而抑制了经济增长；另外，居民消费价格指数的增长会显著促进中部地区的经济发展，居民消费增长直接拉动了商品和服务需求，促进了生产和经济活动。对于西部地区，城镇化发展和贸易开放度能够显著地正向促进当地的经济增长，而政府干预程度会显著抑制当地的经济发展；从城镇化的空间溢出效应来看，邻近省份的城镇化发展能够相互促进地区的经济增长，由此可见，对于西部地区，大力发展城镇化有助于拉动经济发展。

4.5.3　数字普惠金融的三个维度对经济增长的非线性影响分析

　　下面我们研究数字普惠金融的三个维度对经济增长的非线性时空影响。为此，本节建立如下的半参数空间面板杜宾模型：

覆盖广度：
$$\ln PGDP_{it} = \rho \sum_{j=1}^{n} w_{ij} \ln PGDP_{jt} + g_1(\ln WID_{it}) + \psi \sum_{j=1}^{n} w_{ij} \ln WID_{it}$$
$$+ \beta^{T} X_{it} + \phi^{T} \sum_{j=1}^{n} w_{ij} X_{ij} + \mu_i + \varepsilon_{it}$$
(4.11)

使用深度：
$$\ln PGDP_{it} = \rho \sum_{j=1}^{n} w_{ij} \ln PGDP_{jt} + g_2(\ln DEP_{it}) + \psi \sum_{j=1}^{n} w_{ij} \ln DEP_{it}$$
$$+ \beta^{T} X_{it} + \phi^{T} \sum_{j=1}^{n} w_{ij} X_{ij} + \mu_i + \varepsilon_{it}$$
(4.12)

数字化程度：$\ln PGDP_{it} = \rho \sum_{j=1}^{n} w_{ij} \ln PGDP_{jt} + g_3(\ln DIG_{it}) + \psi \sum_{j=1}^{n} w_{ij} \ln DIG_{it}$

$$+ \beta^{\mathrm{T}} X_{it} + \phi^{\mathrm{T}} \sum_{j=1}^{n} w_{ij} X_{ij} + \mu_i + \varepsilon_{it} \tag{4.13}$$

其中，$g_1(\cdot)$、$g_2(\cdot)$和$g_3(\cdot)$为未知光滑回归函数，分别刻画了省份i的覆盖广度、使用深度和数字化程度对该地区的经济增长的函数型影响，其他变量和符号如前文所述。

基于全国和东中西部三大地区各省份的样本数据分别运行模型（4.11）—（4.13），所得到的分析结果见图4-6至图4-8（参数部分的结果与表4-9类似，故略去）。

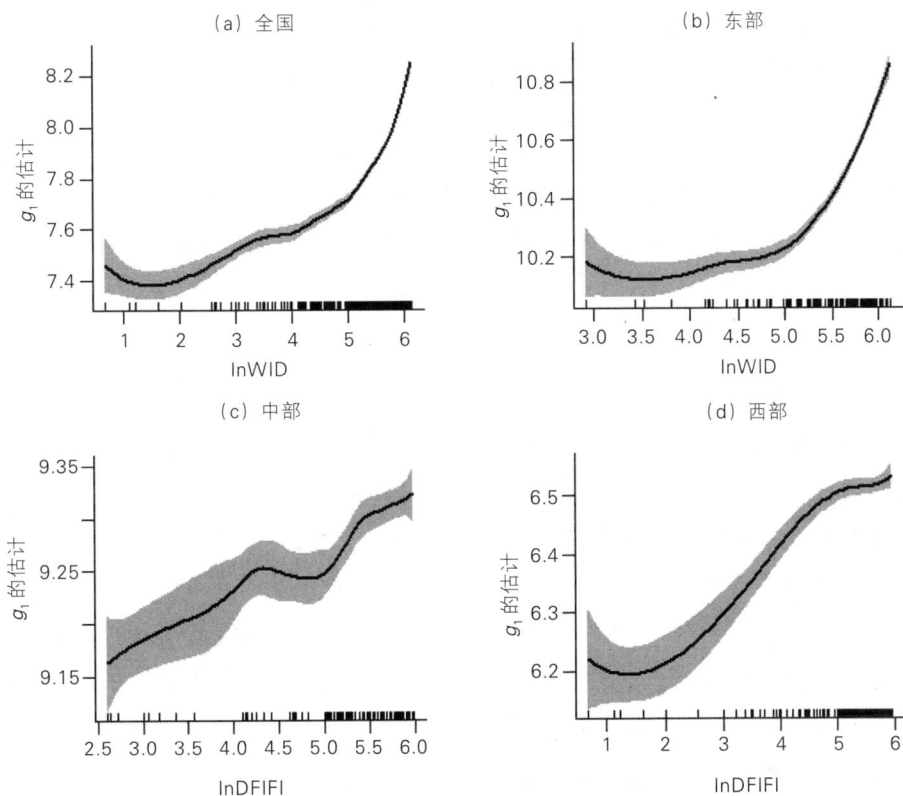

图4-6　覆盖广度对经济增长的非线性影响（非参数部分）

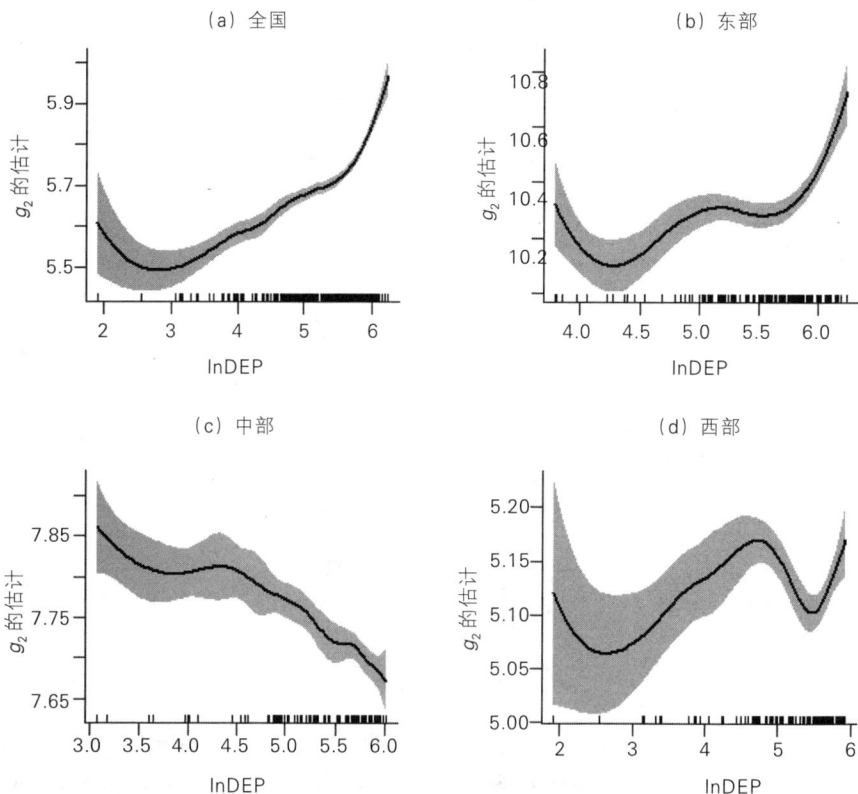

图4-7 使用深度对经济增长的非线性影响（非参数部分）

图4-6刻画了覆盖广度与地区经济增长之间的函数影响关系。由图4-6可以发现，无论是从全国层面，还是分区域，覆盖广度的发展均有助于促进地区的经济增长，而且这种促进效应是显著的非线性影响。基于全国层面，在数字普惠金融发展初期，随着数字普惠金融服务的普及程度和覆盖范围的扩大，地区经济在缓慢增长；而当数字普惠金融服务的普及程度和覆盖范围扩大到一定程度后，其带动地区经济增长的促进效应会迅速变大，成倍增加。分区域来看，对于东部地区，在数字普惠金融发展初期，覆盖广度对经济增长的促进作用是非常缓慢的，但当覆盖广度扩大到一定阈值后，这种促进效应就会呈指数级放大；对于中部地区，覆盖广度与地区经济增长大致呈正向线性关系，这表

明覆盖广度对中部地区经济增长的促进作用比较稳定；对于西部地区，在初期阶段，随着数字普惠金融服务的普及程度和覆盖范围扩大，地区经济略有下滑，这是因为初期阶段普及数字金融需投入大量资源，短期内可能挤占其他经济活动的资源，而且居民和企业需要时间来适应新的金融服务，但随着覆盖广度的扩大，地区经济很快就稳步回升并快速发展，这时数字普惠金融降低了金融服务成本，提高了资金利用效率，更多人群获得金融服务，促进了创业和消费，从而带动了地区的经济增长，而当覆盖广度扩大到一定程度后，新增用户边际效益递减，难以持续高速增长，金融服务市场趋于饱和，竞争加剧，利润空间压缩，其对地区经济的促进作用逐步放缓。

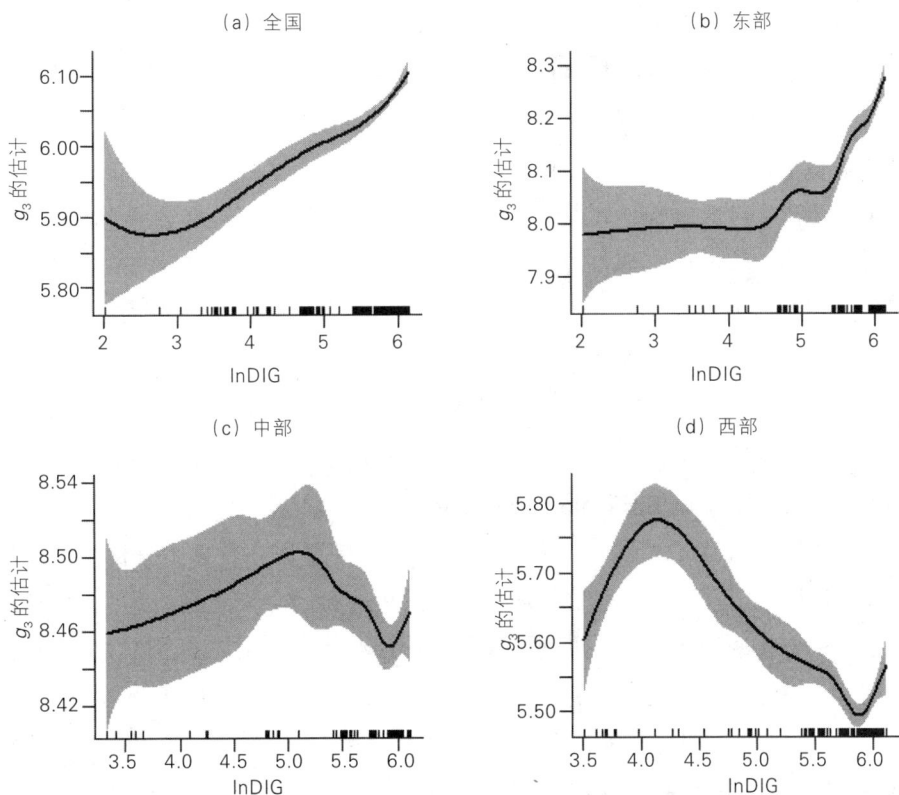

图4-8　数字化程度对经济增长的非线性影响（非参数部分）

图4-7刻画了使用深度与地区经济增长之间的函数影响关系。首先从全国层面来看，由图4-7（a）可以发现，使用深度的发展有助于促进地区的经济增长，而且这种促进效应是显著的非线性影响。在数字普惠金融发展初期，随着数字普惠金融使用深度的增加，地区经济略有下滑；而当数字普惠金融使用深度增加到一定程度后，其将带动地区经济稳定增长；当数字普惠金融使用深度增加到某个阈值（大约在$e^{5.6}$）后，地区经济增长速度会迅速变大。在数字普惠金融发展初期，使用深度增加初期阶段，地区经济略下滑，可能是技术适应、市场调整等成本增加所致。但随着使用深度达到一定程度，数字普惠金融能更广泛、深入地服务实体经济，降低交易成本，提高资源配置效率，从而带动地区经济稳定增长。当使用深度超过某阈值后，其深度渗透带来的创新效应、规模效应等显著增强，极大促进了地区经济高速增长。

接下来按区域来分析数字普惠金融使用深度与地区经济发展之间的关系。

对于东部地区，由图4-7（b）可以发现，数字普惠金融使用深度与地区经济增长之间的关系大致呈"W"形。在数字普惠金融发展初期，随着数字普惠金融使用深度的增加，东部地区的经济略有下滑；而当数字普惠金融使用深度增加到一定程度后，其将带动东部地区经济震荡增长；而当数字普惠金融使用深度增加到某个阈值（大约在$e^{5.9}$）后，地区经济增长速度会迅速变大。其原因在于，在初期阶段由于技术转换和市场调整成本导致地区经济略有下滑；随后，随着使用深度增加，数字普惠金融促进金融包容性，带动经济震荡增长；当使用深度增加到一定程度后，其高效资源配置和创新能力显著，推动东部地区经济实现高速增长，形成正向循环。

对于中部地区，由图4-7（c）可以发现，随着数字普惠金融使用深度的增加，地区经济震荡下行。这种现象产生的可能原因比较复杂，一方面，可能是数字普惠金融的快速发展加剧了金融市场的波动性，尤其是在风险管理、监管机制尚不完善的情况下；另一方面，数字普惠金融的普及可能吸引了大量资金流向高风险、高收益领域，导致实体经济资金供给不足，影响经济增长的稳定性；此外，中部地区在数字基础设施建设、人才储备等方面也可能存在短板，限制了数字普惠金融对经济的正面效应。因此，需要综合施策，加强监管，优化资源配置，以促进数字普惠金融与地区经济的协调发展。

对于西部地区，由图 4-7（d）可以发现，数字普惠金融的使用深度与地区经济增长之间大致呈 "W" 形关系。其原因可能是在数字普惠金融发展初期，随着使用深度的增加，可能存在金融资源分配不均、金融服务未能充分满足当地需求等问题，导致经济增长放缓；此后，随着政策调整、金融基础设施的完善以及金融服务的优化，数字普惠金融能够更好地服务于当地经济，开始有效促进经济增长，形成第一个上升阶段；然而，当数字普惠金融使用深度进一步增加时，可能面临新的挑战，如技术门槛提高、金融素养要求增加等，导致部分人群难以充分享受金融服务，经济增长可能再次受到影响；最终，随着技术的不断突破和市场的充分适应，数字普惠金融的使用深度与地区经济增长将实现深度融合，推动经济持续增长。

图 4-8 刻画了数字化程度与地区经济增长之间的函数影响关系。由图 4-8（a）可以发现，从全国层面来看，数字普惠金融的数字化程度与地区经济增长之间呈现显著的非线性关系。在数字普惠金融发展初始阶段，随着数字化程度的发展，地区经济略有下滑，但很快开始稳步上升。这是由于初期阶段技术投入大、市场适应期长，导致短期内成本上升、效率未显，进而影响经济增长；但随着技术成熟和市场适应，数字化优势逐渐显现，如降低交易成本、提高服务效率等，从而推动经济稳步上升。这一过程体现了技术变革对经济增长的复杂影响。

接下来分区域来分析数字化程度与地区经济增长之间的关系。对于东部地区，由图 4-8（b）可以发现，在数字普惠金融发展初期，随着数字化程度的增大，地区经济略有增长，但增长速度非常缓慢；而当数字化程度增大到一定程度后，东部地区经济开始快速震荡上升。对于中部地区，由图 4-8（c）可以发现，数字化程度与地区经济增长大致呈倒 "U" 形关系，其原因可能是在初期阶段数字化投入有力地促进经济增长，但随着数字化程度提升，边际效应递减，且可能面临技术瓶颈、资源错配等问题，导致经济增长速度放缓。这种关系反映了数字化进程中的阶段性特征和复杂性。对于西部地区，由图 4-8（d）可以发现，数字化程度与地区经济增长大致呈倒 "U" 形关系，其原因可能是在数字化发展的初期阶段，随着技术的引入和应用的深化，西部地区能够利用数字技术提高生产效率、优化资源配置、促进产业升级，从而显著推动地区经济增长，此时，数字化程度的提升是经济增长的重要驱动力。随着数字化加深，可能出现"数字鸿沟"，部分群体无法充分享受金融便利。同时，技术更新换代的成本也可能增加，对经济增长形成一定的压力，导致地区经济发展出现长期下滑。然后随着西部地区持续加大数字化投入、优化数字生态、提升数字治理能力，从而有效应对新阶段挑战。当基础设施、教育和技能水平提升，更多人群能够利用数字金融时，数字化将再次成为推动经济增长的重要动力，从而带动西部地区经济增长的第二个小幅上升，并开始逐渐发力。这种现象体现了数字普惠金融在推动西部地区经济增长中的复杂性和阶段性特征。

4.6 本章小结

本章基于2011—2022年我国31个省（自治区、直辖市）的样本数据，研究了数字普惠金融与经济增长之间的关系。首先，对我国各省经济增长的发展现状进行了分析；其次，运用Moran's I检验研究了各省经济增长的空间相关性问题，并运用LM检验和Hausman检验来确定建立空间面板杜宾模型；接下来，运用空间面板杜宾模型分析了数字普惠金融对地区经济增长的线性时空效应；最后，通过构建半参数空间面板杜宾模型探讨了数字普惠金融对地区经济增长的非线性时空效应。研究结果表明：

第一，数字普惠金融总指数（*DIFI*）对全国范围内的经济增长具有显著的正向促进作用。这一结论与现有文献中的多数研究相一致，进一步验证了数字普惠金融在推动经济增长中的重要作用。具体而言，数字普惠金融通过降低金融服务门槛，扩大金融服务的覆盖范围，提高了金融资源的配置效率，从而促进了经济增长。此外，我们还发现数字普惠金融的三个维度——覆盖广度（*WID*）、使用深度（*DEP*）和数字化程度（*DIG*）均对经济增长产生了积极影响。其中，覆盖广度的提升意味着更多的地区和人群能够享受到金融服务，从而促进了整体经济的增长；使用深度的增加则表明金融服务的可获得性和便利性得到了提高，进一步激发了市场活力；而数字化程度的提高则通过技术创新和效率提升，为经济增长注入了新的动力。

第二，在进一步的研究中，我们构建了半参数空间面板杜宾模型，以探讨数字普惠金融与经济增长之间的非线性关系。结果显示，数字普惠金融对经济增长的影响并非简单的线性关系，而是呈现出一定的非线性特征。这一发现弥补了现有文献中多基于线性假设的不足，为我们更全面地理解数字普惠金融的经济效应提供了新的视角。具体来说，当数字普惠金融发展到一定水平后，其对经济增长的促进作用可能会逐渐减弱，甚至出现边际效应递减的现象。这可能是由于在数字普惠金融发展的初期阶段，其通过迅速扩大金融服务的覆盖广度和使用深度，能够迅速释放经济增长的潜力。然而，随着数字普惠金融的进一步发展，其边际效应可能会逐渐降低，因为此时金融服务的可获得性已经相对较高，进一步提升的难度和成本也会相应增加。此外，我们还发现数字普惠金融对经济增长的非线性影响在不同区域之间存在显著差异。在东部地区，由于经济发展水平较高，数字普惠金融的边际效应递减现象可能更为明显；而在中西部地区，由于经济发展相对滞后，数字普惠金融的边际效应可能仍然较大。这一发现为我们制定差异化的区域金融政策提供了重要依据。

第三，数字普惠金融对经济增长的影响存在空间依赖性。具体而言，邻近省份之间的经济增长具有明显的空间依赖性和空间聚集特征。进一步分析发现，数字普惠金融对经济增长的影响也存在空间依赖性。即一个地区的数字普惠金融发展不仅会影响本地区的经济增长，还会通过空间溢出效应对邻近地区的经济增长产生影响。这一结论为我们理解数字普惠金融在促进经济增长中的空间传导机制提供了重要视角。

第四，教育水平、城镇化水平和对外开放程度均对经济增长具有显著的正向促进作用。这一结论与现有文献中的研究相一致，进一步验证了这些因素在推动经济增长中的重要作用。具体来说，教育水平的提高有助于提高人力资本质量，促进技术创新和产业升级；城镇化水平的提升则通过集中人口、资本和技术等资源，产生集聚效应，提高生产效率和扩大市场规模；对外开放程度的增加则通过促进国际贸易和资本流动，推动区域经济融入全球价值链体系，从而促进了经济增长。然而，我们也发现政府干预程度和通货膨胀水平对经济增长产生了一定的负向影响。这可能是由于政府过度干预导致市场扭曲和资源浪费；而通货膨胀则可能通过降低货币购买力、增加企业经营成本等方式对经济增长产生不利影响。因此，在制定经济政策时，需要充分考虑这些因素对经济增长的潜在影响。

基于上述分析，提出以下几点建议：

第一，加强数字普惠金融基础设施建设，推动金融服务的全面覆盖。实证结果显示，数字普惠金融总指数对经济增长有显著的正向促进作用，但不同地区的发展水平存在显著差异。因此，应加大对中西部地区的资金投入，完善互联网、移动通信等基础设施，确保数字普惠金融服务的广泛覆盖，尤其要关注偏远和欠发达地区，缩小地区间的发展差距。

第二，注重数字普惠金融的多元化发展，提升金融服务的深度和广度。数字普惠金融的发展不仅依赖于基础设施的完善，还需要金融产品的创新和服务的多样化。应鼓励金融机构利用大数据、人工智能等先进技术，开发适合不同人群、满足不同需求的金融产品和服务，提升金融服务的可获得性和满意度。同时，加强金融机构之间的合作与竞争，推动金融市场的健康发展。

第三，加大政策支持和监管力度，保障数字普惠金融的稳健发展。政府应出台相关政策，为数字普惠金融的发展提供政策支持和激励，如税收优惠、财政补贴等。同时，加大对数字普惠金融的监管力度，建立健全监管体系，确保金融市场的稳定和消费者的权益。在监管过程中，要注重平衡创新与风险，避免过度监管抑制金融创新的活力。

第四，提高公众金融素养，增强对数字普惠金融的认知和信任。数字普惠金融的发展离不开公众的广泛参与和支持。因此，应加强对公众的金融教育，提高公众的金融素养和风险意识，使公众更好地理解和使用数字普惠金融服务。同时，金融机构也应加强自身的品牌建设和信誉管理，增强公众对数字普惠金融的信任感。

第五，加强区域间的协同发展，推动经济整体增长。实证结果表明，我国省际经济增长存在显著的空间依赖性和集聚特征。因此，在发展数字普惠金融的过程中，应注重区域的协同发展，加强省际的合作与交流，共同推动经济的整体增长。通过区域间的优势互补和资源共享，实现经济的协调发展和共赢。

综上所述，发展数字普惠金融对于促进经济增长具有重要意义。未来应继续加强基础设施建设、推动金融服务的多元化发展、加大政策支持和监管力度、提高公众金融素养以及加强区域间的协同发展，以充分发挥数字普惠金融在经济增长中的积极作用。

第5章 数字普惠金融与产业结构升级

5.1 引言

在经济发展过程中，产业结构的优化升级是实现经济高质量发展的重要途径。通过优化产业结构，不仅能够增强地区的创新能力和国际竞争力，还能推动劳动力市场的升级，提高就业质量和居民收入。此外，产业结构升级还有助于实现绿色可持续发展，减少环境污染，从而为经济的长期稳定增长提供支撑。

在产业结构升级过程中，传统金融系统起到了关键作用，它通过资本配置、风险管理及金融服务创新，为产业升级提供资金支持，降低转型成本，加速技术创新与应用，从而推动产业结构向高级化、现代化发展。然而，传统金融体系在支持产业结构升级方面也存在一定的局限性，如金融服务不均衡、信贷资源配置效率低下等问题。

在金融科技的推动下，数字普惠金融正成为促进产业结构升级的重要力量。作为一种新型的金融服务模式，其对产业结构升级的潜在影响亦引起了学术界的广泛关注。随着数字技术的不断渗透，数字普惠金融为传统金融服务难以触及的群体和企业提供了支持，这为产业结构的优化升级创造了条件。然而，数字普惠金融与产业结构升级之间的关系并非一成不变，而是呈现出复杂的非线性特征。一方面，数字普惠金融的发展可以通过提供多元化的融资渠道、降低融资成本、促进技术创新等途径，直接推动产业结构升级；另一方面，数字普惠金融也可以通过改善市场环境、提高资源配置效率、促进信息对称等间接方式，对产业结构升级产生积极作用。但同时，数字普惠金融的过度发展也可能带来金融风险，对产业结构升级产生负面影响。

基于上述分析，本章创新性地采用半参数空间面板模型，对数字普惠金融与产业结构升级之间的非线性关系进行实证研究。半参数空间面板模型能够充分考虑地区间的空间依赖性和异质性，有助于更准确地揭示数字普惠金融对产业结构升级的影响。通过本章的研究，我们期望能够为理解数字普惠金融如何影响产业结构升级提供新的视角，并为政策制定者提供科学依据，以促进数字普惠金融与产业结构的协同发展，推动经济高质量发展。

5.2　变量选择、数据来源及描述性统计分析

5.2.1　变量选择

（1）被解释变量

本章选用产业结构高级化（IND）作为被解释变量。大量研究表明，第三产业的快速发展是产业结构高级化的一个重要表现，第三产业越发达，意味着产业结构越高级。本章我们借鉴徐敏和姜勇（2015）的做法，分别赋予第一、二、三产业增加值不同的权重，即三大产业的权重系数分别为1、2、3，从而构建产业结构高级化指标：

$$IND_{it} = 1 \times \frac{G_{it,1}}{GDP_{it}} + 2 \times \frac{G_{it,2}}{GDP_{it}} + 3 \times \frac{G_{it,3}}{GDP_{it}} \tag{5.1}$$

其中，$G_{it,k}$，$k = 1, 2, 3$ 分别表示第一、二、三产业增加值，GDP_{it} 表示地区生产总值，i 表示省份，t 表示年份。IND 的值越大说明该地的产业结构越高级。

（2）核心解释变量

我们选取北京大学数字金融研究中心发布的数字普惠金融指数作为核心解释变量，该指数包含总指数（DIFI）和三个分维度指数：覆盖广度（WID）、使用深度（DEP）和数字化程度（DIG），这三个分维度指数分别从三个方面综合测算了数字普惠金融的发展状况。其中，覆盖广度由金融机构的网点数量和网络覆盖率构成；使用深度由金融机构提供的网络信贷产品数量和可获得性构成；数字化程度由金融机构运用的互联网技术等对信贷业务进行数字化程度测度构成。

（3）控制变量

为了更好地探究数字普惠金融对产业结构升级的影响，我们将引入控制变量来控制除核心解释变量以外的其他变量对产业结构升级的影响。参考已有文献的研究成果，我们共选取了如下7个控制变量：

经济发展水平（PGDP）：本章使用各省人均地区生产总值衡量经济发展水平的指标。随着技术、人力资本和资本投入水平的提高，产业往往会向技术密集型、知识密集型和创新型产业转变，从而推动整体产业结构的升级。

技术创新水平（INNO）：本章使用各省发明专利申请授权数量反映地区技术创新水平。技术创新有助于提高产业的效率和竞争力，促进产业结构的升级。

外商直接投资（FDI）：本章使用各地区外商直接实际投资与各地区生产总值的比值反映地区的外商直接投资水平。外商直接投资往往会促使当地企业进行技术升级和转型，以适应国际市场的需求和竞争。通过外资企业在当地的引领和带动，整个产业结构可能会得到改善和优化。

政府干预程度（GOV）：本章使用各地区政府财政支出占各地区生产总值比例作为政府干预程度的测度指标。政府在决策时需要考虑产业结构调整的长期目标和对策，以确保政府干预能够有效地引导产业结构朝着更具竞争力和创新性的方向发展。

城乡收入差距（GAP）：本章使用城镇居民可支配收入与农村居民可支配收入的比值来衡量地区收入差距的大小。城乡收入差距会导致不同地区居民的消费能力和消费习惯存在差异。较大的城乡收入差距可能会影响不同地区消费市场的需求结构，从而影响相关产业的发展方向和布局。

地区消费水平（*Consume*）：本章使用社会消费品零售总额来刻画地区消费水平。消费水平的增长反映了消费需求的扩大和升级，这促使产业结构向更加符合市场需求的方向调整。随着消费水平的提高，消费者对高品质、个性化的产品和服务需求增加，推动产业结构向高附加值、高技术含量的产业转型。

城镇化水平（*Urbanization*）：本章使用地区年末城镇人口占年末总人口的比例来刻画城镇化水平。城镇化是现代化进程中的重要组成部分，反映了人口从农村向城市转移和城市化发展的情况。城镇化通过吸引人口和资本集聚，推动服务业和高新技术产业的发展，促使产业结构由传统的农业向第二、三产业转型，助推产业结构优化升级，提升劳动生产效率与创新实力（范兆媛，2019）。

相关变量选取、符号、名称及描述如表 5-1 所示。

表 5-1　　　　　　　　　　变量定义、符号及描述

变量类型	变量符号	变量名称	变量描述
被解释变量	*IND*	产业结构高级化	（第一、二、三产业增加值的加权求和）÷地区生产总值
核心解释变量	*DIFI*	数字普惠金融指数	北京大学数字普惠金融指数
	WID	覆盖广度	
	DEP	使用深度	
	DIG	数字化程度	
控制变量	*PGDP*	经济发展水平	人均地区生产总值
	INNO	技术创新水平	各省发明专利申请授权数量
	FDI	外商直接投资	外商直接实际投资占地区生产总值的比例
	GOV	政府干预程度	各地区财政支出占地区生产总值的比例
	GAP	城乡收入差距	城镇居民可支配收入与农村居民可支配收入的比值
	Consume	地区消费水平	社会消费品零售总额（单位：亿元）
	Urbanization	城镇化水平	地区年末城镇人口占年末总人口的比例

5.2.2 数据来源及描述性统计分析

基于数据的可获取性，本章选取了中国31个省（自治区、直辖市）（不包括香港、澳门和台湾地区）2011—2021年的数据构建空间面板数据。其中，核心解释变量数字普惠金融指数的数据来源于北京大学数字金融研究中心，被解释变量及其余7个控制变量的数据均来自国家统计局官网、Wind数据库。各变量统计性描述结果如下表5-2所示：

表5-2　　　　　　　　　　变量的描述性统计

变量名称	样本量	平均值	标准差	最小值	最大值
IND	341	2.381	0.127	2.166	2.836
DIFI	341	230.461	103.363	16.220	458.970
WID	341	211.646	103.923	1.960	433.420
DEP	341	225.922	105.876	6.760	510.690
DIG	341	300.846	116.925	7.580	462.230
PGDP	341	57 837.991	28 756.470	16 413.000	183 980.000
INNO	341	9 137.413	13 963.616	27.000	102 850.000
FDI	341	0.018	0.015	0.000	0.080
GOV	341	0.279	0.192	0.107	1.334
GAP	341	2.583	0.382	1.842	3.672
Consume	341	10 218.360	8 827.273	237.500	44 187.700
Urbanization	341	0.586	0.131	0.227	0.896

从表5-2中可以看出：*DIFI*、*WID*、*DEP*、*DIG*、*PGDP*、*INNO*、*FDI*、*Consume* 变量的样本数据有着非常大的差异性，例如，*INNO* 的平均值为9 137.413，而标准差却达到了13 963.616，最小值仅有27.000，但最大值能达到102 850.000。这种大的差异性会导致我们的统计结果不准确，为了消除这种差异性对统计分析结果带来的影响，我们对这些变量的样本数据进行对数化处理。此外，对产业结构高级化 *IND* 亦作对数处理，使其趋于正态分布。

　　图5-1描述了我国各省产业结构高级化在2011—2021年间的变化情况。观察图5-1可以发现，平均来看，2011年至2021年期间，全国的产业结构高级化指数一直处于增长状态，由2011年的2.3275持续上升到2019年的2.4489，在2019年之后，我国各省产业结构调整有所回落。此外，东部地区的产业结构高极化水平始终最高，高出全国平均水平约3个百分点，而中部地区和西部地区的产业结构高极化水平常年低于全国平均产业结构高极化水平，分别低约2个百分点和1个百分点，其中，中部地区的产业结构高极化水平是最低的，但其后期增长势头强劲，自2018年开始已与西部地区产业结构高极化水平基本持平并在2021年超越了西部地区。这表明我国东中西部地区的产业结构高极化虽然发展势头良好，但发展很不平衡，存在非常大的差异性。

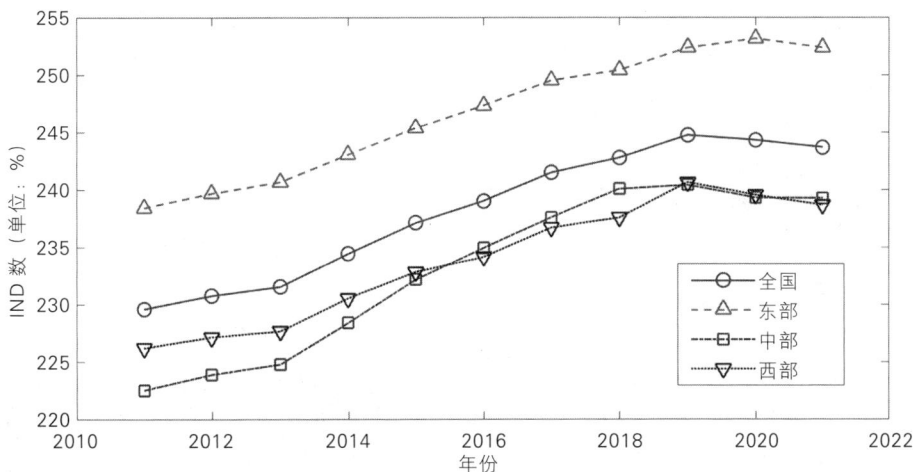

图5-1　2011—2021年我国各省产业结构升级发展趋势

5.3　产业结构升级的探索性空间分析

5.3.1　空间权重矩阵的设定

　　本节将对我国31个省（自治区、直辖市）的产业结构升级进行空间相关性分析。在进行空间相关性分析之前要先确定空间权重矩阵。文献上常用的空间权重矩阵大致有三种：邻近权重矩阵 $W_1 = \left(w_{ij}^{(1)} \right)_{n \times n}$、地理距离权重矩阵 $W_2 = \left(w_{ij}^{(2)} \right)_{n \times n}$ 和经济-地理嵌套权重矩阵 $W_3 = W_2 diag \left(\dfrac{\overline{PGDP_1}}{\overline{PGDP}}, \quad \dfrac{\overline{PGDP_2}}{\overline{PGDP}}, \quad \cdots, \quad \dfrac{\overline{PGDP_n}}{\overline{PGDP}} \right)$，这里 $n = 31$，$w_{ij}^{(1)}$ 的定义如下：

$$w_{ij}^{(1)} = \begin{cases} 1, & \text{若地区} i \text{和地区} j \text{相邻接} \\ 0, & \text{若地区} i \text{和地区} j \text{不邻接} \end{cases} \qquad (5.2)$$

$w_{ij}^{(2)}$ 的定义如下：

$$w_{ij}^{(2)} = \begin{cases} \dfrac{1}{d_{ij}^2}, & \text{若} i \neq j \\ 0, & \text{若} i = j \end{cases} \qquad (5.3)$$

其中，d_{ij} 表示地区 i 与地区 j 之间的空间地理距离，$\overline{PGDP_i}$ 表示考察期内地区 i 的人均地区生产总值，$\overline{PGDP}$ 表示考察期内全国人均 GDP 值，$diag$ 表示对角阵。考虑到各地区的产业结构升级跟该地区的经济发展水平有一定的相关性，本章我们采用经济-地理嵌套权重矩阵 W_3。

5.3.2 产业结构升级的空间相关性检验

给定空间权重矩阵 W_3，我们借助 Moran's I 检验来判断我国各省的产业结构升级是否存在显著的空间相关性，统计检验结果见表 5-3。

表 5-3　　　　　　　　　　产业结构升级的空间相关性检验结果

年份	Moran's I	z 值	p 值
2011	0.188	2.951	0.003
2012	0.186	2.912	0.004
2013	0.186	2.906	0.004
2014	0.178	2.828	0.005
2015	0.190	2.977	0.003
2016	0.237	3.586	0.000

续表

年份	Moran´s I	z 值	p 值
2017	0.263	3.970	0.000
2018	0.258	3.902	0.000
2019	0.238	3.681	0.000
2020	0.269	4.072	0.000
2021	0.212	3.275	0.001

　　根据表 5-3 的分析结果可以看出，2011—2021 年我国 31 个省（自治区、直辖市）的产业结构升级的空间 Moran's I 指数均大于零，且全部通过了显著性水平为 1% 的空间相关性检验，因此可以认为我国各省的产业结构升级存在显著的空间正相关性。

　　为进一步探究我国各省产业结构升级的局域空间集聚形态，接下来我们采用局部 Moran's I 指数来分析其局部相关性。图 5-2 绘制了我国 31 个省（自治区、直辖市）的产业结构升级分别在 2011、2014、2018、2021 年的 Moran 散点图。观察图 5-2 可以发现，大多数省份的观测值在散点图的第一象限（高-高，H-H）与第三象限（低-低，L-L），少量观测值在第二象限（低-高，L-H）和第四象限（高-低，H-L）。这一分布清晰地揭示了我国各省产业结构升级在空间上呈现出显著的"高值聚集"与"低值聚集"特征，换言之，邻近省区之间的产业结构升级具有明显的空间依赖和空间聚集。进一步分析发现，发现位于第三象限（低-低，L-L）的省份数量超过位于第一象限（高-高，H-H）的省份数量。这意味着我国省际产业结构升级更倾向于形成"低-低"集聚模式，即产业结构升级水平较低的省份倾向于邻近其他同样产业结构升级处于较低发展水平的省份，揭示出我国不同地域间的产业结构升级存在显著的不均衡状态。

　　这表明，全国范围内各地区的产业结构升级发展存在一定的空间相关关系。

(a) 2011 年

(b) 2014 年

(c) 2018 年

(d) 2021 年

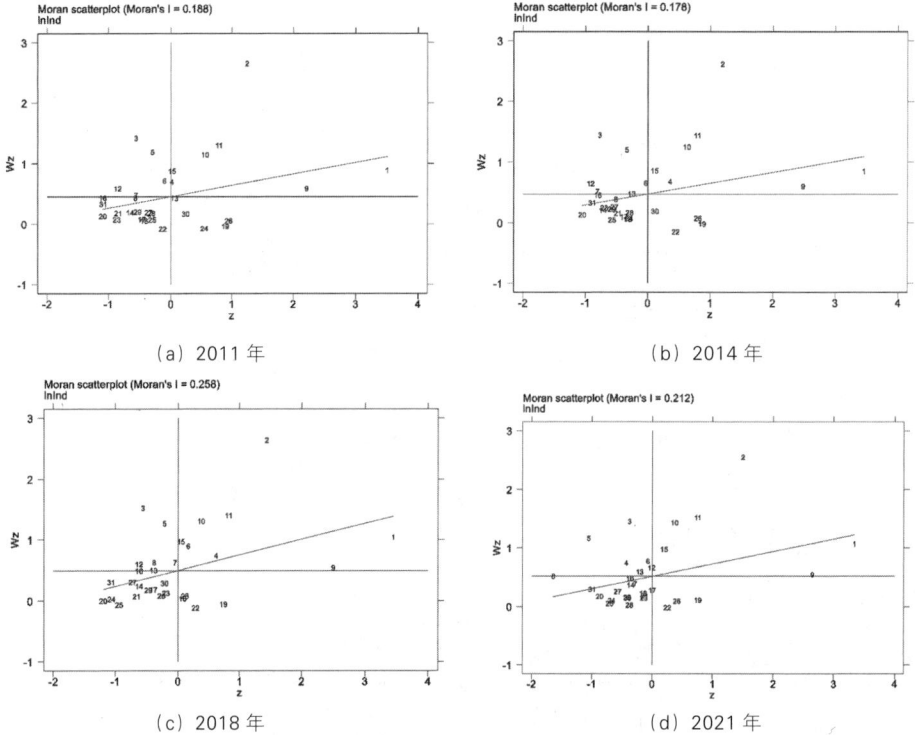

图 5-2　我国各省的产业结构升级的 Moran 散点图

5.4　数字普惠金融对产业结构升级的线性时空影响

5.4.1　模型设定与选择

基于前文分析，本节首先构建如下的空间面板模型：

空间面板滞后模型（SAR）：

$$\ln IND_{it} = \rho \sum_{j=1}^{n} w_{ij} lIND_{jt} + \beta \ln DIFI_{it} + \gamma^{\mathrm{T}} Z_{it} + \mu_i + \varepsilon_{it} \tag{5.4}$$

空间面板误差模型（SEM）：

$$\ln IND_{it} = \beta \ln DIFI_{it} + \gamma^{\mathrm{T}} Z_{it} + \mu_i + \varepsilon_{it}, \quad \varepsilon_{it} = \lambda \sum_{j=1}^{n} w_{ij} \varepsilon_{jt} + \nu_{it} \tag{5.5}$$

空间面板杜宾模型（SDM）：

$$\ln IND_{it} = \rho \sum_{j=1}^{n} w_{ij} IND_{jt} + \beta \ln DIFI_{it} + \delta \sum_{j=1}^{n} w_{ij} \ln DIFI_{jt}$$

$$+ \gamma^{\mathrm{T}} Z_{it} + \phi^{\mathrm{T}} \sum_{j=1}^{n} w_{ij} Z_{jt} + \mu_i + \varepsilon_{it} \tag{5.6}$$

这里，$i = 1, 2, \cdots, n$ 表示省份，$t = 1, 2, \cdots, T$ 表示年份，$\ln IND$ 表示产业结构高级化的对数，$\ln DIFI$ 表示数字普惠金融总指数的对数，Z_{it} 为由控制变量构成的向量，$W = \left(w_{ij} \right)_{n \times n}$ 表示空间权重矩阵，用于刻画不同空间单元之间的相互影响关系，空间相关系数 ρ 衡量这种影响的强度和方向，β 和 δ 为核心解释变量的回归系数，γ 和 ϕ 为控制变量的回归系数，μ_i 为个体效应，ε_{it} 表示随机误差项。

首先我们运行 LM 检验和 Robust LM 检验。由表 5-4 展示的检验结果可以看出，在 1% 的显著性水平下，运用 LM 检验方法和 Robut LM 检验方法，空间面板误差模型都没有通过显著性检验；相比较而言，运用 LM 检验方法和 Robust LM 检验方法，空间面板滞后模型均通过了 1% 的显著性检验，故最后确定选用空间面板滞后模型。

表 5-4　　　　　　　　　　　LM 检验统计量及统计表值

模型	检验方法	统计量	p 值
空间面板误差模型	LM	5.459	0.019
	Robust LM	4.188	0.041
空间面板滞后模型	LM	56.282	0.000
	Robust LM	55.011	0.000

面板模型分为固定效应面板模型和随机效应面板模型两种，为确定哪一个模型最优，首先运用 Hausman 检验。表 5-5 中所展示的 Hausman 检验结果中，统计量的样本值为 17.39，对应的 p 值为 0.026，这表明模型通过了 5% 的显著性检验，因此应选择固定效应空间面板滞后模型。

表5-5 Hausman检验结果

检验方法	统计量	p 值
Hausman	17.39	0.026

5.4.2　数字普惠金融总指数对产业结构升级的线性影响分析

本节假定核心解释变量为数字普惠金融总指数（$DIFI$），然后运行模型（5.3），来研究数字普惠金融总指数对产业结构升级的影响，分析结果见表5-6。此外，考虑到中国不同区域的数字普惠金融发展程度和产业结构升级状况均有所不同，将我国各省份按地域划分为东部、中部和西部三个地区，分别运用模型（5.3），探讨三个不同地带的数字普惠金融总指数对该地区产业结构升级的影响的差异性，分析结果亦列于表5-6。

表5-6　　数字普惠金融总指数对产业结构升级的线性影响分析

变量	全国	东部	中部	西部
$\ln DIFI$	0.007***	0.007**	0.006*	0.006
	（3.22）	（2.51）	（1.68）	（1.54）
$\ln PGDP$	−0.010	0.020	−0.065***	−0.022
	（−0.90）	（1.35）	（−2.91）	（−0.93）
$\ln INNO$	0.009***	−0.004	0.011**	0.006
	（3.13）	（−1.15）	（2.00）	（1.16）
$\ln FDI$	0.005	−0.018***	0.043***	−0.008
	（1.58）	（−3.95）	（4.81）	（−1.61）
GOV	−0.035	0.195***	−0.184**	−0.007
	（−1.27）	（3.72）	（−2.37）	（−0.20）
GAP	0.049***	−0.019	0.113***	0.036*
	（3.87）	（−1.19）	（3.86）	（1.79）

续表

变量	全国	东部	中部	西部
ln $Consume$	-0.015^{**}	-0.012	-0.010	-0.036^{**}
	(-2.31)	(-1.44)	(-1.22)	(-2.54)
$Urbanization$	0.316^{***}	0.219^{***}	0.938^{***}	0.554^{***}
	(6.51)	(5.04)	(6.43)	(4.92)
ρ	0.559^{***}	0.341^{***}	0.257^{***}	0.320^{**}
	(7.67)	(3.67)	(2.69)	(2.30)
N	341	121	88	132
R^2	0.782	0.903	0.918	0.723
log L	1024.171	427.612	290.124	386.673

注：***、**、*对应的显著性水平分别为1%、5%、10%；括号内的数值为 z 统计量样本值。

首先从全国层面来分析数字普惠金融总指数及其他控制变量对产业结构升级的影响。由表5-6的分析结果可以发现，数字普惠金融总指数对于我国产业结构升级起到了显著的正向促进效应。对于其他控制变量，技术创新、城乡收入差距和城镇化水平对我国产业结构升级均起到了显著的正向促进效应，而地区消费水平对我国产业结构升级起到了显著的负向抑制作用。

接下来按划分的东中西部三大地带来详细讨论数字普惠金融总指数及其他控制变量对各地区的产业结构升级的影响。

对于东部地区，由表5-6的分析结果可以发现，数字普惠金融总指数、政府干预程度和城镇化水平对东部地区的产业结构升级均产生了显著的正向促进作用；而外商直接投资则起到了显著的负向抑制作用。这表明，对于东部地区，数字普惠金融发展促进了资本流动和信息透明度，为产业升级提供了资金支持和技术创新动力；政府适度干预有助于引导资源配置，优化产业结构；城镇化加速推动了劳动力、资本等要素向高端产业聚集；然而，外商直接投资的负向影响可能源于技术依赖、市场竞争压力及外资流向低附加值产业。因而，对于东部地区，我们要平衡外资引进，强化本土创新，以数字金融和政府引导促进产业升级。

对于中部地区，由表5-6的分析结果可以发现，数字普惠金融发展能够显著地正向促进地区产业结构升级。此外，技术创新、外商直接投资、城乡收入差距扩大和城镇化，均能显著地正向促进地区产业结构升级；而经济发展和政府干预则显著地负向影响地区产业结构升级。这表明，在中部地区，数字普惠金融的发展通过提升金融服务可得性和效率，显著促进了产业结构升级，加速了资源向高附加值产业的流动。技术创新作为产业升级的关键驱动力，同样对产业结构升级有显著正向作用。外商直接投资通过技术溢出和市场拓展效应，也促进了产业升级。城乡收入差距的缩小和城镇化进程的推进，通过释放消费潜力和优化资源配置，对产业结构升级产生了积极影响。此外，我们还发现地区经济发展水平的相对滞后可能限制了产业升级的速度和深度，而政府过度干预可能扭曲了市场资源配置，导致负向影响。由此可见，对于中部地区，我们应继续深化数字普惠金融发展，强化技术创新，合理利用外资，同时优化政府角色，以更好地促进产业结构升级。

对于西部地区，由表5-6的分析结果可以发现，数字普惠金融总指数虽然对地区产业结构升级产生了正向的促进作用，但这种影响并不显著。此外，城镇化对西部地区产业结构升级起到了显著的正向促进作用，而地区消费水平会显著抑制西部地区的产业结构升级。数字普惠金融总指数对西部地区的产业结构升级的正向促进作用不显著，可能是由于西部地区数字基础设施建设相对滞后，金融服务的普及和渗透率较低，限制了数字普惠金融的效能发挥。而城镇化水平显著提升了西部地区产业结构升级，因为城镇化促进了劳动力、资本等生产要素的集聚，推动了第二、三产业的发展。此外，地区消费水平却显著抑制了西部地区的产业结构升级，这可能与西部地区消费结构不合理、消费能力有限以及消费环境不佳有关，导致对高端产业和产品的需求不足，无法有效拉动产业升级。这提示我们，西部地区应加快数字基础设施建设，提升数字普惠金融的覆盖面和效率，同时优化消费环境，提高居民消费能力，以更好地促进产业结构升级。

5.4.3 数字普惠金融的三个维度对产业结构升级的线性影响分析

接下来我们分析数字普惠金融的三个维度对产业结构升级的线性时空影响。本节分别假定核心解释变量为数字普惠金融的覆盖广度（WID）、使用深度（DEP）和数字化程度（DIG），构建如下的空间面板滞后模型：

覆盖广度：$\ln IND_{it} = \rho \sum_{j=1}^{n} w_{ij} \ln IND_{jt} + \beta \ln WID_{it} + \gamma^{T} Z_{it} + \mu_i + \varepsilon_{it}$ (5.7)

使用深度：$\ln IND_{it} = \rho \sum_{j=1}^{n} w_{ij} \ln IND_{jt} + \beta \ln DEP_{it} + \gamma^{T} Z_{it} + \mu_i + \varepsilon_{it}$ (5.8)

数字化程度：$\ln IND_{it} = \rho \sum_{j=1}^{n} w_{ij} \ln IND_{jt} + \beta \ln DIG_{it} + \gamma^{T} Z_{it} + \mu_i + \varepsilon_{it}$ (5.9)

然后分别运行模型（5.6）—（5.8）来研究数字普惠金融的三个维度对全国 31 个省（自治区、直辖市）的产业结构升级以及东部、中部和西部三个地区的产业结构升级的影响，分析结果见表 5-7。

表 5-7　数字普惠金融的三个维度对产业结构升级的线性影响分析

变量	全国	东部	中部	西部
$\ln WID$	0.004**	0.009***	0.005*	0.001
	(2.13)	(3.20)	(1.65)	(0.48)
$\ln DEP$	0.007***	0.008***	0.006	0.004
	(2.92)	(2.78)	(1.57)	(1.15)
$\ln DIG$	0.005***	0.002	0.003	0.008**
	(2.96)	(1.08)	(1.04)	(2.32)

注：***、**、*对应的显著性水平分别为 1%、5%、10%；括号内的数值为 z 统计量样本值。

由表 5-7 的分析结果可以发现，从全国层面来看，覆盖广度、使用深度和数字化程度，均对我国产业结构升级起到了显著的正向促进作用。分地区来看，覆盖广度对于东部和中部地区的产业结构升级起到了显著的正向促进作用，对于西部地区产业结构升级虽然起到了正向促进作用，但这种效应并不显著；使用深度仅对东部地区产业结构升级起到了显著的正向促进作用，对于中部和西部区域的产业结构升级的效应并不显著；而数字化程度仅对西部地区的产业结构升级起到了显著的正向促进作用，对于东部和中部地区的产业结构升级的效应并不显著。由此可见，数字普惠金融的不同维度对不同区域的产业结构升级的影响各异。覆盖广度在东部和中部地区的显著增加有效地促进了地区产业结构升级，但在西部因基础设施不足影响有限。使用深度的影响仅在东部地区显著，说明东部地区对数字金融工具的利用更为充分，促进了地区产业升级。而数字化程度仅对西部地区有显著正向影响，反映出西部地区在数字化转型过程中，通过提升金融服务效率和透明度，有效推动了产业结构升级。这提示我们，各地区应根据自身特点，有针对性地提升数字普惠金融的不同维度。东部地区应大力增加使用深度，中部地区应扩大覆盖广度，而西部地区则需加强数字化程度，以更好地促进产业结构升级。

5.5 数字普惠金融对产业结构升级的非线性时空影响——基于半参数空间面板滞后模型

5.5.1 半参数空间面板滞后模型的构建

本节将运用半参数空间面板模型来进一步分析数字普惠金融与产业结构升级之间的关系。图5-3绘制了具有代表性的部分省份的数字普惠金融与该地区产业结构升级之间关系的散点图。由图5-3可以发现，海南的数字普惠金融与产业结构升级二者之间表现出了正向促进的趋势，北京和黑龙江的数据则大体上呈现出一种先增长、继而下降然后再次回升的非线性趋势，贵州则是表现出一种先缓慢下降，然后再上升的趋势。这些散点图直观地揭示了数字普惠金融对产业结构升级可能存在的非线性效应，进而侧面印证了本节运用非参数模型探究数字普惠金融对产业结构升级的非线性效应的合理性与必要性。

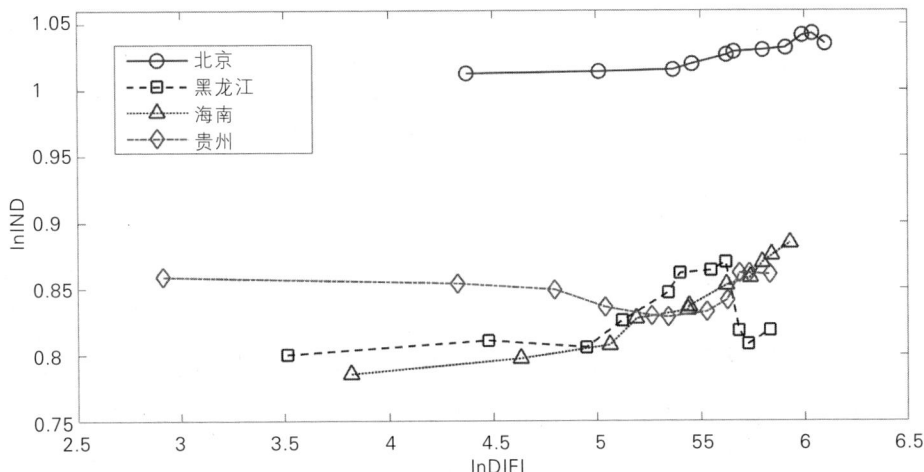

图5-3　部分省（市）数字普惠金融和产业结构的散点图

为研究数字普惠金融对产业结构升级的非线性时空影响，本节建立如下的半参数空间面板滞后模型：

$$\ln IND_{it} = \rho \sum_{j=1}^{n} w_{ij} \ln IND_{jt} + g(\ln DIFI_{it}) + \gamma^{\mathrm{T}} Z_{it} + \mu_i + \varepsilon_{it} \tag{5.10}$$

其中，i 表示省份，t 表示年份，$\ln IND$ 表示产业结构高级化指标的对数，$\ln DIFI_{it}$ 为核心解释变量数字普惠金融指数的对数，$g(\cdot)$ 为未知的光滑回归函数，刻画了 i 省的数字普惠金融对该地区的产业结构升级的函数型影响，其他变量和符号如前文所述。易见，当 $g(x) = x$ 时，模型（5.9）则转化为了模型（5.3），因而模型（5.9）比模型（5.3）更为灵活、应用更广泛。

由于模型（5.9）中的 $g(\cdot)$ 为未知的光滑函数，我们采用非参数统计方法对其进行估计，具体的估计方法见第2.6.3节。

不失一般性，不妨假设 $\ln DIFI_{it}$ 的取值范围为 $[0, 1]$。首先选取等距离节点 $0 = \kappa_0 < \kappa_1 < \cdots < \kappa_L < \kappa_{L+1} = 1$，这里 $L = 4$，从而将 $[0, 1]$ 区间划分成若干个子区间 $[\kappa_l, \kappa_{l+1})$, $l = 0, 1, \cdots, L$。基于这些节点，选取3次 B-样条基函数：$B_1(\cdot), \cdots, B_K(\cdot)$，这里 $K = L + d = 7$。于是 $g(\cdot)$ 可近似表示为：

（基于空间面板模型的数字普惠金融非线性经济效应研究）

$$g(\ln DIFI_{it}) \approx \sum_{k=1}^{K} B_k(\ln DIFI_{it})b_k \equiv b^{\mathrm{T}}B(\ln DIFI_{it}) \tag{5.11}$$

其中，$B(\cdot) = \left(B_1(\cdot), \cdots, B_K(\cdot)\right)^{\mathrm{T}}$ 为基函数向量，$b = \left(b_1, \cdots, b_K\right)^{\mathrm{T}}$ 为待估的基函数系数。将式（5.10）代入模型（5.9）中，可得：

$$\ln IND_{it} = \rho \sum_{j=1}^{n} w_{ij} \ln IND_{jt} + b^{\mathrm{T}}B(\ln DIFI_{it}) + \gamma^{\mathrm{T}}Z_{it} + \mu_i + \varepsilon_{it} \tag{5.12}$$

由模型（5.11）可以得到 $\hat{b}$，$\hat{\gamma}$，$\hat{\rho}$。最后，$g(\cdot)$ 的估计为：$\hat{g}(\cdot) = \sum_{k=1}^{K} \hat{b}_k B_k(\cdot)$。

5.5.2 数字普惠金融总指数对产业结构升级的非线性影响分析

我们运用模型（5.9）分析全国样本数据和东中西部地区的样本数据，分析结果见表5-8及图5-4。

表5-8 数字普惠金融总指数对产业结构
升级的非线性影响分析（参数部分）

变量	全国	东部	中部	西部
$\ln PGDP$	-0.037^{***} (-3.18)	-0.013 (-0.95)	-0.082^{***} (-3.58)	-0.032 (-1.40)
$\ln INNO$	0.000 (0.10)	-0.011^{***} (-2.96)	0.003 (0.38)	-0.003 (-0.69)
$\ln FDI$	0.003^{**} (2.29)	-0.003 (-1.35)	0.020^{***} (4.79)	-0.002 (-1.02)
GOV	-0.100^{***} (-3.74)	0.038 (0.73)	-0.239^{***} (-2.78)	-0.052 (-1.47)
GAP	0.054^{***} (4.43)	-0.019 (-1.26)	0.098^{***} (3.00)	0.069^{***} (3.37)
$\ln Consume$	-0.006 (-0.94)	-0.008 (-1.08)	0.003 (0.34)	-0.022 (-1.52)
$Urbanization$	0.210^{***} (4.34)	0.207^{***} (5.00)	0.525^{***} (2.81)	-0.098 (-0.67)
ρ	0.192^{**} (2.25)	0.097 (0.31)	0.144 (1.36)	0.067 (0.52)
N	341	121	88	132
R^2	0.956	0.991	0.949	0.874
$\log L$	1056.45	449.19	299.18	405.59

注：***、**、*对应的显著性水平分别为1%、5%、10%；括号内的数值为 z 统计量样本值。

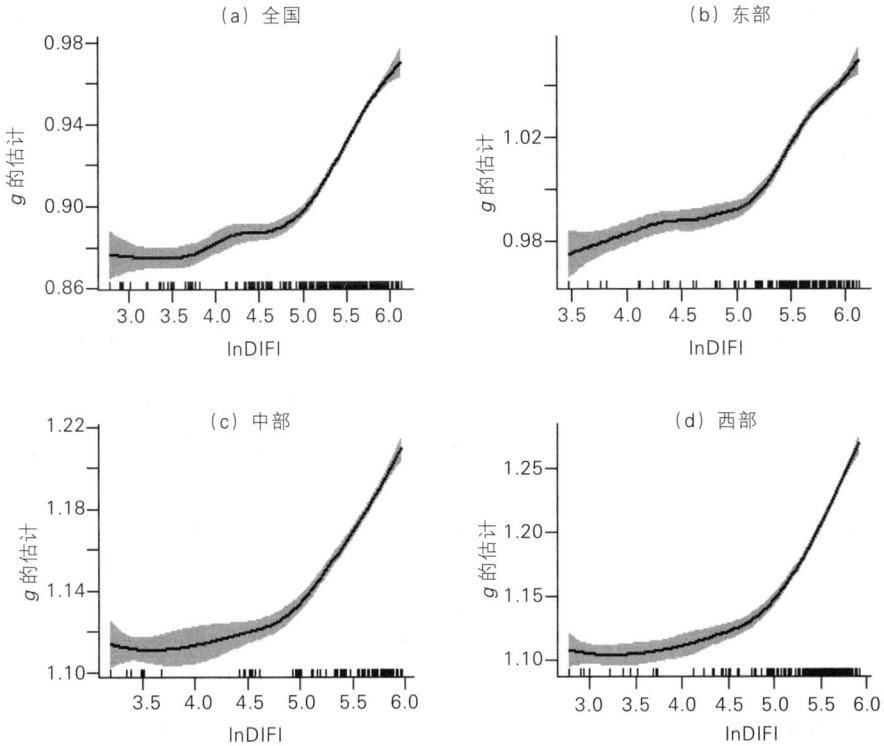

图5-4　数字普惠金融总指数对产业结构升级的非线性影响（非参数部分）

　　首先由表5-8的分析结果可以发现，与模型（5.3）相比，半参数空间面板滞后模型（5.9）有着更大的 R^2 值和更大的 $\log L$ 值，因而可以认为，模型（5.9）要优于模型（5.3）。

　　由图5-4可以发现，无论是全国层面看，还是分区域来看，数字普惠金融总指数与地区产业结构升级都呈现明显的非线性关系。在数字普惠金融发展的早期阶段，随着总指数的增加，我国产业结构升级水平在缓慢提高；当总指数增大到一定程度后，地区产业结构升级的速度会迅速变大。这表明，在数字普惠金融发展初期，随着数字普惠金融的逐步渗透，资金流动效率提升，小微企业和创新型企业获得更多融资机会，促进了产业升级的初步启动，但效果较为温和。当数字普惠金融发展至一定水平，其覆盖面和深度显著增加，不仅降低了融资成本，还促进了信息透明与资源优化配置，为高新技术产业和现代服务业提供了强大动力，从而加速了地区产业结构的升级。由此可见，数字普惠金融是推动产业结构优化升级的一种重要力量，但其影响具有阶段性特征，需持续推动其发展以最大化其对产业升级的积极影响。

下面分析一下其他控制变量对地区产业结构升级的效应。由表5-8的分析结果可以发现，从全国层面来看，外商直接投资、城乡收入差距和城镇化水平对于当地的产业结构升级有着积极的正向促进作用。这说明，外商直接投资通过技术转移和市场拓展促进产业结构升级，而城乡收入差距缩小有利于资源均衡配置，推动产业升级；城镇化提升人口集聚效应，促进服务业发展，加速产业升级。地区经济增长和政府干预程度对于当地的产业结构升级起到了显著的负向抑制作用。产生这种现象的原因可能是地区经济增长过快可能忽视结构优化，政府过度干预易扭曲市场机制，从而对产业结构升级构成阻碍。因此，我们需要合理引导外资、缩小城乡差距、有序推进城镇化，同时避免经济增长的盲目性和政府干预的过度化，以促进产业结构健康升级。

分区域来看，对于东部地区，由表5-8的分析结果可以发现，城镇化水平对于产业结构升级起到了显著的正向促进作用，这说明东部地区的城镇化高度发展促进了人口与资源聚集，为服务业和高技术产业提供了发展空间，显著推动产业结构升级。此外，技术创新对于产业结构升级则起到了显著的负向作用，这可能是因为技术转化效率不高或市场接纳度低，短期内未充分显现正面效应。其他控制变量的影响效应并不显著。由此可见，在当前阶段，城镇化和技术创新是影响东部地区产业结构升级的关键，我们需要进一步优化技术创新环境，提高转化效率，同时持续推动城镇化，以加速产业结构升级。

对于中部地区，由表5-8的分析结果可以发现，外商直接投资、城乡收入差距和城镇化水平对于地区产业结构升级均起到了显著的正向促进作用。由此可见，外商直接投资为中部地区带来了资金、技术和市场机会，从而促进了产业升级；城乡收入差距的缩小有助于资源均衡配置，从而推动产业结构向更高效、更均衡方向发展；城镇化发展则通过人口集聚和市场需求增加，为产业升级提供了动力。同时，我们也要看到，地区经济发展和政府干预程度加深对于中部地区的产业结构升级起到了显著的负向抑制作用。其原因可能是，中部地区在一定程度上仍然依赖传统的重工业或能源原材料产业，这些产业虽然对经济增长有贡献，但可能阻碍了产业结构向更高层次、更多元化的方向发展；此外，过多的政府干预可能导致市场机制的扭曲，资源无法有效配置到最具潜力的产业领域，而且政府可能更倾向于支持某些特定产业，而忽视其他具有发展潜力的产业，从而影响了产业结构的均衡性和多样性；另外，中部地区在技术创新和产业升级方面也可能面临一定的挑战，如研发投入不足、人才流失严重等，这些因素都会限制产业结构升级的动力和潜力。这些分析结果提示我们，中部地区在推进产业结构升级的过程中，应继续吸引外资，缩小城乡差距，并推进城镇化进程，以加速产业结构升级，实现经济高质量发展；同时需要注重经济发展模式的转变，减少对传统产业的依赖；此外，政府应适度减少干预，让市场机制在资源配置中发挥更大作用；最后，中部地区还应加强创新能力的培育，为产业结构升级提供强有力的支撑。

对于西部地区，由表5-8的分析结果可以发现，只有城乡收入差距对地区产业结构升级起到了显著的正向促进作用，这是因为收入差距的扩大促使劳动力从农村向城市转移，为城市二三产业提供了劳动力，推动了产业结构升级。西部地区的农村居民收入水平提升后，消费能力增强，推动了多元化市场需求，从而激励了产业结构向满足更高消费需求的方向升级。诸如经济发展水平、技术创新水平、外商直接投资、城镇化水平等其他控制变量对于西部地区的产业结构升级都起到负向的抑制作用，虽然这些负向抑制效应并不显著。这可能是由于西部地区经济基础薄弱，经济发展模式过度依赖于传统行业，企业创新能力也不足，市场机制不健全，外资吸引力有限，同时，城镇化进程缓慢且居民消费水平较低，从而限制了产业结构升级，由于数据量有限，这种负向抑制效应目前还不是很肯定。总之，在推进西部地区产业结构升级中，应逐步优化政府干预和市场机制，提高企业创新能力，大力发展外商直接投资，加快推进城镇化水平，同时进一步提高农村居民消费水平，以形成更全面的产业升级推动力。

5.5.3 数字普惠金融的三个维度对产业结构升级的非线性影响分析

下面我们研究数字普惠金融的三个维度对产业结构升级的非线性时空影响。为此，本节建立如下的半参数空间面板滞后模型：

$$\text{覆盖广度：} \ln IND_{it} = \rho \sum_{j=1}^{n} w_{ij} \ln IND_{jt} + g_1(\ln WID_{it}) + \gamma^{\mathrm{T}} Z_{it} + \mu_i + \varepsilon_{it} \tag{5.13}$$

$$\text{使用深度：} \ln IND_{it} = \rho \sum_{j=1}^{n} w_{ij} \ln IND_{jt} + g_2(\ln DEP_{it}) + \gamma^{\mathrm{T}} Z_{it} + \mu_i + \varepsilon_{it} \tag{5.14}$$

$$\text{数字化程度：} \ln IND_{it} = \rho \sum_{j=1}^{n} w_{ij} \ln IND_{jt} + g_3(\ln DIG_{it}) + \gamma^{\mathrm{T}} Z_{it} + \mu_i + \varepsilon_{it} \tag{5.15}$$

其中，$g_1(\cdot)$、$g_2(\cdot)$ 和 $g_3(\cdot)$ 为未知的光滑回归函数，分别刻画了省份 i 的覆盖广度、使用深度和数字化程度对该地区的产业结构升级的函数型影响，其他变量和符号如前文所述。

我们选取 $d = 3$，$K = 7$，基于全国样本数据和东中西部地区的样本数据，运用第 2.6.3 节的估计方法来拟合模型（5.12）—（5.14），所得到的分析结果图 5-5 至图 5-7（参数部分的结果与表 5-8 类似，故略去）。

图 5-5 刻画了覆盖广度与地区产业结构升级之间的函数影响关系。由图 5-5 可以发现，无论是从全国层面，还是分区域来看，覆盖广度的增加均有助于促进地区的产业结构升级，而且这种促进效应具有显著的非线性特征。基于全国层面，在数字普惠金融发展初期，随着数字普惠金融服务的普及程度和覆盖范围的扩大，地区产业结构升级水平在缓慢增长；而当数字普惠金融服务的普及程度和覆盖范围扩大到一定程度后，其促进地区产业结构升级的效应会迅速变大，成倍增加。分区域来看，对于东中西部地区，在数字普惠金融发展初期，覆盖广度对地区产业结构升级的促进作用比较缓慢的，但当覆盖广度超过一定阈值后，这种促进效应就会呈指数级放大。特别地，对于西部地区，在数字普惠金融发展初期，覆盖广度对地区产业结构升级的促进效应最为缓慢。这可能是因为，西部地区在数字普惠金融发展初期，基础设施、教育水平及经济条件相对滞后，广泛普及与深入应用数字技术需较长时间，且企业、民众对新

模式的接受与转型需要时间，初期阶段覆盖广度的提升对西部地区产业结构升级的促进效应较为缓慢；但随着覆盖广度越过临界值，西部地区将借助数字普惠金融的力量实现产业结构升级的快速跨越，西部地区初期基础虽弱，但发展潜力巨大。因而，西部地区需加大前期投入，耐心培育市场，以期后期实现产业结构升级的飞跃。

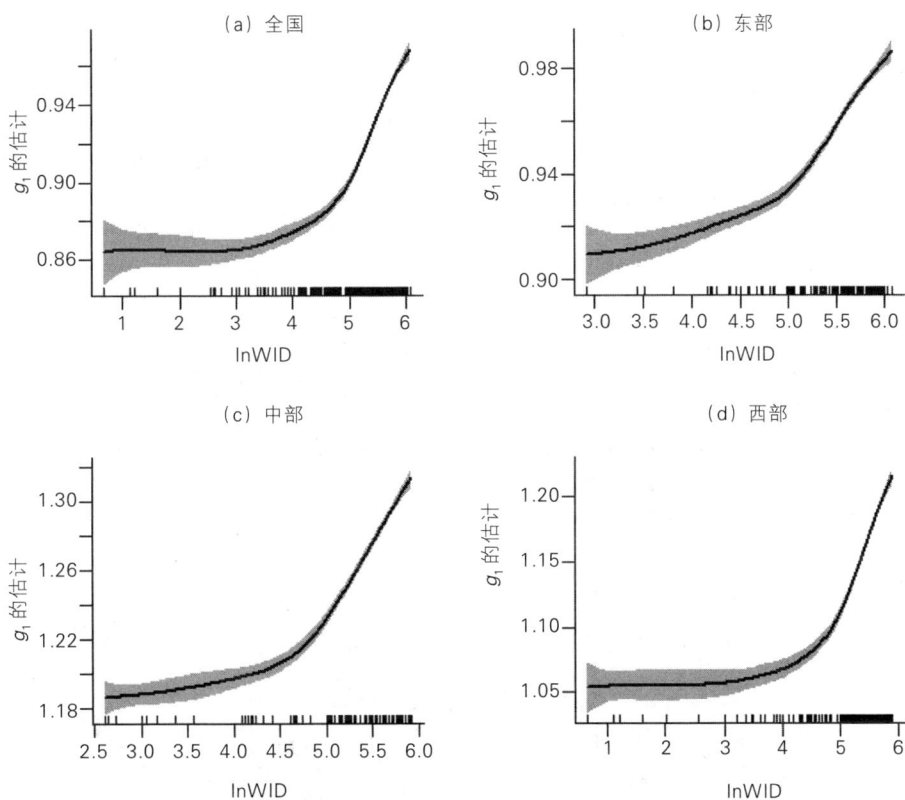

图 5-5　覆盖广度对产业结构升级的非线性影响（非参数部分）

图 5-6 刻画了使用深度与地区产业结构升级之间的函数影响关系。首先从全国层面来看，由图 5-6（a）可以发现，使用深度的发展有助于促进地区的产业结构升级，而且这种促进效应具有显著的非线性特征。在数字普

惠金融发展初期,随着数字普惠金融使用深度的增加,地区产业结构升级水平缓慢地呈线性增长;而当数字普惠金融使用深度超过某个阈值(大约在 $e^{5.0}$)后,地区的产业结构升级转换速度将迅速变大。这是因为在数字普惠金融发展初期,技术普及、用户习惯培养需要一定的时间,因而产业结构升级发展比较缓慢;一旦使用深度超过某个阈值,产业升级速度急剧加快,技术深度融合,效率大幅提升。这告诉我们,深化数字普惠金融应用是产业升级关键,需持续推动技术创新与应用深化,以实现产业升级的质的飞跃。

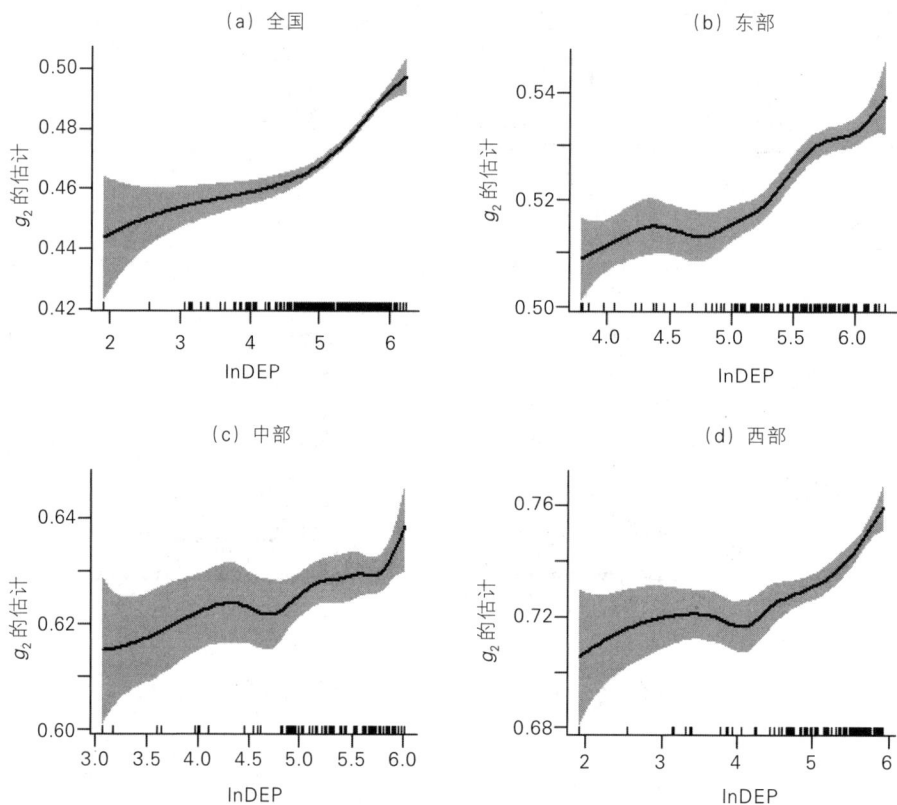

图5-6 使用深度对产业结构升级的非线性影响(非参数部分)

接下来按区域来分析数字普惠金融使用深度与地区产业结构升级之间的关系。对于东部地区，由图5-6（b）可以发现，数字普惠金融使用深度与产业结构升级大致呈震荡上升趋势。在数字普惠金融发展初期，随着数字普惠金融使用深度的增大，东部地区的产业结构升级水平缓慢上升，随后开始短期下滑，然后又转头开始持续增长。在数字普惠金融发展初期，随着数字普惠金融的深入应用，资金配置效率提升，促进了产业结构升级；但随后，可能因市场适应期、技术调整或政策变动等因素，产业结构升级水平短期下滑；然而，随着数字技术的不断成熟和应用的深化，金融服务更加精准高效，产业结构再次获得持续升级动力。总体来看，数字普惠金融的深度应用对东部地区的产业结构升级具有长期积极影响，但需克服初期波动，持续推动技术革新和政策优化。对于中部和西部地区，由图5-6（c）和图5-6（d）可以发现，数字普惠金融使用深度与地区产业结构升级的关系类似，整体上看大致呈线性关系，随着数字普惠金融使用深度的增加，地区产业结构升级水平持续缓慢上升，虽然期间有短暂下滑，但整体上保持长期持续稳定增长，且在近两年有加速升级的迹象。由以上分析可以发现，数字普惠金融对东、中、西部地区的产业结构升级均有显著正向积极的影响，但这种影响存在着阶段性的非线性特征和地域上的差异性；另外，随着数字普惠金融的长期稳定发展，其对地区产业结构升级的累积影响效应已开始发力。

图5-7刻画了数字化程度与地区产业结构升级之间的函数影响关系。由图5-7（a）可以发现，从全国层面来看，数字普惠金融的数字化程度与地区产业结构升级之间呈现显著的非线性关系，大致呈倒"N"形关系。在数字普惠金融发展初始阶段，随着数字化程度的发展，地区产业结构升级开始加速发展；但随着数字化程度的继续发展，数字普惠金融对产业结构升级的促进作用会减弱，甚至可能产生负面效应，似乎产业结构升级遇到了瓶颈期；然而当数字化程度跨过这个拐点后，数字普惠金融的正向促进效应又开始发挥作用，产业结构升级进入第二个上升通道。

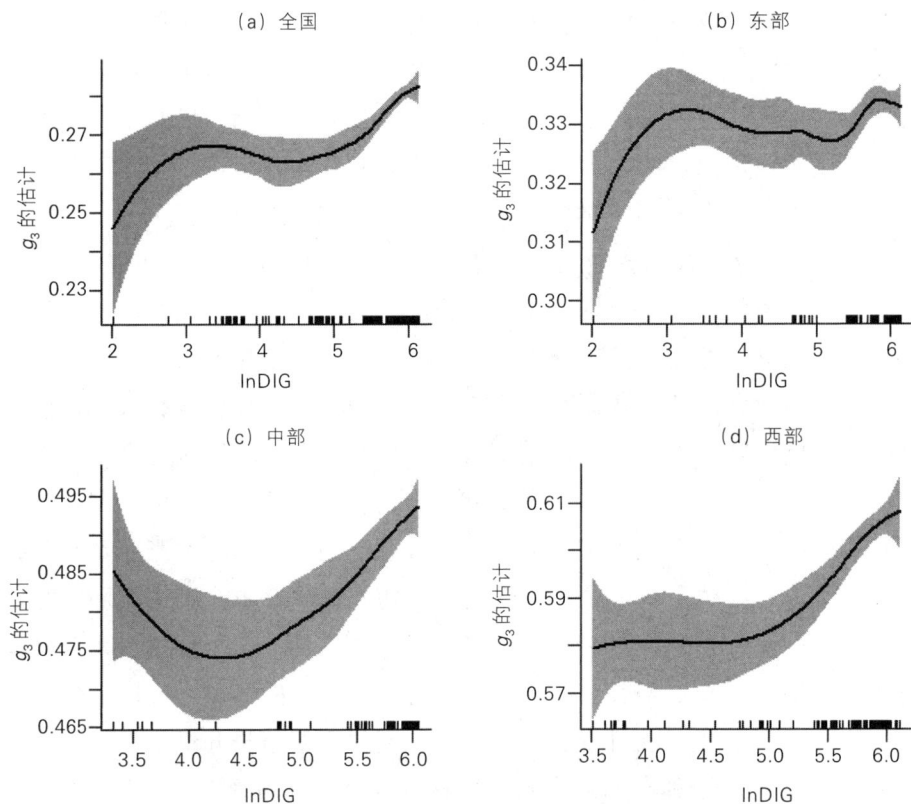

图 5-7　数字化程度对产业结构升级的非线性影响（非参数部分）

　　接下来按区域来分析数字化程度与地区产业结构升级之间的关系。

　　对于东部地区，由图 5-7（b）可以发现，在数字化程度较低时，随着数字化程度的提升，产业结构升级的速度会加快；然而，当数字化程度达到某一临界点后，其进一步增加对产业结构升级的促进作用会减弱，甚至可能出现负面影响，整体呈现出一个"先升后降"的倒"U"形曲线。其原因可能是在数字化初期，东部地区基础设施较为完善、人才集中、市场活跃，数字化程度的提升能够迅速渗透到各个产业，促进生产效率的提高、成本降低和新业态的兴起。在这一阶段，数字化普惠金融推动了传统产业的技术改造和产业升级，促进了高技术产业和服务业的发展，产业结构向更高附加值、更现代化的方向转变。但随着数字化程度的进一步提高，东部地区的产业结构升级水平达到一个高点后，进一步增加的数字化可能对产业结构升级产生一些负面影响，例如：可能是过度依赖特定技术导致技术锁定，从而减少了产业结构升级的多样性和灵活性；也可能是数字化带来的市场红利逐渐消失，新的增长点难以寻觅，市场饱和导致增长放缓；或者可能是由于数字化程度的加深导致资源过度集中在某些领域，而忽视了其他潜在的增长领域，造成资源错配。因此，对于东部地区而言，数字化程度与产业结构升级之间的关系并非一直呈正相关。政策制定者需要认识到这一倒"U"形关系，通过合理的政策引导，确保数字化发展能够持续促进产业结构优化，避免过度数字化带来的潜在风险。

对于中部地区，由图5-7（c）可以发现，数字化程度与地区产业结构升级之间大致呈"U"形关系，即在数字化程度较低时，产业结构升级的速度比较缓慢；随着数字化程度的提升，产业结构升级的速度先减慢达到一个低点，然后随着数字化程度的进一步增加，产业结构升级的速度又开始加快。这种"U"形关系表明，中部地区在数字化初期可能会经历一个转型困难的阶段，但随着数字化程度的不断提高，最终能够迎来产业结构升级的加速。

对于西部地区，由图5-7（d）可以发现，在数字普惠金融发展初期，地区产业结构升级非常缓慢，但随着数字化程度的不断发展，产业结构升级开始加速。这是因为，在数字普惠金融发展初期，由于基础设施薄弱、金融服务渗透率低、人才技术短缺等，产业结构升级速度缓慢；但随着数字化程度逐步提升，如基础设施改善、技术渗透力增强、金融服务普及、人才技术积累和市场需求激发等因素，数字普惠金融逐渐发挥促进作用，推动新兴产业培育、传统产业改造和创新能力增强，进而加速产业结构升级。

5.6 本章小结

本章基于2011—2021年我国31个省（自治区、直辖市）的样本数据，研究了数字普惠金融与产业结构升级之间的关系。首先，对我国各省产业结构升级的发展现状进行了分析；其次，运用Moran's I检验研究了各省产业结构升级的空间相关性问题，并运用 LM 检验和 Hausman 检验来确定建立空间面板滞后模型；接下来，运用空间面板滞后模型分析了数字普惠金融对地区产业结构升级的线性时空效应；最后，通过构建半参数空间面板滞后模型探讨了数字普惠金融对地区产业结构升级的非线性时空效应。研究结果发现：

第一，数字普惠金融对产业结构升级具有显著的推动作用。具体而言，数字普惠金融通过提高金融服务的覆盖面和可得性，降低了中小微企业和偏远地区获取金融资源的门槛，促进了资源的有效配置。这种资源配置的优化不仅为传统产业提供了转型升级所需的资金支持，还催生了大量新兴产业，如互联网金融、大数据、人工智能等，从而推动了产业结构的多元化和高级化。更为重要的是，数字普惠金融与产业结构升级之间存在着非线性的动态关系。这种非线性动态关系表明，随着数字普惠金融的深入发展，其对产业结构升级的推动作用并非一成不变，而是呈现出阶段性的特征。在初期阶段，数字普惠金融主要通过缓解融资约束、降低交易成本等方式直接促进产业升级；而在中后期阶段，则更多地通过技术创新、模式创新等间接途径，推动产业向更高层次、更高附加值方向发展。这种非线性关系揭示了数字普惠金融在产业结构升级中的深层次影响，为政策制定提供了更为精准的指导。无论从全国层面还是分区域来看，数字普惠金融总指数及其三个维度（覆盖广度、使用深度、数字化程度）都对产业结构升级产生了正向影响。这说明数字普惠金融通过提供多元化的融资渠道、降低融资成本、促进技术创新等途径，有效推动了产业结构向高级化、现代化发展。

第二，数字普惠金融通过利用大数据、云计算等先进技术，有效缓解了中小微企业和偏远地区面临的融资约束问题。一方面，金融机构可以基于大数据分析，更加精准地评估企业的信用状况和还款能力，降低了信贷风险；另一方面，互联网平台的兴起使得资金供需双方能够直接对接，降低了交易成本和信息不对称程度。这种融资环境的改善为传统产业的技术改造和新兴产业的快速发展提供了强有力的资金支持，促进了产业结构的优化升级。另外，数字普惠金融的发展不仅带来了金融服务的创新，还激发了全社会的创新活力。一方面，金融资源的有效配置使得更多企业能够投入到技术研发和产品创新中，推动了技术进步和产业升级；另一方面，数字普惠金融还为创新型企业提供了多元化的融资渠道和风险管理工具，降低了创新过程中的不确定性和风险。这种创新氛围的营造为产业结构升级提供了源源不断的动力。

第三，数字普惠金融对产业结构升级的影响存在区域差异。东部地区由于经济发展水平较高，数字普惠金融发展较为成熟，其使用深度对产业结构升级的影响最为显著；中部地区数字普惠金融发展相对滞后，其覆盖广度对产业结构升级的影响更为突出；西部地区由于基础设施相对薄弱，其数字化程度对产业结构升级的影响更为显著。

第四，其他控制变量也对产业结构升级产生重要影响，但这些影响效应存在区域差异性。例如，从全国层面来看，外商直接投资、城乡收入差距、城镇化水平均对我国各省的产业结构升级均产生了显著的正向影响。然而，若分区域来看，外商直接投资和城乡收入差距对于中部地区和西部地区的产业结构升级具有显著的促进作用，对东部地区产业结构升级的影响并不显著；城镇化水平对于东部和中部地区的产业结构升级具有显著的促进作用，对西部地区的产业结构升级影响并不显著。

总之，产业结构升级是一个复杂的系统工程，而数字普惠金融与产业结构升级的关系则是一个非常重要的研究领域，未来需要进一步深入研究和探索，以推动数字普惠金融与产业升级的协同发展，为中国经济高质量发展提供强有力的支撑。

基于上述分析，提出以下几点建议：

第一，加强数字普惠金融基础设施建设，促进产业结构均衡升级。实证结果显示，数字普惠金融对经济增长有显著的正向促进作用，但其空间分布存在不均衡性。因此，应加大对中西部地区的数字金融基础设施建设投入，缩小区域间数字鸿沟，确保各地区企业均能享受到高效便捷的金融服务，从而促进各地区产业结构的均衡升级。同时，推动互联网、大数据、人工智能等技术在金融领域的深度融合，提升金融服务的智能化、个性化水平，为产业升级提供强大的技术支持。

第二，深化数字普惠金融政策引导，促进产业结构优化调整。政府应出台更加精准的政策措施，引导数字普惠金融资源向高新技术产业、绿色产业、现代服务业等关键领域倾斜，推动产业结构向高端化、智能化、绿色化方向转型。通过设立专项基金、提供税收优惠、降低融资门槛等方式，激发企业创新活力，促进新技术、新业态、新模式的发展壮大。同时，加大对传统产业的金融支持力度，通过技术改造、产业升级等手段，提高传统产业的竞争力和附加值。

第三，完善数字普惠金融监管体系，保障产业结构升级平稳推进。随着数字普惠金融的快速发展，其潜在的风险和挑战也日益凸显。因此，应建立健全数字金融监管体系，加强对数字金融产品的风险评估和监测，防范化解金融风险。同时，加强跨部门协作和信息共享，形成监管合力，确保数字金融在促进产业结构升级的同时，不引发系统性金融风险。此外，还应加强对消费者权益的保护，提高金融消费者的风险意识和自我保护能力。

第四，推动产学研用深度融合，促进数字普惠金融与产业结构升级的互动发展。高校、研究机构和企业应建立紧密的合作关系，共同开展数字金融与产业结构升级相关领域的研究和技术创新。通过产学研用的深度融合，推动科技成果转化和应用，促进数字金融技术与产业结构的深度融合，实现经济的高质量发展。

综上所述，发展数字普惠金融对于促进产业结构升级具有重要意义。通过加强基础设施建设、深化政策引导、完善监管体系以及推动产学研用深度融合等措施，可以充分发挥数字普惠金融在促进经济增长和产业结构升级中的积极作用，助力我国经济实现高质量发展。

第6章　数字普惠金融与城乡收入差距

6.1　引言

近年来，我国城乡收入水平持续攀升，同时城乡间的收入差距逐渐缩小。据统计，从2011年到2022年，城镇居民人均可支配收入由21 809.8元提高至49 282.9元，年均增长率为8%，农村居民人均可支配收入由6 977.3元提高至20 132.8元，年均增长率为10%，城乡居民收入比从3.13降至2.45，但城乡居民收入差距绝对值却由2011年的14 832.5元扩大至2022年的29 150.1元。由此可见，我国城乡收入不平衡问题依旧较为突出，始终制约着我国经济社会健康发展。缩小城乡间的收入差距不仅有助于实现共同富裕的目标，也是实施乡村振兴战略必须面对和解决的实际问题。

长期实践表明，虽然我国城乡收入差距受多种因素影响，但城乡金融支持的差异是主要影响因素之一。在数字技术特别是大数据和人工智能等的推动下，数字普惠金融作为打破金融二元结构、缓解金融抑制和歧视的金融新业态应运而生。数字普惠金融融合了数字金融与普惠金融的优势，能够最大程度地发挥数字技术的效能，扩展金融服务的界限，服务于更广泛的长尾群体。推进普惠金融的普及性和优惠性，对增加低收入人群的收入、缩小城乡间收入差异起到重要作用。

　　近年来，国内外学者对数字普惠金融与城乡收入差距的关系进行了大量研究。研究发现，数字普惠金融在降低金融服务门槛、提高金融服务覆盖面等方面具有显著优势，有助于缓解农村地区的金融排斥，提高农民收入，从而缩小城乡收入差距。然而，现有研究尚存在一定的局限性，如对数字普惠金融非线性经济效应的关注不足，对不同地区、不同群体之间的差异性分析不够深入等等。因此，本章旨在基于半参数空间面板模型，探讨数字普惠金融对城乡收入差距的非线性经济效应。

6.2　变量选择、数据来源及描述性统计分析

6.2.1　变量选择

（1）被解释变量

　　本章选用城乡收入差距（GAP）作为被解释变量。参考吴茂国和武振宇（2020）的做法，本章选用泰尔指数衡量城乡收入差距，其计算方法如式（6.1）所示：

$$GAP_{it} = \sum_{j=1}^{2} \left(\frac{M_{it}^{(j)}}{M_{it}} \right) \ln \left[\left(\frac{M_{it}^{(j)}}{P_{it}^{(j)}} \right) \bigg/ \left(\frac{M_{it}}{P_{it}} \right) \right] \tag{6.1}$$

其中，$j = 1$，2 分别表示城镇和农村，$M_{it}^{(1)}$ 和 $M_{it}^{(2)}$ 分别表示 i 省 t 时期的城镇居民总收入和农村居民总收入，M_{it} 表示 i 省 t 时期的居民总收入，$P_{it}^{(1)}$ 和 $P_{it}^{(2)}$ 分别表示 i 省 t 时期的城镇总人口和农村总人口，P_{it} 表示 i 省 t 时期的总人口。泰尔指数越大，意味着城乡居民收入越不均衡。

　　（2）核心解释变量

　　本章选取北京大学数字金融研究中心发布的数字普惠金融指数作为核心解释变量，该指数包含总指数（DIFI）和三个分维度指数：覆盖广度（WID）、使用深度（DEP）和数字化程度（DIG），这三个分维度指数分别从三个方面综合测算了数字普惠金融的发展状况。其中，覆盖广度由金融机构的网点数量和网络覆盖率构成；使用深度由金融机构提供的网络信贷产品数量和可获得性构

成；数字化程度由金融机构运用的互联网技术等对信贷业务进行数字化程度测度得到，可以在一定程度上反映我国数字普惠金融的发展状况。

（3）控制变量

为了更好地探究数字普惠金融对城乡收入差距的影响，我们将引入控制变量来控制除核心解释变量以外的其他变量对城乡收入差距的影响。参考已有文献的研究成果，我们共选取了如下5个控制变量：

经济发展水平（$PGDP$）：居民收入与经济发展紧密相连，随着经济发展水平的提高，居民收入随之增长，城乡居民收入结构亦会得到不同程度的优化，这些都会对城乡收入差距产生影响。本章选用各地区人均地区生产总值衡量经济发展水平。

产业结构调整（IS）：产业结构调整直接影响劳动力分布和居民收入结构。随着地区的第三产业增加值比重的增大，该地区会吸引更多劳动力及资源的流入，进而推动居民收入水平的提高，城乡收入差距亦随之改变。本章使用各地区第三产业增加值与该地区生产总值的比值衡量产业结构调整。

教育水平（EDU）：受教育程度影响着人力资本水平，随着教育水平的提高，劳动者的知识、技能等素养得到全面提升，从而更有可能获得相对较高的收入，因此城乡间的教育质量差异在很大程度上会导致收入差距的扩大。本章使用受过高等教育的人数占地区年末总人口的比重衡量教育水平。

农业发展水平（$Nongye$）：农业发展水平的提高通常有助于缩小城乡收入差距，因为农业增长能带来农民收入增加，促进农村就业，而农村产业发展又能吸引城市资源，实现城乡互动。反之，若农业发展滞后，则可能导致城乡收入差距扩大。本章使用农林牧渔业增加值占地区生产总值的比重来衡量地区农业发展水平。

政府干预程度（GOV）：由于资源禀赋、地理位置等差异，城乡收入差距一直存在，但政府通过实施精准的偏向性政策并进行积极投资，可以优化资源配置，调节收入分配，从而促进城乡收入差距的缩小，但低效、不合理的财政支出亦可能不起作用甚至起消极作用。本章使用各地区政府财政支出与地区生产总值的比值衡量政府干预程度。

上述各变量定义及符号表示见表6-1。

表6-1　　　　　　　　　　　变量定义、符号及描述

变量类型	变量名称	变量符号	变量描述
被解释变量	城乡收入差距	GAP	泰尔指数（数值越大表明城乡收入差距越大）
核心解释变量	数字普惠金融总指数	$DIFI$	北京大学数字普惠金融指数
	覆盖广度	WID	
	使用深度	DEP	
	数字化程度	DIG	
控制变量	经济发展水平	$PGDP$	人均地区生产总值
	产业结构调整	IS	地区第三产业增加值/地区生产总值
	教育水平	EDU	受过高等教育人数/地区年末总人口
	农业发展水平	$Nongye$	农林牧渔业增加值/地区生产总值
	政府干预程度	GOV	政府财政支出/地区生产总值

6.2.2　数据来源及描述性统计分析

考虑数据的可得性，本章选取2011—2022年我国31个省（自治区、直辖市）（不含香港、澳门和台湾地区）的省域面板数据进行实证分析。数据主要来源于中国统计年鉴、Wind数据库和北京大学数字金融研究中心官网。各变量的描述性统计结果见表6-2。

表6-2　　　　　　　　　　　变量描述性统计

变量	样本量	均值	标准差	最小值	最大值
GAP	372	0.087	0.039	0.017	0.202
$DIFI$	372	242.876	107.644	16.220	460.690
WID	372	226.011	110.703	1.960	455.930
DEP	372	235.600	107.402	6.760	510.690
DIG	372	311.795	117.835	7.580	467.170

续表

变量	样本量	均值	标准差	最小值	最大值
PGDP	372	58 029.430	30 419.284	16 024.000	189 988.000
IS	372	0.482	0.096	0.297	0.839
EDU	372	0.150	0.077	0.024	0.505
Nongye	372	0.097	0.051	0.002	0.258
GOV	372	0.291	0.205	0.105	1.354

由表 6-2 的描述性统计分析结果可以发现，*DIFI*、*WID*、*DEP*、*DIG*、*PGDP* 这些变量的样本数据有着较大的异方差性。为了在一定程度上消除这种异方差性，对其作对数化处理。

图 6-1 描述了我国各省城乡收入差距在 2011—2022 年间的变化情况。

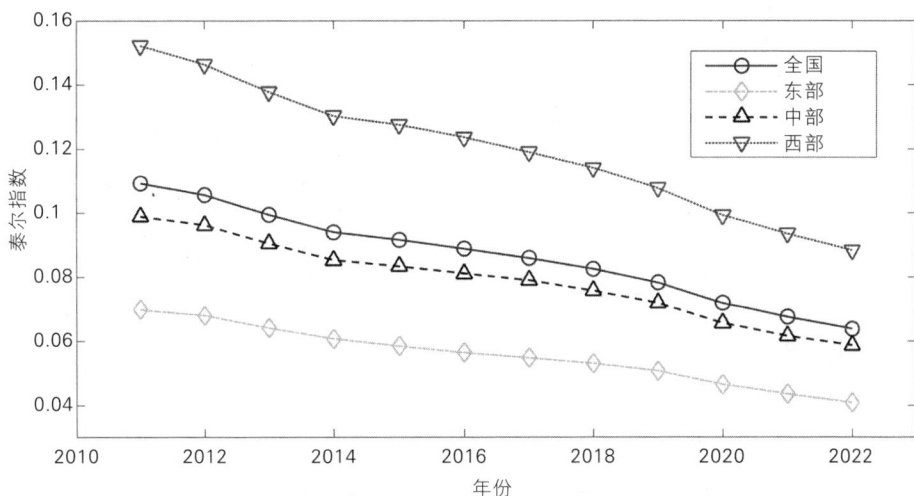

图 6-1　2011—2022 年我国各省城乡收入差距发展趋势

观察图 6-1 可以发现，平均来看，2011 年至 2022 年期间，全国城乡收入差距一直处于递减状态，由 2011 年的 10.92% 持续减少至 2022 年的 6.38%。这表明在国家的努力下，近些年来城镇居民与农村居民之间的人均收入差距开始逐步缩小，正在逐步实现全民共同富裕的远景目标。此外，西部地区的城乡收入差距始终最高，高出全国平均水平约38%，但在三大地带中，西部地区的城乡收入差距的缩小速度是最快的；中部地区的城乡收入差距与全国平均水平基本持平且低于全国平均水平；东部地区的城乡收入差距常年最低，低于全国平均水平约35%。这表明缩小西部地区的城乡收入差距仍然是国家的工作重点，国家应大力发展西部地区产业，扶持乡村产业，振兴乡村经济，从而进一步缩小西部地区的城乡收入差距。

6.3 城乡收入差距的探索性空间分析

6.3.1 空间权重矩阵的设定

本节将对我国31个省（自治区、直辖市）的城乡收入差距进行空间相关性分析。在进行空间相关性分析之前要先确定空间权重矩阵。从理论上来说，要寻找一种能够充分体现空间相关性的空间矩阵是非常困难的，因此在选取空间权重矩阵时并没有严格的准则。本章选择了一种常用的经济-地理嵌套权重矩阵 $W_3 = W_2 diag\left(\dfrac{\overline{PGDP_1}}{\overline{PGDP}}, \dfrac{\overline{PGDP_2}}{\overline{PGDP}}, \cdots, \dfrac{\overline{PGDP_n}}{\overline{PGDP}}\right)$ 作为空间权重矩阵，这里 $n = 31$，$W_2 = \left(w_{ij}^{(2)}\right)_{n \times n}$ 为地理距离权重矩阵，$w_{ij}^{(2)}$ 的定义如下：

$$w_{ij}^{(2)} = \begin{cases} \dfrac{1}{d_{ij}^2}, & 若 i \neq j \\ 0, & 若 i = j \end{cases} \tag{6.2}$$

其中，d_{ij} 表示地区 i 与地区 j 之间的空间地理距离，$\overline{PGDP_i}$ 表示考察期内地区 i 的人均地区生产总值，$\overline{PGDP}$ 表示考察期内全国人均 GDP 值，$diag$ 表示对角阵。

6.3.2 城乡收入差距的空间相关性检验

给定空间权重矩阵 W_3，我们借助 Moran's I 检验和 Geary's C 检验判断我国各省的城乡收入差距是否存在显著的空间相关关系，统计检验结果见表 6-3。

表 6-3　　　　　　　　城乡收入差距的空间相关性检验结果

年份	Moran's I	z值	p值	Geary's C	z值	p值
2011	0.467	5.435	0.000	0.556	−4.498	0.000
2012	0.466	5.436	0.000	0.565	−4.378	0.000
2013	0.460	5.375	0.000	0.571	−4.316	0.000
2014	0.457	5.342	0.000	0.572	−4.298	0.000
2015	0.449	5.241	0.000	0.563	−4.424	0.000
2016	0.441	5.155	0.000	0.567	−4.370	0.000
2017	0.439	5.134	0.000	0.572	−4.317	0.000
2018	0.429	5.038	0.000	0.575	−4.272	0.000
2019	0.421	4.964	0.000	0.582	−4.186	0.000
2020	0.415	4.899	0.000	0.581	−4.194	0.000
2021	0.407	4.818	0.000	0.582	−4.178	0.000
2022	0.397	4.704	0.000	0.594	−4.048	0.001

　　根据表 6-3 的分析结果可以看出，2011—2022 年我国 31 个省（自治区、直辖市）的城乡收入差距的空间 Moran's I 指数和 Geary's C 指数均大于零，且全部通过了显著性水平为 1% 的空间相关性检验，因此可以认为我国各省城乡收入差距存在显著的空间正相关性。

　　为进一步探究我国各省城乡收入差距的局域空间集聚形态，接下来我们采用局部 Moran's I 指数来分析其局部相关性。图 6-2 绘制了我国 31 个省（自治区、直辖市）的城乡收入差距分别在 2011、2014、2018、2022 年的 Moran 散点图。观察散点图发现，大多数省份的观测值在散点图的第一象限（高-高，H-H）与第三象限（低-低，L-L），少量观测值在第二象限（低-高，L-H）和第四象限（高-低，H-L）。这一分布清晰地揭示了我国各省城乡收入差距在空间上呈现出显著的"高值聚集"与"低值聚集"特征，换言之，邻近省区之间的城乡收入差距具有明显的空间依赖和空间聚集。这表明，我国各省的城乡收入差距存在显著的不均衡状态，存在一定的空间相关关系。

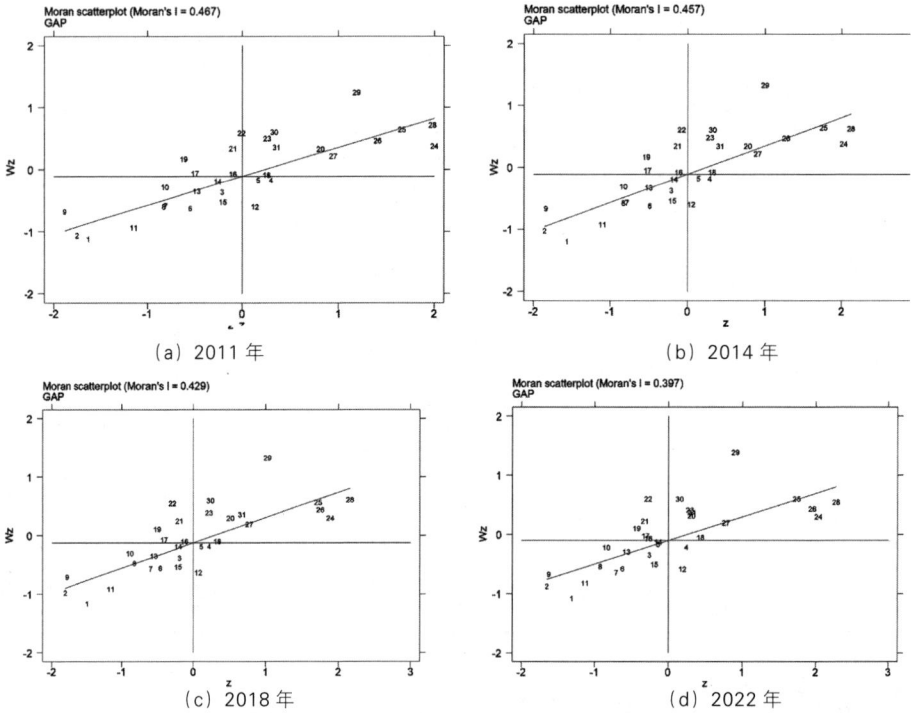

(a) 2011 年　　　　　　　　　　　　(b) 2014 年

(c) 2018 年　　　　　　　　　　　　(d) 2022 年

图6-2　我国31个省（自治区、直辖市）城乡收入差距的 Moran 散点图

6.4　数字普惠金融对城乡收入差距的线性时空影响

6.4.1　模型设定与选择

基于前文分析，本节我们首先构建如下的空间面板模型：

空间面板滞后模型（SAR）：

$$GAP_{it} = \rho \sum_{j=1}^{n} w_{ij} GAP_{jt} + \beta \ln DIFI_{it} + \gamma^{\mathrm{T}} X_{it} + \mu_i + \varepsilon_{it} \tag{6.3}$$

空间面板误差模型（SEM）：

$$GAP_{it} = \beta \ln DIFI_{it} + \gamma^{\mathrm{T}} X_{it} + \mu_i + \varepsilon_{it}, \quad \varepsilon_{it} = \lambda \sum_{j=1}^{n} w_{ij} \varepsilon_{jt} + \nu_{it} \tag{6.4}$$

空间面板杜宾模型（SDM）：

$$GAP_{it} = \rho \sum_{j=1}^{n} w_{ij} GAP_{jt} + \beta \ln DIFI_{it} + \delta \sum_{j=1}^{n} w_{ij} \ln DIFI_{jt}$$
$$+ \gamma^{\mathrm{T}} X_{it} + \phi^{\mathrm{T}} \sum_{j=1}^{n} w_{ij}^{'} X_{jt} + \mu_i + \varepsilon_{it}$$

$$(6.5)$$

这里，$i = 1$，2，$\cdots$，n 表示省份，$t = 1$，2，$\cdots$，T 表示年份，GAP 表示城乡收入差距，$\ln DIFI$ 为数字普惠金融总指数的对数，X_{it} 为由控制变量所构成的向量，$W = \left(w_{ij} \right)_{n \times n}$ 表示空间权重矩阵，用于刻画不同空间单元之间的相互影响关系，空间相关系数 ρ 衡量这种影响的强度和方向，β 和 δ 为核心解释变量的回归系数，γ 和 ϕ 为控制变量的回归系数，μ_i 为个体固定效应，ε_{it} 表示随机误差项。

首先我们运行 LM 检验和 Robust LM 检验。由表 6-4 展示的检验结果可以看出，运用 LM 检验方法，空间面板误差模型和空间面板滞后模型均通过了 1% 的显著性检验，然而在运用 Robust LM 检验后，空间面板误差模型没有通过 1% 的显著性检验，而空间面板滞后模型通过了 1% 的显著性检验，故最后确定选用空间面板滞后模型。

表6-4　　　　　　　　　　LM检验统计量及统计表值

模型	检验方法	统计量	p值
空间面板误差模型	LM	43.204	0.000
	Robust LM	0.389	0.533
空间面板滞后模型	LM	77.825	0.000
	Robust LM	35.009	0.000

面板模型分为固定效应面板模型和随机效应面板模型两种，为确定哪一个模型最优，接下来运用 Hausman 检验。表 6-5 展示的 Hausman 检验结果中，统计量的样本值为 28.52，对应的 p 值为 0.000，这表明模型通过了 1% 的显著性检验，因此应选择固定效应空间面板滞后模型（6.3）。

表6-5	Hausman检验结果	
检验方法	统计量	p值
Hausman	28.52	0.001

6.4.2　数字普惠金融对城乡收入差距的线性影响分析

本节我们假定核心解释变量为数字普惠金融总指数，然后运行模型（6.3），来研究数字普惠金融总指数对城乡收入差距的影响，分析结果见表6-6。此外，考虑到中国不同区域的数字普惠金融发展程度和城乡收入差距状况均有所不同，将我国各省份按地域划分为东部、中部和西部三个地区，分别运用模型（6.3），探讨三个不同地带的数字普惠金融总指数对该地区城乡收入差距的差异性，分析结果亦列于表6-6。

表6-6　　数字普惠金融总指数对城乡收入差距的线性影响分析

变量	全国	东部	中部	西部
$\ln DIFI$	-0.002^{***} (-2.64)	-0.004^{**} (-2.03)	-0.001 (-0.64)	-0.001 (-0.65)
$\ln PGDP$	-0.013^{***} (-5.37)	-0.012^{**} (-2.07)	-0.024^{***} (-5.50)	-0.024^{***} (-6.43)
EDU	0.053^{***} (4.65)	0.042^{*} (1.89)	-0.065^{**} (-2.51)	0.013 (0.74)
IS	-0.012^{*} (-1.83)	-0.054^{***} (-2.72)	-0.001 (-0.12)	-0.034^{***} (-3.76)
$Nongye$	-0.186^{***} (-8.22)	0.123 (1.42)	-0.083^{**} (-2.47)	-0.354^{***} (-9.85)
GOV	0.033^{***} (3.98)	-0.033 (-1.15)	-0.021 (-0.92)	0.025^{***} (2.99)
ρ	0.833^{***} (23.63)	0.355^{***} (3.29)	0.350^{***} (3.54)	0.609^{***} (9.19)
N	372	132	96	144
R^2	0.862	0.737	0.941	0.970
$\log L$	1494.328	518.124	420.093	610.068

注：***、**、*对应的显著性水平分别为1%、5%、10%；括号内的数值为z统计量样本值。

首先从全国层面来分析数字普惠金融总指数及其他控制变量对我国城乡收入差距的线性时空影响。由表6-6的分析结果可以发现，数字普惠金融总指数对我国各省城乡收入差距起到了显著的负向抑制作用，这表明数字普惠金融发展能够有效缩小我国城乡收入差距。对于其他控制变量，经济发展、产业结构优化和农业发展均对我国城乡收入差距起到了显著的负向抑制效应，能够有效地缩小我国城乡收入差距，而教育水平和政府干预程度对我国城乡收入差距却起到了显著的正向拉大作用。产生这种现象的主要原因可能是我国城乡教育资源的不均衡分配，农村地区的教育投入和发展相对滞后，导致农村居民的教育机会和教育质量受限，进一步影响了他们的就业能力和收入水平。同时，政府在资源分配和政策制定上可能存在偏向城市或某些特定群体的倾向，加剧了城乡之间的不公平。这些因素共同作用，扩大了城乡收入差距。要解决这个问题，需要政府加大对农村教育的投入，提高农村教育质量，并加强政策公平性，确保教育资源在城乡之间公平分配。

接下来按划分的东中西部三大地带来详细讨论数字普惠金融总指数及其他控制变量对各地区的城乡收入差距的影响。

对于东部地区，由表6-6的分析结果可以发现，数字普惠金融发展对东部地区的城乡收入差距产生了显著的负向抑制作用，这表明东部地区数字普惠金融与经济发展促进城乡资源均衡配置，从而有效缩小了东部地区的城乡收入差距。对于其他控制变量，地区经济发展和产业结构优化均对东部地区的城乡收入差距产生了显著的负向抑制作用，这表明，产业结构优化能够有助于东部地区优化就业结构，从而缩小城乡收入差距。然而，我们也要看到，教育水平提高对东部地区城乡收入差距起到了显著的正向拉大作用，这提示我们，教育水平虽普遍提升，但教育资源城乡分配不均，高学历人才向城市集中，反而扩大了城乡收入差距。因而，对于东部地区，我们需要优化教育资源配置，并结合数字普惠金融与经济发展，以更全面地缩小东部城乡收入差距。

对于中部和西部地区，由表6-6的分析结果可以发现，数字普惠金融发展能够有助于缩小城乡收入差距，然而这种减贫效应并不显著。这可能是由于中部和西部地区金融基础设施相对薄弱，数字普惠金融的覆盖和渗透能力有限；

另外，这些地区的城乡居民收入差距较大，且农村居民金融素养普遍较低，限制了他们对数字普惠金融的利用；再加上地区经济发展相对滞后，金融资源分配不均衡，使得数字普惠金融的发展在短期内难以迅速产生显著效果。此外，地区经济发展和农业发展均能显著地缩小中部和西部地区的城乡收入差距，而产业结构调整亦能缩小城乡收入差距，但产业结构调整的减贫效应仅对西部地区比较显著，对于中部地区并不显著。其原因可能是中部地区产业结构以制造业为主，相对平衡，调整空间较大，对城乡收入差距影响较小。对于其他控制变量，例如教育水平，其仅对中部地区城乡收入差距产生显著的抑制效应，对于西部地区反而产生拉大效应（尽管这种拉大效应不显著）。其原因可能是中部地区教育资源相对均衡，教育普及提高了农村人口素质与就业能力，促进了农村经济发展；而西部地区教育资源分配不均，高素质人才可能更多地向城市集中，导致农村人才流失，反而拉大了城乡差距。

6.4.3 数字普惠金融的三个维度对城乡收入差距的线性影响分析

本节分别假定核心解释变量为数字普惠金融的覆盖广度（WID）、使用深度（DEP）和数字化程度（DIG），构建如下的空间面板滞后模型：

覆盖广度：$GAP_{it} = \rho \sum_{j=1}^{n} w_{ij} GAP_{jt} + \beta \ln WID_{it} + \gamma^{\mathrm{T}} X_{it} + \mu_i + \varepsilon_{it}$ （6.6）

使用深度：$GAP_{it} = \rho \sum_{j=1}^{n} w_{ij} GAP_{jt} + \beta \ln DEP_{it} + \gamma^{\mathrm{T}} X_{it} + \mu_i + \varepsilon_{it}$ （6.7）

数字化程度：$GAP_{it} = \rho \sum_{j=1}^{n} w_{ij} GAP_{jt} + \beta \ln DIG_{it} + \gamma^{\mathrm{T}} X_{it} + \mu_i + \varepsilon_{it}$ （6.8）

然后分别运行模型（6.6）—（6.8）来研究数字普惠金融的三个维度对全国31个省（自治区、直辖市）的城乡收入差距以及东部、中部和西部三个地区的城乡收入差距的影响，分析结果见表6-7。

由表6-7的分析结果可以发现，在固定效应空间面板滞后模型下，数字普惠金融的覆盖广度和使用深度在全国范围内均有助于缩小城乡收入差距，但具体效应存在区域差异。覆盖广度的显著抑制效应主要在全国和东部地区显现，这是因为东部地区经济发达，数字基础设施完善，普惠金融更易发展。而中部和西部地区受限于经济和基础设施，覆盖广度的扩展效果比较有限。使用深度

表6-7　　　数字普惠金融的三个维度对城乡收入差距的线性影响分析

变量	全国	东部	中部	西部
$\ln WID$	-0.002^{***} (-4.13)	-0.008^{***} (-4.09)	-0.001 (-1.44)	-0.001 (-1.40)
$\ln DEP$	-0.002^{**} (-2.34)	-0.002 (-1.21)	-0.000 (-0.33)	-0.001 (-0.73)
$\ln DIG$	0.001^{*} (1.68)	0.002^{*} (1.79)	0.000 (0.38)	0.000 (0.21)

注：***、**、*对应的显著性水平分别为1%、5%、10%；括号内的数值为z统计量样本值。

的全国层面显著效应则可能因数据整合时全国范围内的均衡性。当具体到某个区域时，因各地数字素养、金融习惯等存在一定的差异性，导致使用深度的直接减贫效应被稀释。因此，需针对不同区域特点，精准施策，以最大化数字普惠金融的减贫效应。最后，无论是从全国层面，还是分区域来看，数字化程度对于城乡收入差距均有着拉大的作用，而且这种拉大效应在10%的显著性水平下，对于全国和东部地区更为显著。这可能是因为：一方面，数字技术的应用和资源的集中往往优先于经济发达的城市地区，导致农村在数字化进程中相对滞后；另一方面，数字鸿沟的存在使得农村居民难以平等地获取和使用数字资源和服务，限制了其收入增长机会。东部地区作为经济发展的先行区，数字化进程更快，城乡间的不平衡也因此更加凸显。因此，缩小城乡数字鸿沟，促进数字资源均衡分配，是缓解数字化拉大城乡收入差距的关键。

6.5　数字普惠金融对城乡收入差距的非线性时空影响——基于半参数空间面板滞后模型

6.5.1　半参数空间面板滞后模型的构建与估计

为更准确测算数字普惠金融与城乡收入差距之间的关系，本节建立如下的半参数空间面板滞后模型：

$$GAP_{it} = \rho \sum_{j=1}^{n} w_{ij} GAP_{jt} + g(\ln DIFI_{it}) + \gamma^{\mathrm{T}} X_{it} + \mu_i + \varepsilon_{it} \tag{6.9}$$

其中，i 表示省份，t 表示年份，GAP 表示城乡收入差距；$g(\cdot)$ 为未知的光滑回归函数，刻画了 i 省的数字普惠金融对该地区城乡收入差距的函数型影响，其他变量和符号如前文所述。易见，当 $g(x) = x$ 时，模型（6.9）则转化为了模型（6.3），因而模型（6.9）比模型（6.3）更为灵活、应用更广泛。模型的具体估计方法见第 2.6.3 节和第 5.5.1 节，在此不再赘述。

6.5.2 数字普惠金融总指数对城乡收入差距的非线性影响分析

类似于第 5.5.1 节，这里我们选取 $L = 4$，$d = 3$，基于全国和东中西部三大区域各省份的样本数据分别运行模型（6.9），所得到的分析结果见表 6-8 及图 6-3。

表 6-8　　数字普惠金融总指数对城乡收入差距的非线性影响分析（参数部分）

变量	全国	东部	中部	西部
$\ln PGDP$	-0.014^{***} (-4.33)	-0.004 (-0.53)	-0.013^{*} (-1.77)	-0.020^{***} (-3.97)
EDU	0.012 (0.83)	0.045^{**} (1.20)	-0.051^{*} (-1.94)	0.025 (1.20)
IS	-0.007 (-0.77)	-0.022^{***} (-0.80)	0.015 (1.16)	-0.026^{**} (-2.26)
$Nongye$	-0.186^{***} (-7.75)	0.159^{*} (1.82)	-0.094^{**} (-2.52)	-0.338^{***} (-9.21)
GOV	0.044^{***} (4.71)	-0.016 (-0.48)	0.028 (0.94)	0.025^{***} (2.62)
ρ	0.750^{***} (22.3)	0.342^{***} (4.37)	0.314^{***} (3.19)	0.517^{***} (7.07)
N	372	132	96	144
R^2	0.989	0.968	0.979	0.990
$\log L$	1496.30	530.02	425.85	612.58

注：***、**、*对应的显著性水平分别为 1%、5%、10%；括号内的数值为 z 统计量样本值。

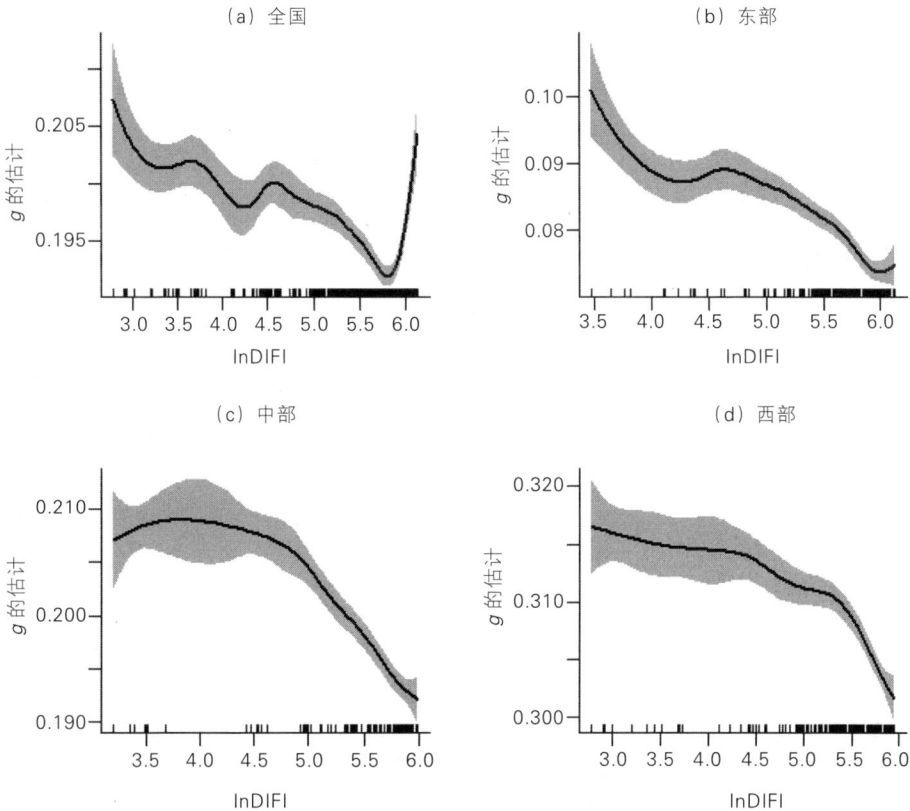

图 6-3 数字普惠金融总指数对城乡收入差距的非线性影响（非参数部分）

由表 6-8 的分析结果可以发现，与模型（6.3）相比，半参数空间面板滞后模型（6.9）有着更大的 R^2 值和更大的 $\log L$ 值，因而可以认为，模型（6.9）要优于模型（6.3）。

首先从全国层面来分析数字普惠金融及其他控制变量对我国城乡收入差距的影响效应。由图 6-3 可以发现，数字普惠金融总指数与城乡收入差距之间呈现出明显的非线性关系。随着数字普惠金融总指数的增大，我国城乡收入差距在缓慢震荡下行。这表明，数字普惠金融发展的确能够缩小城乡收入差距。数字普惠金融通过提升金融服务覆盖率和效率，有效促进了农村经济发展，从而缩小城乡收入差距。然而我们也发现，当数字普惠金融总指数增大到一定程度后，我国城乡收入差距出现了迅速反弹，不降反升的现象。其原因可能是我国地域辽阔，东中西部差异比较大，当数字普惠金融发展至较高阶段时，若未能均衡配置资源，可能导致资金过度集中于城市或高效益领域，农村及小微企业融资难问题未根本解决，加之数字鸿沟扩大，技术门槛阻碍部分弱势群体享受金融服务，反而拉大了城乡收入差距。对于其他控制变量，由表 6-8 的分析结果可以发现，地区经济发展和农业发展均能够有效地缩小我国城乡收入差距，而政府干预程度对我国城乡收入差距起到了正向拉大作用，这些结果与第 6.4 节的分析结论是一致的。此外，产业结构调整虽然也能缩小城乡收入差距，但这种减贫效应并不显著；教育水平对我国城乡收入差距起到了正向拉大作用，但这种拉大效应也不显著，这些结果与第6.4 节的分析结论略有差异。

接下来，按照东中西部分别来探讨数字普惠金融总指数及其他控制变量对各区域城乡收入差距的影响效应。

对于东部地区，由图 6-3（b）可以看出，数字普惠金融总指数与城乡收入差距之间整体上呈震荡递减的关系。在数字普惠金融发展初期，东部地区城乡收入差距迅速下降；在中期阶段，城乡收入差距略有反弹，随后又缓慢下降。初期阶段东部地区城乡收入差距迅速下降的原因在于数字普惠金融的快速发展有效降低了金融服务门槛，提升了金融服务的普及率，使得东部地区城乡居民能更便捷地获取金融服务，从而促进农村经济发展，缩小了城乡收入差距。中期略有反弹可能因资源分配不均或技术门槛导致部分人群未能充分受益，但随后通过政策调整和市场机制完善，城乡收入差距再次缓慢下降。由表 6-8 可以发现，产业结构调整能够显著地缩小城乡收入差距，而教育水平和农业发展水平增大会显著增大城乡收入差距。其原因可能是东部地区虽然整体教育水平较高，但城乡间仍存在显著的教育差距；尽管东部地区经济发达，但农业发展可能未能跟上整体经济增长的步伐，农业部门的生产效率和收入水平相对较低，导致农村居民收入增长缓慢，与城市居民的收入差距拉大。

对于中部地区，由图6-3（c）可以看出，数字普惠金融总指数与城乡收入差距之间整体上呈倒"U"形关系。在数字普惠金融发展的早期阶段，随着总指数的增加，中部地区的城乡收入差距略有增加，但很快开始缓慢减少；随着总指数的进一步增大，城乡收入差距开始加速递减。此外，由表6-8可以发现，地区经济增长水平、教育水平和农业发展水平增加均能显著地缩小中部地区的城乡收入差距。因而对于中部地区，我们应持续发展经济、提高教育水平和大力发展农业经济。

对于西部地区，由图6-3（d）可以看出，数字普惠金融总指数与城乡收入差距之间整体上呈负向的非线性关系。在数字普惠金融发展的早期阶段，随着总指数的增加，西部地区的城乡收入差距缓慢地呈线性递减；随着总指数的进一步增大，城乡收入差距开始加速递减。这表明数字普惠金融对缩小西部地区城乡收入差距具有显著作用，且效果随发展程度加深而增强。此外，由表6-8可以发现，地区经济增长、产业结构调整和农业发展均能显著地缩小西部地区的城乡收入差距。因而对于西部地区，我们应持续发展经济、加大产业结构调整和大力发展农业经济。但我们也要注意到，政府干预增加对于西部地区的城乡收入差距起到了显著增大的作用，这可能与政府的干预方式、资源配置效率及市场机制的关系处理不当有关。

6.5.3 数字普惠金融的三个维度对城乡收入差距的非线性影响分析

下面我们研究数字普惠金融的三个维度对城乡收入差距的非线性时空影响。为此，本节建立如下的半参数空间面板杜宾模型：

覆盖广度：$GAP_{it} = \rho \sum_{j=1}^{n} w_{ij} GAP_{jt} + g_1(\ln WID_{it}) + \gamma^{\mathrm{T}} X_{it} + \mu_i + \varepsilon_{it}$ （6.10）

使用深度：$GAP_{it} = \rho \sum_{j=1}^{n} w_{ij} GAP_{jt} + g_2(\ln DEP_{it}) + \gamma^{\mathrm{T}} X_{it} + \mu_i + \varepsilon_{it}$ （6.11）

数字化程度：$GAP_{it} = \rho \sum_{j=1}^{n} w_{ij} GAP_{jt} + g_3(\ln DIG_{it}) + \gamma^{\mathrm{T}} X_{it} + \mu_i + \varepsilon_{it}$ （6.12）

其中，$g_1(\cdot)$、$g_2(\cdot)$和$g_3(\cdot)$为未知的光滑回归函数，分别刻画了省份i的覆盖广度、使用深度和数字化程度对该地区的城乡收入差距的函数型影响，其他变量和符号如前文所述。

    基于全国和东中西部三大区域各省份的样本数据分别运行模型（6.10）—（6.12），所得到的分析结果见图6-4至图6-6。

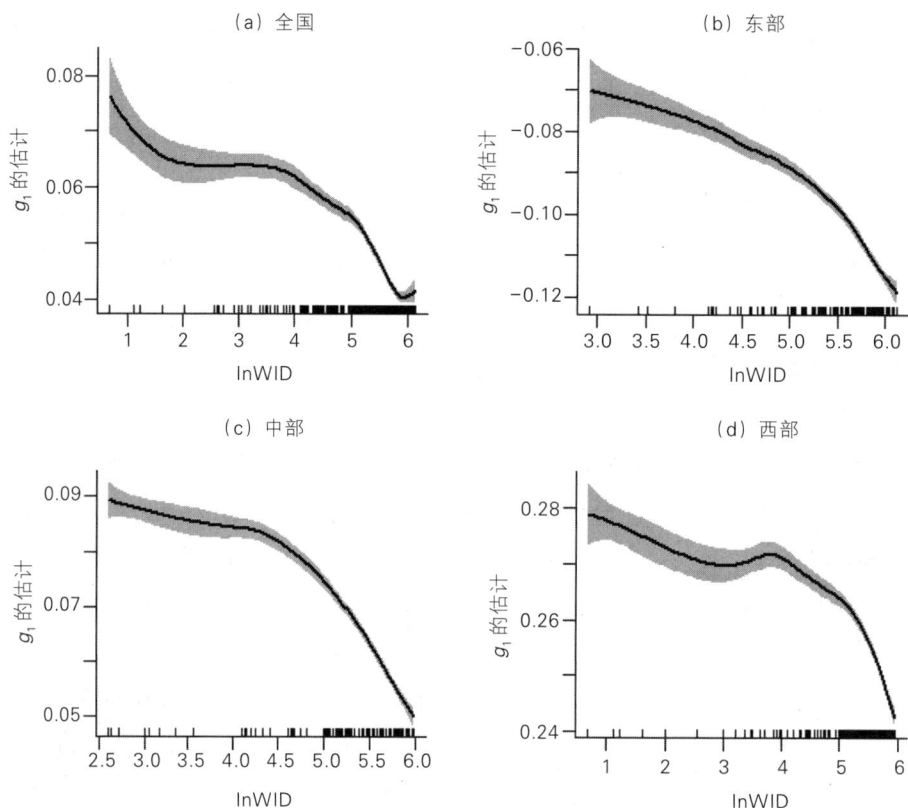

图6-4　覆盖广度对城乡收入差距的非线性影响（非参数部分）

    首先，分析一下数字普惠金融覆盖广度与城乡收入差距之间的关系。由图6-4可以看出，无论是从全国层面，还是分区域来看，数字普惠金融的覆盖广度的增加均能有显著缩小城乡收入差距的效应，而且随着数字普惠金融的持续发展，这种减贫效应会加速增强。这一发现表明，数字普惠金融在促进经济均衡发展中起到了重要作用，为缩小城乡经济差距、推动共同富裕提供了强有力的金融支持。

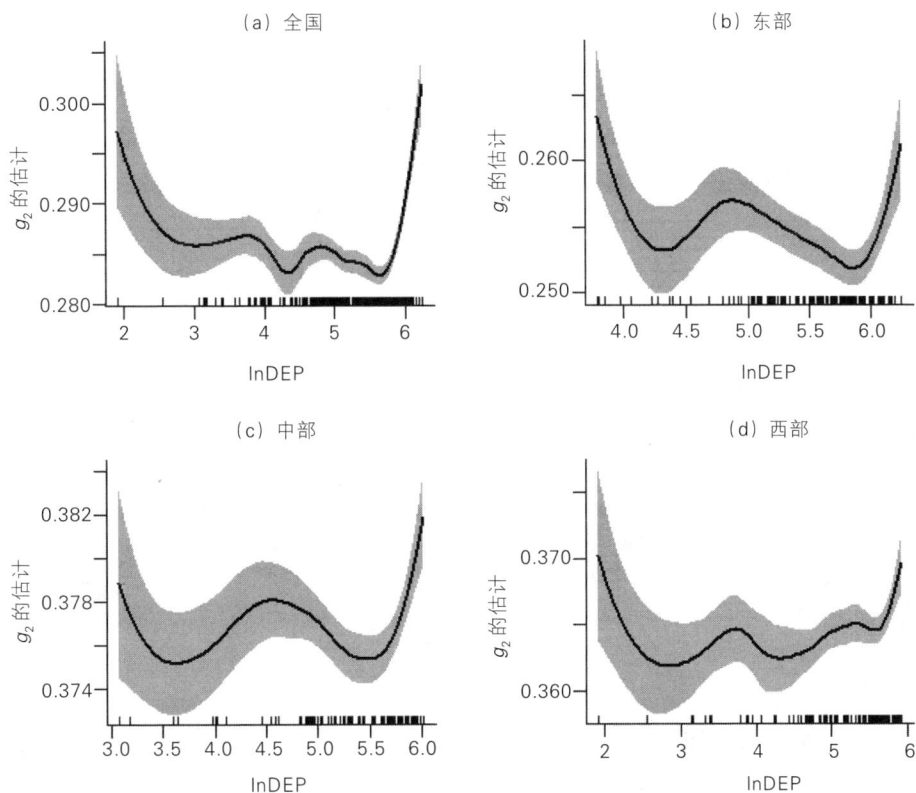

图6-5　使用深度对城乡收入差距的非线性影响（非参数部分）

接下来，分析一下数字普惠金融使用深度与城乡收入差距之间的关系。由图6-5可以看出，无论是从全国层面，还是分区域来看，数字普惠金融使用深度与城乡收入差距之间并非一种简单的线性相关，而是有着复杂的非线性关系。具体而言，从全国层面来看，由图6-5（a）可以发现，数字普惠金融的使用深度与城乡收入差距之间呈显著的"U"形关系。在数字普惠金融发展初期，随着使用深度的增大，城乡收入差距迅速减小，展示了数字普惠金融的减贫作用；然而，随着数字普惠金融的持续发展，这种减贫效应逐渐减弱；当数字普惠金融发展到一定阶段后，使用深度的继续加深，反而导致城乡收入差距的扩大。若分区域来看，由图6-5（b）至图6-5（d）可以看出，对于东部、

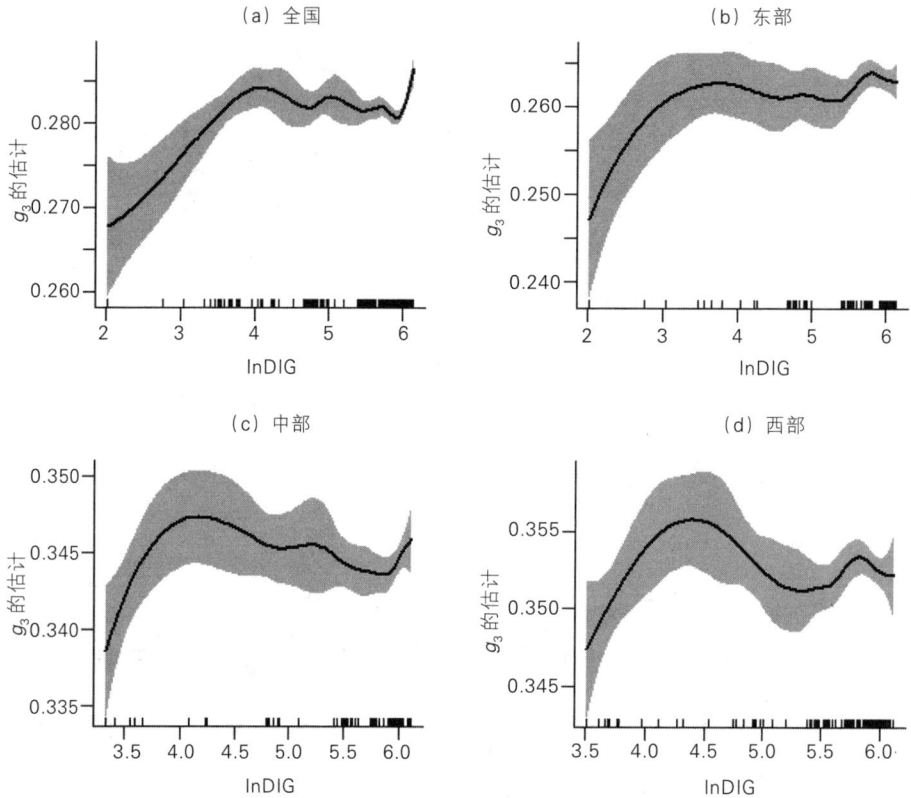

图6-6　数字化程度对城乡收入差距的非线性影响（非参数部分）

中部和西部地区，随着使用深度的增加，城乡收入差距先缩小、后扩大，再缩小，形成了类似"W"形的曲线。这是因为，在数字普惠金融发展的初期阶段，其主要作用是拓宽金融服务的覆盖面，降低金融服务门槛，使得更多农村居民能够享受到便捷的金融服务。这一阶段，随着使用深度的增加，农村居民能够更有效地利用金融资源进行生产、消费和投资，从而增加收入来源，缩小与城镇居民的收入差距。然而，随着数字普惠金融的进一步发展，其使用深度的加深可能带来一些新的挑战。一方面，数字普惠金融的数字化程度不断加深，对使用者的金融素养和技术能力提出了更高要求。由于城镇居民相对于农村居民往往具有更高的金融素养和更强的技术能力，他们可能更能充分利用数字普惠金融的优势，进一步增加收入。而农村居民则可能由于自身条件的限制，难以充分享受数字普惠金融带来的好处，从而与城镇居民的收入差距再次拉大。另一方面，数字普惠金融的发展也可能吸引更多的城市资金和人才流入，进一步加剧城乡发展的不平衡。这种资源的不均衡分配可能导致农村地区的经济发展相对滞后，从而加剧城乡收入差距。在数字普惠金融发展的后期阶段，随着政策的调整和市场机制的完善，城乡之间的资源分配可能逐渐趋于均衡。同时，农村居民的金融素养和技术能力也可能随着教育和培训的增加而得到提高，使他们能够更好地利用数字普惠金融的优势。此外，政府和社会各界也可能加大对农村地区的支持力度，促进农村经济发展和金融服务的普及。在这些因素共同作用下，城乡收入差距可能会再次缩小。值得注意的是，东部、中部和西部地区在数字普惠金融发展方面存在明显的区域差异。东部地区和中部地区由于经济基础较好、技术水平较高，数字普惠金融的发展可能更为迅速和深入；而西部地区则可能面临更多的挑战和限制，因而西部地区的"W"形曲线的波动更为剧烈。综上所述，东部、中部和西部地区数字普惠金融的使用深度与城乡收入差距之间呈显著的"W"形关系。这一现象反映了数字普惠金融在不同区域和不同阶段对城乡收入差距的复杂影响。为了充分发挥数字普惠金融在缩小城乡收入差距方面的作用，需要政府、金融机构和社会各界共同努力，加强政策引导、技术创新和人才培养等方面的支持。

最后，分析一下数字普惠金融数字化程度与城乡收入差距之间的关系。由图6-6可以看出，无论是从全国层面，还是分区域来看，数字普惠金融数字化程度与城乡收入差距之间并非一种简单的线性相关，而是有着复杂的非线性关系。在数字普惠金融发展初期，随着数字化程度的深入发展，城乡收入差距会迅速增大；当数字普惠金融发展到一定阶段后，随着数字化程度的加深，城乡收入差距缓慢下降。由此可见，数字普惠金融数字化程度与城乡收入差距之间的关系呈现出一种复杂的非线性动态关系。在初期阶段，随着数字化技术的快速推进，且由于城乡间基础设施、教育资源及信息技术应用能力的差异，城市居民往往能更快、更全面地接入并利用这些数字金融工具，从而获得更多的经济机会和收益，导致城乡收入差距迅速扩大。这主要是由于"数字鸿沟"的存在，使得农村居民在享受数字金融服务方面相对滞后。然而，随着数字普惠金融的持续发展，政策引导、技术进步和市场机制的共同作用逐渐显现。一方面，政府加大对农村地区的支持力度，推动金融基础设施建设，提升农村居民的数字素养和信息技术应用能力；另一方面，金融机构不断创新服务模式，开发适合农村市场的数字金融产品和服务，使得农村居民也能有效享受数字金融带来的便利和实惠。这些措施促进了农村经济的多元化发展，提高了农村居民的收入水平，从而逐步缩小了与城市居民的收入差距。因此，在数字普惠金融发展到一定阶段后，随着数字化程度的进一步加深，城乡收入差距开始缓慢下降。

6.6　本章小结

本章基于2011—2022年我国31个省（自治区、直辖市）的样本数据，研究了数字普惠金融与城乡收入差距之间的关系。首先，对我国各省城乡收入差距的发展现状进行了分析；其次，运用Moran's I检验研究了各省城乡收入差距的空间相关性问题，并运用LM检验和Hausman检验来确定建立空间面板滞后模型；接下来，运用空间面板滞后模型分析了数字普惠金融对城乡收入差距的线性时空效应；最后，通过构建半参数空间面板滞后模型探讨了数字普惠金融对城乡收入差距的非线性时空效应。研究结果表明：

第一，数字普惠金融总指数及其覆盖广度和使用深度对城乡收入差距具有显著的负向影响，能够有效缩小城乡收入差距。然而，数字化程度的加深却加剧了城乡收入不平衡现象。这表明，数字普惠金融的普惠性和便利性能够提升农村地区的金融服务水平，促进农村经济发展，从而缩小城乡收入差距。但数字技术的应用和资源集中往往优先城市地区，导致农村在数字化进程中相对滞后，加剧了城乡数字鸿沟，从而拉大了城乡收入差距。此外，数字普惠金融对城乡收入差距的影响存在非线性动态特征。随着数字普惠金融的发展，其对城乡收入差距的影响呈现出先缩小后扩大的趋势。在发展初期，数字普惠金融通过扩大覆盖范围和增强使用深度，有效降低了金融服务门槛，提升了金融服务的普及率，促进了农村经济发展，从而缩小了城乡收入差距。然而，随着数字普惠金融的进一步发展，其使用深度的加深可能带来一些新的挑战，例如数字鸿沟的扩大和技术门槛的阻碍，导致部分农村居民难以充分享受数字普惠金融带来的好处，从而与城镇居民的收入差距再次拉大。

第二，数字普惠金融对城乡收入差距的影响存在显著的区域差异。东部、中部和西部地区由于经济发展水平、基础设施建设、教育资源分布以及居民收入水平等方面的不同，其数字普惠金融的发展状况及其对城乡收入差距的影响也呈现出明显的区域异质性。在东部地区，由于经济基础雄厚、信息化水平高、金融资源丰富，数字普惠金融的发展起步较早且速度较快。这些有利条件使得东部地区能够更早地享受到数字普惠金融带来的红利，城乡收入差距相对较小且呈现逐步缩小的趋势。然而，在中部和西部地区，由于经济相对落后、信息化程度低、金融资源匮乏，数字普惠金融的发展相对滞后，其对城乡收入差距的缩小作用也相对有限。但随着国家政策的大力扶持和基础设施的不断完善，中部和西部地区的数字普惠金融有望迎来快速发展期，其对城乡收入差距的缩小作用也将逐渐显现。东部地区数字普惠金融对城乡差距的影响呈现震荡递减的趋势，中部地区呈现倒"U"形关系，西部地区则呈现向下递减的趋势。这表明，数字普惠金融在不同区域的影响机制和发展阶段存在差异，需要根据不同地区的实际情况制定差异化的政策。

第三，除了数字普惠金融指数外，本章还考察了经济发展水平、产业结构调整、教育水平、农业发展水平和政府干预程度等控制变量对城乡收入差距的影响，主要发现如下：经济发展水平的提高对城乡收入差距具有显著的负向影响，即经济发展能够有效缩小城乡收入差距。这可能是因为经济发展会带动就业机会增加、收入水平提高，从而缩小城乡居民的收入差距。产业结构调整对城乡收入差距的影响存在区域差异。在东部地区，产业结构调整能够显著地缩小城乡收入差距，而在中部和西部地区，产业结构调整对城乡收入差距的影响不显著。这可能是因为东部地区的产业结构调整更加成熟，能够有效促进就业结构优化和居民收入提高，而中部和西部地区产业结构调整的空间和难度较大。教育水平对城乡收入差距的影响存在区域差异。在东部地区，教育水平对城乡收入差距具有显著的正向影响，即教育水平的提高会拉大城乡收入差距。这可能是因为东部地区教育资源分配不均，高学历人才向城市集中，导致农村人才流失，从而拉大了城乡差距。而在中部和西部地区，教育水平对城乡收入差距的影响不显著，这可能是因为教育资源相对均衡，教育普及提高了农村人口素质与就业能力，促进了农村经济发展。农业发展水平的提高对城乡收入差距具有显著的负向影响，即农业发展能够有效缩小城乡收入差距。这可能是因为农业发展能够增加农民收入，促进农村就业，从而缩小城乡居民的收入差距。政府干预程度对城乡收入差距的影响存在区域差异。在东部地区，政府干预程度对城乡收入差距具有显著的正向影响，即政府的干预会拉大城乡收入差距。这可能是因为政府的干预方式、资源配置效率与市场机制的关系处理不当，加剧了城乡发展的不平衡。而在中部和西部地区，政府干预程度对城乡收入差距的影响不显著，这可能是因为政府的干预方式和资源配置效率有所改善。

总之，缩小城乡收入差距是一个复杂的系统工程，而探讨数字普惠金融与城乡收入差距之间的关系具有重要的理论和现实意义，未来需要进一步深入研究和探索，以推动数字普惠金融健康发展，使其更好地服务于农村地区，助力乡村振兴，实现人民共同富裕。

基于上述分析，提出以下几点建议：

第一，加强数字基础设施建设，提高农村地区网络覆盖率。数字普惠金融的发展高度依赖互联网和数字技术的普及。因此，政府应加大对农村地区网络基础设施的投资，提高宽带普及率和网络速度，确保农村居民能够便捷地接入互联网，享受数字金融服务。同时，推动移动支付、电子银行等数字化金融工具在农村地区的广泛应用，降低金融服务的使用门槛。

第二，创新金融产品与服务，满足农村多样化金融需求。金融机构应根据农村地区的实际情况，开发适应农村经济特点和农民需求的金融产品和服务。例如，推广小额信贷、农业保险等金融产品，支持农民创业和农业生产。同时，利用大数据、人工智能等技术手段，提高风险评估和信贷审批效率，降低农民获取金融服务的成本。

第三，提升农村居民数字素养与金融知识水平。数字普惠金融的发展需要农村居民具备一定的数字素养和金融知识。因此，政府应加大对农村居民的教育培训力度，通过开设数字金融培训课程、举办金融知识讲座等方式，提高农村居民的数字技能和金融风险防范意识。同时，金融机构也应提供便捷的咨询服务，解答农村居民在使用数字金融工具过程中遇到的问题。

第四，实施差异化政策，促进区域均衡发展。由于各地区经济基础和数字基础设施建设存在差异，发展数字普惠金融需要实施差异化政策。政府应加大对中西部地区和农村地区的政策倾斜和资金支持，推动这些地区数字普惠金融的快速发展。同时，鼓励东部地区与中西部地区的交流合作，共享数字普惠金融发展的经验和成果。

第五，加强监管与风险防范，保障数字普惠金融健康发展。在推动数字普惠金融发展的同时，政府应加大对金融机构的监管力度，防范金融风险。建立健全数字普惠金融的法律法规体系，明确金融机构的责任和义务。加强对金融数据的保护和管理，防止信息泄露和滥用。同时，建立健全风险预警和应急处置机制，确保数字普惠金融在健康稳定的环境中发展。

综上所述，发展数字普惠金融对于缩小城乡收入差距具有重要意义。通过加强数字基础设施建设、创新金融产品与服务、提升农村居民数字素养与金融知识水平、实施差异化政策以及加强监管与风险防范等措施，可以有效推动数字普惠金融的发展，进而促进城乡经济均衡发展。

第7章　数字普惠金融与居民消费

7.1　引言

在全球经济数字化的大背景下，数字普惠金融作为一种新型的金融服务模式，正以其独特的优势逐渐渗透到经济生活的各个领域。它通过技术创新降低了金融服务的门槛，使得更多偏远地区和低收入群体能够享受到便捷、高效的金融服务。居民消费作为拉动经济增长的重要力量，其与数字普惠金融之间的关系成为经济学研究的热点。本章旨在探讨数字普惠金融对居民消费的经济影响效应，以期揭示两者之间的相互作用机制。

居民消费水平是衡量一个国家居民生活质量和经济发展水平的重要指标。传统金融体系在服务居民消费方面存在一定的局限性，如服务覆盖面不足、信贷歧视等问题，这限制了居民消费潜力的释放。数字普惠金融的兴起，为解决这些问题提供了新的可能。数字普惠金融通过移动支付、网络贷款等手段，极大地提高了金融服务的可达性和便捷性，从而对居民消费产生积极影响。然而，数字普惠金融与居民消费之间并非简单线性关系。一方面，数字普惠金融的发展可能会通过增加信贷供给、降低交易成本等方式直接促进居民消费；另一方面，数字普惠金融也可能通过改善居民收入预期、提高金融素养等间接途径影响居民消费。此外，数字普惠金融的过度发展也可能带来一定的风险，如信贷过度扩张、金融不稳定等，这些都可能对居民消费产生非线性影响。

基于此，本章创新性地采用半参数空间面板模型，对数字普惠金融与居民消费之间的非线性关系进行实证研究。半参数空间面板模型能够较好地处理地区间的空间依赖性和异质性，以及变量间的非线性特征，为分析数字普惠金融的非线性经济效应提供了有力的工具。通过本章的研究，我们期望能够为理解数字普惠金融如何影响居民消费提供新的视角，并为政策制定者提供参考，以更好地发挥数字普惠金融在促进居民消费、推动经济增长中的作用。

7.2　变量选择、数据来源及描述性统计分析

7.2.1　变量选择

（1）被解释变量

本章我们选取居民人均消费支出（*Consume*）作为被解释变量，代表居民消费水平。居民人均消费支出是指居民个人和家庭用于生活消费以及集体用于个人消费的全部支出，能够反映一个国家或地区居民的生活水平和消费结构，反映出一个社会的经济不平等程度，对研究经济增长、社会稳定以及政策制定等具有重要意义。本章以居民消费总支出与该地区常住人口的比值来表示居民人均消费支出。

（2）核心解释变量

我们选取北京大学数字金融研究中心发布的数字普惠金融指数作为核心解释变量。该指数包含总指数（DIFI）和三个分维度指数：覆盖广度（WID）、使用深度（DEP）和数字化程度（DIG），这三个分维度指数分别从三个方面综合测算了数字普惠金融的发展状况。其中，覆盖广度由金融机构的网点数量和网络覆盖率构成；使用深度由金融机构提供的网络信贷产品数量和可获得性构成；数字化程度由金融机构运用的互联网技术等对信贷业务进行数字化程度测度得到。

（3）控制变量

借鉴已有相关研究，本章选取以下控制变量：

经济发展水平（*PGDP*）：居民消费水平与经济发展密切相关，消费增长是经济增长的重要推力，反过来经济增长也能促进居民消费水平的提高，二者相辅相成。本章选用各地区人均地区生产总值衡量经济发展水平。

教育水平（*EDU*）：不同教育背景的人群在消费能力和消费需求方面往往存在显著差异，因此教育水平是影响居民消费水平的重要因素。本章选用受高等教育人数占地区总人口的比重衡量教育水平。

城镇化水平（*Urbanization*）：居民消费水平与城镇化水平往往呈正相关。一方面，高城镇化水平地区的完善的产业结构能够拉动居民收入增长；另一方面，城市更加丰富多元的消费场景拉动居民消费需求的提高，这都能够推动居民消费水平的提高（范兆媛，2019）。本章使用城镇化率（城镇人口与地区年末总人口的比值）衡量各地区的城镇化水平。

政府干预程度（*GOV*）：政府可通过制定相关政策及财政支出从供需两端入手，调节消费环境，影响居民消费行为，进而影响居民消费水平。本章使用各地区政府财政支出与地区生产总值的比值衡量政府干预程度。

产业结构调整（*IS*）：产业结构调整有助于提高劳动生产率，从而促进了地区经济增长，增加居民收入，进而提升居民消费水平。本章采用第二、三产业增加值总和占地区生产总值的比例来刻画产业结构的变化。

相关变量选取、符号、名称及描述如表7-1所示。

表7-1 变量定义、符号及描述

变量类型	变量符号	变量名称	变量描述
被解释变量	*Consume*	居民消费支出	居民消费支出与该地区常住人口的比值
核心解释变量	*DIFI*	数字普惠金融总指数	北京大学数字普惠金融指数
	WID	覆盖广度	
	DEP	使用深度	

续表

变量类型	变量符号	变量名称	变量描述
核心解释变量	*DIG*	数字化程度	北京大学数字普惠金融指数
控制变量	*PGDP*	经济发展水平	人均地区生产总值
	EDU	教育水平	受高等教育人数占地区总人口的比例
	Urbanization	城镇化水平	城镇人口占年末总人口的比例
	GOV	政府干预程度	政府公共财政支出占地区生产总值的比例
	IS	产业结构调整	第二、三产业增加值总和占地区生产总值的比例

7.2.2　数据来源及描述性统计分析

考虑数据的可得性，本章选取 2011—2022 年我国 31 个省（自治区、直辖市）（不含香港、澳门和台湾地区）的面板数据进行实证分析。北京大学数字普惠金融指数的数据来源于北京大学数字金融研究中心，其他变量的数据均来源于国家统计局官网、中国统计年鉴和 Wind 数据库。被解释变量、核心解释变量与控制变量的描述性统计结果见表 7-2。

表 7-2　　　　　　　　　　变量的描述性统计

变量	样本量	平均值	标准差	最小值	最大值
Consume	372	17 748.772	7 745.779	5 063.000	48 879.000
DIFI	372	242.876	107.644	16.220	460.690
WID	372	226.011	110.703	1.960	455.930
DEP	372	235.600	107.402	6.760	510.690
DIG	372	311.795	117.835	7.580	467.170
PGDP	372	58 029.430	30 419.284	16 024.000	189 988.000

续表

变量	样本量	平均值	标准差	最小值	最大值
EDU	372	0.150	0.077	0.024	0.505
Urbanization	372	0.592	0.130	0.227	0.896
GOV	372	0.291	0.205	0.105	1.354
IS	372	0.903	0.052	0.742	0.998

从表 7-2 中可以看出，*Consume* 和 *PGDP* 的样本数据有着非常大的差异性，这种大的差异性会导致我们的统计结果不准确。为了消除这种差异性对统计分析结果带来的影响，我们对其进行对数化处理。经过对数化处理后，ln *Consume* 的样本数据在 8.529 至 10.797 之间，均值为 9.700，标准差为 0.406；ln *PGDP* 的样本数据在 6.716 至 11.772 之间，均值为 9.775，标准差为 1.008。此外，我们对 *DIFI*、*WID*、*DEP*、*DIG* 亦作对数化处理。

图 7-1 和图 7-2 分别描述了我国各省居民消费水平及环比增长率在 2011—2022 年间的变化情况。观察图 7-1 中可以发现，平均来看，2011 年至 2019 年期间，全国居民消费水平一直处于增长状态，由 2011 年的 10 959.55 元持续上升到 2019 年的 21 560.00 元，在 2019 年之后，我国各省居民消费水平有所回落，但随后又开始攀升，在 2021 年之后开始趋于平稳。此外，东部地区的居民消费水平始终最高，高出全国平均消费水平约 34%，而中部地区和西部地区的居民消费水平常年低于全国平均消费水平，分别低约 16% 和 20%，其中，西部地区的居民消费水平是最低的。这表明我国东中西部地区的居民消费水平虽然发展势头良好，但发展很不平衡，存在非常大的差异性。从图 7-2 来看，在 2011—2017 年，全国居民消费水平和东中西部地区的居民消费水平的增长速度均呈现出缓慢递减的走势。在 2017 年之后，尽管居民消费水平增长速度略有反弹，但很快又出现递减趋势，特别是在 2019 年之后出现大幅震荡。这可能与我国的经济状态有关。此外，东中西部的居民消费水平的增长速度交替

领先，但差距很小。这表明我国各省的居民消费水平虽然存在很大的差异，但同时期的增长幅度却很相近。

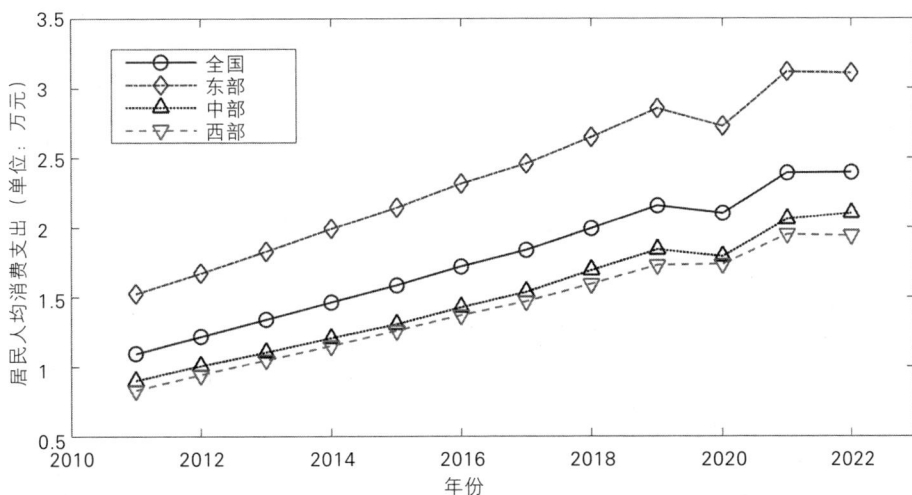

图7-1 2011—2022年我国各省居民消费水平发展趋势

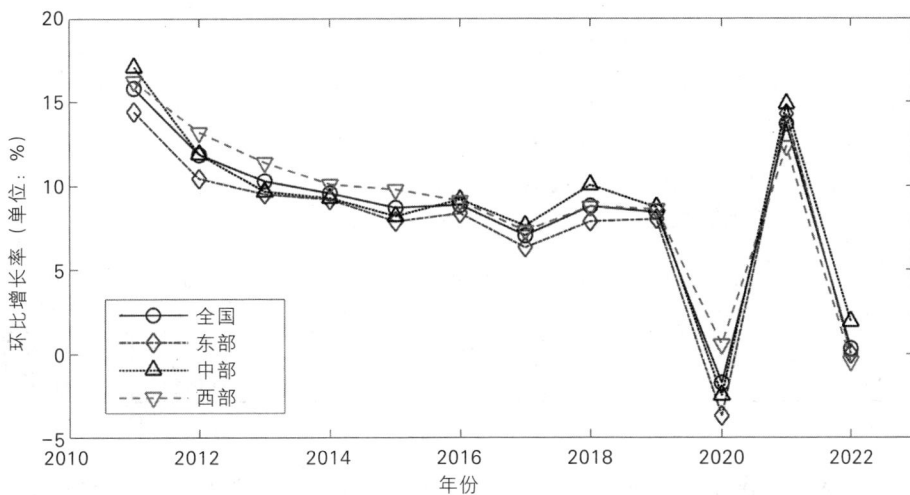

图7-2 2011—2022年我国各省居民消费水平环比增长变化趋势

7.3 居民消费的探索性空间分析

7.3.1 空间权重矩阵的设定

本节将对我国31个省（自治区、直辖市）（不含香港、澳门和台湾地区）的居民消费水平进行空间相关性分析。在进行空间相关性分析之前要先确定空间权重矩阵。本章选择了一种常用的邻接权重矩阵，$W = \left(w_{ij}\right)_{n \times n}$，作为空间权重矩阵，这里 $n = 31$，w_{ij} 的定义如下：

$$w_{ij} = \begin{cases} 1, & \text{若地区} i \text{和地区} j \text{相邻接} \\ 0, & \text{若地区} i \text{和地区} j \text{不邻接} \end{cases} \tag{7.1}$$

7.3.2 居民消费的空间相关性检验

给定空间权重矩阵 W，我们借助 Moran's I 检验和 Geary's C 检验判断我国各省经济增长的空间相关性是否显著，统计检验结果见表7-3。

表7-3 居民消费水平的空间相关性检验结果

年份	Moran's I	z值	pq值	Geary's C	z值	p值
2011	0.293	3.075	0.002	0.446	−3.351	0.001
2012	0.273	2.892	0.004	0.470	−3.222	0.001
2013	0.269	2.850	0.004	0.470	−3.231	0.001
2014	0.269	2.844	0.004	0.467	−3.259	0.001
2015	0.267	2.837	0.005	0.459	−3.283	0.001
2016	0.265	2.807	0.005	0.456	−3.332	0.001
2017	0.271	2.868	0.004	0.443	−3.373	0.001
2018	0.280	2.968	0.003	0.428	−3.393	0.001
2019	0.291	3.067	0.002	0.422	−3.455	0.001
2020	0.291	3.057	0.002	0.430	−3.446	0.001
2021	0.328	3.401	0.001	0.408	−3.638	0.000
2022	0.371	3.770	0.000	0.383	−4.026	0.000

根据表7-3的分析结果可以得出，2011—2022年我国31个省（自治区、直辖市）的居民消费水平的空间 Moran's I 指数和 Geary's C 指数均大于零，且全

部通过了显著性水平为1%的空间相关性检验，因此可以认为我国各省居民消费水平存在显著的空间正相关性。

　　为进一步探究我国各省居民消费水平的局域空间集聚形态，接下来我们采用局部 Moran's I 指数来分析其局部相关性。由于年份较多，我们仅展示2011、2014、2018及2022年四个代表性年份的散点图，如图7-3所示。观察图7-3可以看出，大部分散点落在第一、三象限，进一步说明各省居民消费水平存在显著的正相关关系。落在第一象限的大都是北京、天津、上海等东部经济发达省（市）份，这些地区的居民人均消费支出呈现"高值聚集"状态，居民消费水平较高；而落在第三象限的大都是云南、甘肃、新疆等中西部省份，这些地区的居民人均消费支出呈现"低值聚集"状态，居民消费水平较低。总的来说，全局及局部相关性检验均表明区域间居民消费水平存在显著的空间相关性，因此本章选择空间计量模型对数字普惠金融与居民消费水平的关系展开研究。

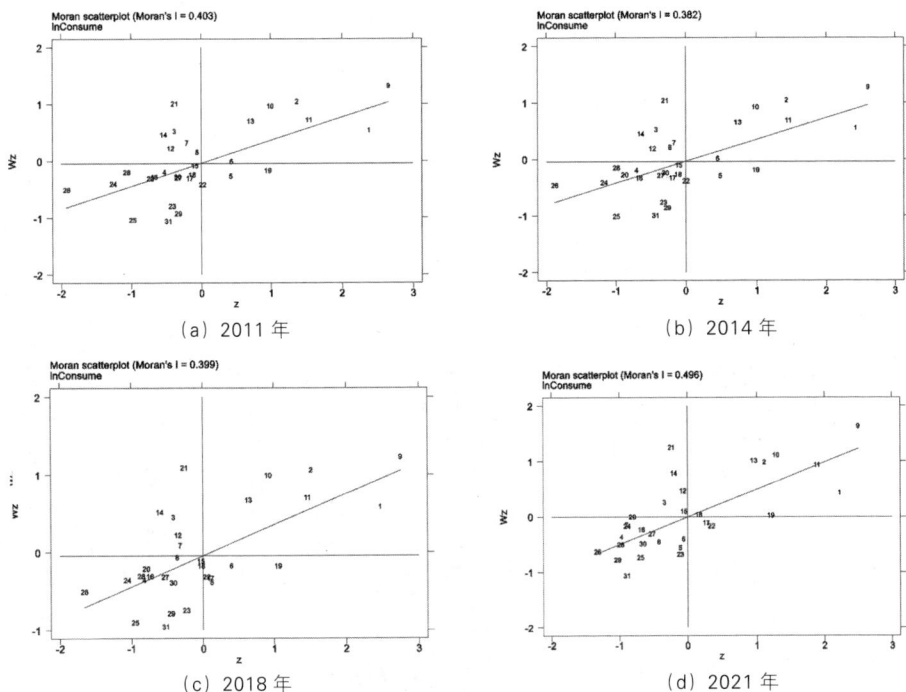

(a) 2011 年　　　　　　　　　　　(b) 2014 年

(c) 2018 年　　　　　　　　　　　(d) 2021 年

图7-3　我国各省居民消费水平的 Moran 散点图

7.4 数字普惠金融对居民消费的线性时空影响

7.4.1 模型设定与选择

为研究数字普惠金融对我国居民消费水平的影响，基于前文分析，本节构建如下的空间面板模型：

空间面板滞后模型（SAR）：

$$\ln Consume_{it} = \rho \sum_{j=1}^{n} w_{ij} \ln Consume_{jt} + \beta \ln DIFI_{it} + X_{it}^{\mathrm{T}} \gamma + \mu_i + \varepsilon_{it} \tag{7.2}$$

空间面板误差模型（SEM）：

$$\ln Consume_{it} = \beta \ln DIFI_{it} + X_{it}^{\mathrm{T}} \gamma + \mu_i + \varepsilon_{it}, \quad \varepsilon_{it} = \lambda \sum_{j=1}^{n} w_{ij} \varepsilon_{jt} + \nu_{it} \tag{7.3}$$

空间面板杜宾模型（SDM）：

$$\ln Consume_{it} = \rho \sum_{j=1}^{n} w_{ij} \ln Consume_{jt} + \beta \ln DIFI_{it} + \delta \sum_{j=1}^{n} w_{ij} \ln DIFI_{jt}$$
$$+ X_{it}^{\mathrm{T}} \gamma + \phi^{\mathrm{T}} \sum_{j=1}^{n} w_{ij} X_{jt} + \mu_i + \varepsilon_{it} \tag{7.4}$$

其中，$i = 1, 2, \cdots, n$ 表示省份，$t = 1, 2, \cdots, T$ 表示年份，$\ln Consume_{it}$ 为 i 省在 t 年份的居民消费水平的对数值，$\ln DIFI_{it}$ 为 i 省在 t 年份的数字普惠金融总指数的对数值，X_{it} 为由控制变量所构成的向量，$W = \left(w_{ij} \right)_{n \times n}$ 表示空间权重矩阵，用于刻画不同空间单元之间的相互影响关系，空间相关系数 ρ 衡量这种影响的强度和方向，β 和 δ 为核心解释变量的回归系数，γ 和 ϕ 为控制变量的回归系数，μ_i 为个体效应，ε_{it} 表示随机误差项。

首先我们运行 LM 检验和 Robust LM 检验。由表 7-4 展示的检验结果可以看出，在 1% 的显著性水平下，运用 LM 检验方法时，空间面板误差模型和空间面板滞后模型均通过了显著性检验，然而在接下来运用 Robust LM 检验方法时，空间面板误差模型通过了 1% 的显著性检验，而空间面板滞后模型没有通过 1% 的显著性检验，因而最后确定选用空间面板误差模型。

表7-4   LM检验的分析结果

模型	检验方法	统计量	p值
空间面板误差模型	LM	68.817	0.000
	Robust LM	44.152	0.000
空间面板滞后模型	LM	30.095	0.000
	Robust LM	5.430	0.020

面板模型分为固定效应面板模型和随机效应面板模型两种，为确定哪一个模型最优，接下来运行Hausman检验。表7-5展示的Hausman检验结果中，统计量的样本值为186.60，对应的p值为0.000，这表明模型通过了1%的显著性检验，因此应选择固定效应空间面板误差模型（7.3）。

表7-5   Hausman检验的分析结果

检验方法	统计量	p值
Hausman	186.60	0.000

7.4.2 数字普惠金融总指数对居民消费的线性影响分析

本节我们假定核心解释变量为数字普惠金融总指数，然后运行模型（7.3），来研究数字普惠金融总指数对居民消费水平的影响，分析结果见表7-6。此外，考虑到中国不同区域的数字普惠金融发展程度和居民消费状况均有所不同，将我国各省份按地域划分为东部、中部和西部三个地区，分别运用模型（7.3），探讨三个不同地区的数字普惠金融总指数对该地区居民消费水平影响的差异性，分析结果亦列于表7-6。

表 7-6 数字普惠金融总指数对居民消费的线性影响分析

变量	全国	东部	中部	西部
$\ln DIFI$	0.085^{***}	0.095^{***}	0.045^{**}	0.058^{***}
	(6.84)	(4.55)	(2.40)	(4.82)
$\ln PGDP$	0.333^{***}	0.199^{***}	0.501^{***}	0.512^{***}
	(11.27)	(4.64)	(7.67)	(9.69)
EDU	0.663^{***}	0.795^{***}	0.183	0.505^{**}
	(5.09)	(4.31)	(0.76)	(2.42)
$Urbanization$	1.900^{***}	1.548^{***}	1.613^{***}	1.410^{***}
	(12.39)	(6.62)	(3.66)	(4.25)
GOV	0.510^{***}	0.345	1.203^{***}	0.426^{***}
	(5.54)	(1.43)	(4.45)	(4.02)
IS	0.444^{***}	1.335^{***}	0.363^{***}	0.406^{***}
	(5.81)	(8.21)	(3.70)	(3.84)
λ	0.336^{***}	0.217^{**}	0.414^{***}	0.172
	(4.15)	(2.11)	(5.33)	(1.40)
N	372	132	96	144
R^2	0.972	0.979	0.981	0.980
$\log L$	647.994	247.091	192.063	261.368

注：***、**、*对应的显著性水平分别为1%、5%、10%；括号内的数值为 z 统计量样本值。

首先从全国层面来分析数字普惠金融总指数及其他控制变量对我国居民消费水平的线性时空影响。由表7-6的分析结果可以发现，数字普惠金融总指数对于我国各省居民消费水平起到了显著的正向促进作用，这表明数字普惠金融发展能够有效刺激我国居民的消费水平。对于其他控制变量，经济发展水平、教育水平、城镇化水平、政府干预程度和产业结构调整均能显著拉升我国居民消费水平。

　　接下来按划分的东中西部三大地区来详细讨论数字普惠金融总指数及其他控制变量对各地区的居民消费水平的影响。

　　由表7-6的分析结果可以发现，数字普惠金融发展对东中西部三大区域的居民消费水平均产生了显著的正向促进作用，这表明大力发展数字普惠金融，有助于提高我国居民消费水平。对于其他控制变量，经济发展、城镇化和产业结构优化均对东中西部地区的居民消费水平产生了显著的正向促进作用；而教育水平提高仅对东部地区和西部地区的居民消费水平产生了显著的正向的促进作用，对于中部地区的居民消费水平虽然也产生了正向促进作用，但这种刺激效应并不显著；此外，政府干预对于中西部地区的居民消费水平均产生了显著的正向促进作用，而对于东部地区的居民消费水平虽然也产生了正向促进作用，但这种刺激效应并不显著。教育水平的提升在东部和西部地区作用显著，可能因为这些地区教育资源相对丰富，教育回报率较高，促进了居民就业和收入增长，进而拉动消费；而中部地区教育对消费的刺激不显著，可能与教育资源分配不均、教育成果转化效率较低有关。另外，政府干预在中西部地区作用显著，可能是因为这些地区市场机制相对不够完善，政府通过政策引导、财政支持等手段，有效促进了基础设施建设、民生改善及消费升级。而东部地区市场机制较为成熟，政府干预的直接刺激作用相对减弱，居民消费更多受市场自身调节影响。

　　综上分析，各区域间居民消费水平的提升受多重因素影响，经济发展、城镇化、产业结构调整是普遍驱动力；教育水平提高对消费的正向作用存在区域差异，需优化教育资源分配；政府干预在不同区域的效果各异，应因地制宜制定政策，以促进居民消费持续健康增长。

7.4.3　数字普惠金融的三个维度对居民消费的线性影响分析

　　本节我们假定核心解释变量分别为数字普惠金融的三个维度：覆盖广度、使用深度和数字化程度，来研究其对居民消费水平的影响。首先，构建如下的空间面板误差模型：

覆盖广度：$\ln Consume_{it} = \beta \ln WID_{it} + X_{it}^{\mathrm{T}}\gamma + \mu_i + \varepsilon_{it}$,

$$\varepsilon_{it} = \lambda \sum_{j=1}^{n} w_{ij}\varepsilon_{jt} + \nu_{it} \tag{7.5}$$

使用深度：$\ln Consume_{it} = \beta \ln DEP_{it} + X_{it}^{\mathrm{T}}\gamma + \mu_i + \varepsilon_{it}$,

$$\varepsilon_{it} = \lambda \sum_{j=1}^{n} w_{ij}\varepsilon_{jt} + \nu_{it} \tag{7.6}$$

数字化程度：$\ln Consume_{it} = \beta \ln DIG_{it} + X_{it}^{\mathrm{T}}\gamma + \mu_i + \varepsilon_{it}$,

$$\varepsilon_{it} = \lambda \sum_{j=1}^{n} w_{ij}\varepsilon_{jt} + \nu_{it} \tag{7.7}$$

然后分别运行模型（7.5）—（7.7），分析结果见表7-7。

表7-7　　数字普惠金融的三个维度对居民消费水平的线性影响分析

变量	全国	东部	中部	西部
$\ln WID$	0.050***	0.090***	0.028*	0.034***
	（7.17）	（5.14）	（1.90）	（4.74）
$\ln DEP$	0.071***	0.085***	0.043**	0.050***
	（6.44）	（3.81）	（2.28）	（4.33）
$\ln DIG$	0.045***	0.028***	0.032**	0.037***
	（5.79）	（2.92）	（2.29）	（3.41）

注：***、**、*对应的显著性水平分别为1%、5%、10%；括号内的数值为z统计量样本值。

由表7-7的分析结果可以发现，无论是从全国层面，还是分区域来看，在固定效应空间面板误差模型下，数字普惠金融的三个维度：覆盖广度、使用深度和数字化程度均能显著地促进各地区的居民消费水平的提升。其中，覆盖广度和使用深度对提升东部地区的居民消费水平的刺激最强，而对提升中部地区居民消费水平的刺激最弱；数字化程度对提升西部地区居民消费水平的刺激最强，而对提升东部地区居民消费水平的刺激最弱。由此可见，数字普惠金融的三个维度均显著促进我国各省居民消费水平的提升，但数字普惠金融三个维度的这种促进效应具有区域差异性，需根据地区特点优化数字金融发展策略，以最大化其对居民消费的促进作用。

7.5　数字普惠金融对居民消费的非线性时空影响——基于半参数空间面板误差模型

7.5.1　半参数空间面板误差模型的构建与估计

下面我们研究数字普惠金融总指数及其三个维度对居民消费水平的非线性时空影响。为此，本节建立如下的半参数空间面板误差模型：

$$\ln Consume_{it} = g(\ln DIFI_{it}) + \gamma^{\mathrm{T}} X_{it} + \mu_i + \varepsilon_{it}, \quad \varepsilon_{it} = \lambda \sum_{j=1}^{n} w_{ij} \varepsilon_{jt} + v_{it} \tag{7.8}$$

其中，$\ln Consume$ 表示居民消费水平的对数，$g(\cdot)$ 为未知的光滑回归函数，刻画了省份 i 的数字普惠金融总指数对该地区的居民消费水平的函数型影响，其他变量和符号如前文所述。

由于上述模型中的 $g(\cdot)$ 为未知光滑函数，我们采用非参数统计方法对其进行估计，具体的估计方法见第 2.6.4 节。

不失一般性，不妨假设 $\ln DIFI_{it}$ 的取值范围为 $[0, 1]$。首先选取等距离节点 $0 = \kappa_0 < \kappa_1 < \cdots < \kappa_L < \kappa_{L+1} = 1$，这里 $L = 4$，从而将 $[0, 1]$ 区间划分成若干个子区间 $[\kappa_l, \kappa_{l+1})$，$l = 0, 1, \cdots, L$。基于这些节点，选取 3 次 B-样条基函数：$B_1(\cdot), \cdots, B_K(\cdot)$，这里 $K = L + d = 7$。于是 $g(\cdot)$ 可近似表示为：

$$g(\ln DIFI_{it}) \approx \sum_{k=1}^{K} B_k(\ln DIFI_{it}) b_k \equiv b^{\mathrm{T}} B(\ln DIFI_{it}) \tag{7.9}$$

其中，$B(\cdot) = \left(B_1(\cdot), \cdots, B_K(\cdot)\right)^{\mathrm{T}}$ 为基函数向量，$b = \left(b_1, \cdots, b_K\right)^{\mathrm{T}}$ 为待估的基函数系数。将式（7.9）代入模型（7.8）中，可得：

$$\ln Consume_{it} = b^{\mathrm{T}} B(\ln DIFI_{it}) + \gamma^{\mathrm{T}} X_{it} + \mu_i + \varepsilon_{it}, \quad \varepsilon_{it} = \lambda \sum_{j=1}^{n} w_{ij} \varepsilon_{jt} + v_{it} \tag{7.10}$$

由式（7.10）可以得到 $\hat{b}$，$\hat{\gamma}$，$\hat{\lambda}$。最后，$g(\cdot)$ 的估计为：$\hat{g}(\cdot) = \sum_{k=1}^{K} \hat{b}_k B_k(\cdot)$。

7.5.2 数字普惠金融总指数对居民消费的非线性影响分析

我们运用模型（7.8）分析了全国样本数据和东中西部地区的样本数据，分析结果见表7-8及图7-4。

表7-8　　　　　　　数字普惠金融总指数对居民消费水平的
非线性影响分析（参数部分）

变量	全国	东部	中部	西部
$\ln PGDP$	0.186***	−0.003	0.156***	0.452***
	(6.44)	(−0.07)	(2.82)	(8.58)
EDU	0.036	0.231	−0.282	0.228
	(0.27)	(1.28)	(−1.29)	(0.98)
$Urbanization$	1.379***	1.137***	0.574	0.463
	(8.40)	(5.03)	(1.40)	(0.92)
GOV	0.315***	0.408*	0.096	0.325***
	(3.74)	(1.80)	(0.41)	(3.04)
IS	−0.023	2.118***	0.370	−0.079
	(−0.10)	(3.27)	(1.46)	(−0.16)
ρ	0.443***	0.417***	0.379***	0.187*
	(7.91)	(5.89)	(4.80)	(1.79)
N	372	132	96	144
R^2	0.990	0.991	0.989	0.986
$\log L$	118.226	126.241	130.863	110.436

注：***、**、*对应的显著性水平分别为1%、5%、10%；括号内的数值为z统计量样本值。

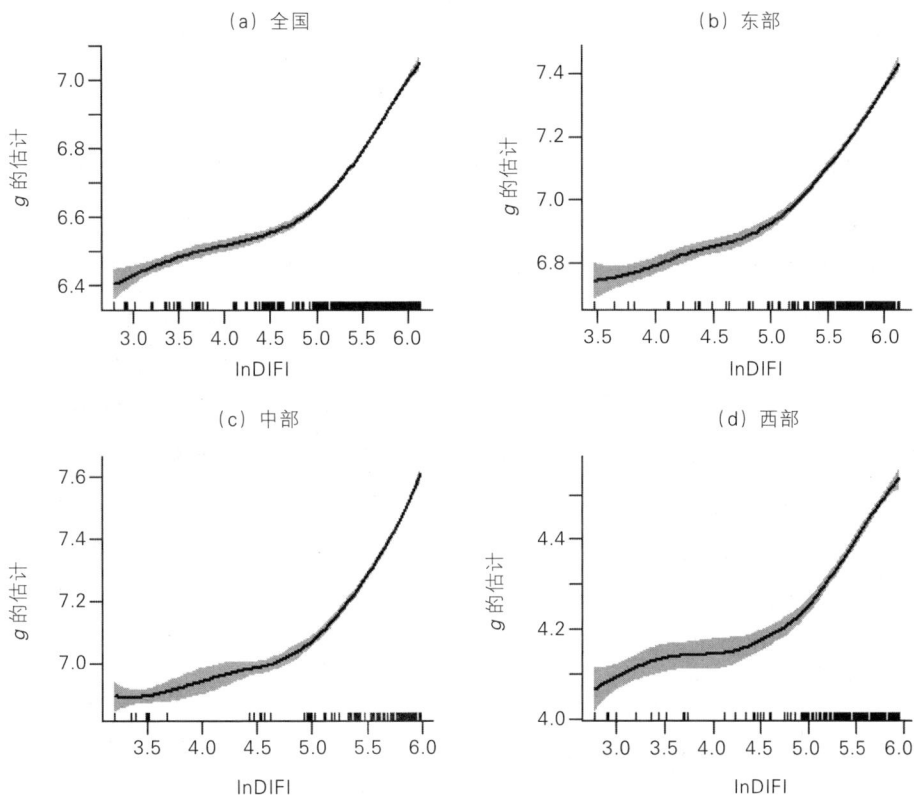

图7-4 数字普惠金融总指数对居民消费水平的非线性影响（非参数部分）

首先由表7-8的分析结果可以发现，与模型（7.3）相比，半参数空间面板误差模型（7.8）有着更大的 R^2 值和更大的 $\log L$ 值，因而可以认为，模型（7.8）要优于模型（7.3）。

由图7-4可以发现，无论是全国层面，还是分区域来看，数字普惠金融总指数与地区居民消费水平都呈现明显的非线性关系。在数字普惠金融发展的早期阶段，随着总指数的增加，居民消费水平在缓慢地呈线性增长；当总指数增大到一定程度后，居民消费水平提升速度会迅速变大。这表明，数字普惠金融的初期发展促进了金融服务的普及，但影响较为温和，因此居民消费水平提升的速度比较缓慢。随着总指数增长到一定阈值后，金融服务的广度和深度显著增加，如移动支付、小额信贷等更加便捷高效，降低了金融服务门槛，有效刺激了消费需求与投资活动。这种质的飞跃促使居民消费水平快速提升，体现了数字普惠金融对居民消费水平的强大驱动力。由此可见，深化数字普惠金融发展能显著促进居民消费增长，随着其发展成熟，对消费的拉动作用愈发显著。

下面分析一下其他控制变量对居民消费水平的效应。由表7-8的分析结果可以发现，从全国层面来看，地区经济发展水平、城镇化水平和政府干预程度对于当地居民消费水平的提高均起到了显著的正向促进作用。地区经济发展水平的提高意味着居民收入增长，增强了消费能力；城镇化水平提高促进了消费观念的转变及消费环境的改善，增加了消费机会；而政府的有效干预，如提供消费补贴、优化消费政策等，直接降低了消费成本，激发了消费活力。这三者共同作用显著促进了当地居民消费的发展。

分区域来看，对于东部地区，由表7-8的分析结果可以发现，城镇化、政府干预和产业结构优化对于当地居民消费水平的发展起到了显著的正向促进作用；教育水平提高有助于提升东部地区居民消费水平，但这种促进作用并不显著。东部地区经济发达，城镇化水平高，促进了居民收入增加和消费环境优化，从而正向影响消费水平。加上政府的有效干预，如政策支持与引导，进一步促进了消费市场的活跃。而产业结构调整则优化了资源配置，推动了经济转型升级，间接提升了居民消费能力。至于教育，虽能提升居民素质与技能，进而可能提高收入与消费意愿，但在东部地区，由于基础消费水平已较高，教育对消费的直接促进作用相对不显著。

对于中部地区，由表7-8的分析结果可以发现，地区经济发展、城镇化、政府干预和产业结构优化对于当地居民消费水平的发展均起到了正向促进作用，但其中只有地区经济发展水平的刺激效应比较显著，其他因素的刺激效应并不显著。这是因为，中部地区在经济发展过程中，地区经济发展水平的直接提升显著增加了居民的可支配收入，这是刺激消费水平提升的关键因素。相比之下，虽然城镇化水平提升和政府干预改善了消费环境、降低了消费成本，但由于中部地区尚处于快速发展阶段，这些因素的效应可能尚未完全显现或被经济发展的显著效应所掩盖。产业结构虽在优化，但中部地区多以传统产业为主，新兴产业的带动力尚未完全释放，因此对消费的刺激效应不显著。

对于西部地区，由表7-8的分析结果可以发现，地区经济发展、教育、城镇化和政府干预对于地区居民消费水平的提升均起到了正向促进作用，但其中只有地区经济发展水平和政府干预程度的刺激效应比较显著，教育水平和城镇化水平的刺激效应并不显著。这主要因为经济发展直接增加了居民收入，而政府干预则通过政策扶持和基础设施建设改善了消费环境。相比之下，教育水平和城镇化水平的刺激效应不显著，可能由于教育水平虽能长远提升人力资本，但其效应需时间积累，短期内对消费刺激不显著；同时，城镇化水平虽能促进经济发展，带来生活便利，但西部地区城镇化进程相对滞后，其消费效应未完全释放。

7.5.3 数字普惠金融的三个维度对居民消费的非线性影响分析

下面我们研究数字普惠金融的三个维度对居民消费水平的非线性时空影响。为此，本节建立如下的半参数空间面板误差模型：

覆盖广度：$\ln Consume_{it} = g_1(\ln WID_{it}) + \gamma^{\mathrm{T}} X_{it} + \mu_i + \varepsilon_{it}$,

$$\varepsilon_{it} = \lambda \sum_{j=1}^{n} w_{ij} \varepsilon_{jt} + v_{it} \tag{7.11}$$

使用深度：$\ln Consume_{it} = g_2(\ln DEP_{it}) + \gamma^{\mathrm{T}} X_{it} + \mu_i + \varepsilon_{it}$,

$$\varepsilon_{it} = \lambda \sum_{j=1}^{n} w_{ij} \varepsilon_{jt} + v_{it} \tag{7.12}$$

数字化程度：$\ln Consume_{it} = g_3(\ln DIG_{it}) + \gamma^{\mathrm{T}} X_{it} + \mu_i + \varepsilon_{it}$,

$$\varepsilon_{it} = \lambda \sum_{j=1}^{n} w_{ij} \varepsilon_{jt} + v_{it} \tag{7.13}$$

其中，$g_1(\cdot)$、$g_2(\cdot)$和$g_3(\cdot)$为未知光滑回归函数，分别刻画了省份i的覆盖广度、使用深度和数字化程度对该地区的居民消费水平的函数型影响，其他变量和符号如前文所述。

我们选取$d = 3$，$K = 7$，基于全国样本数据和东中西部地区的样本数据，运用第2.6.4节的估计方法来拟合模型（7.11）—（7.13），所得到的分析结果见图7-5至图7-7（参数部分的结果与表7-8类似，故略去）。

(a) 全国

(b) 东部

(c) 中部

(d) 西部

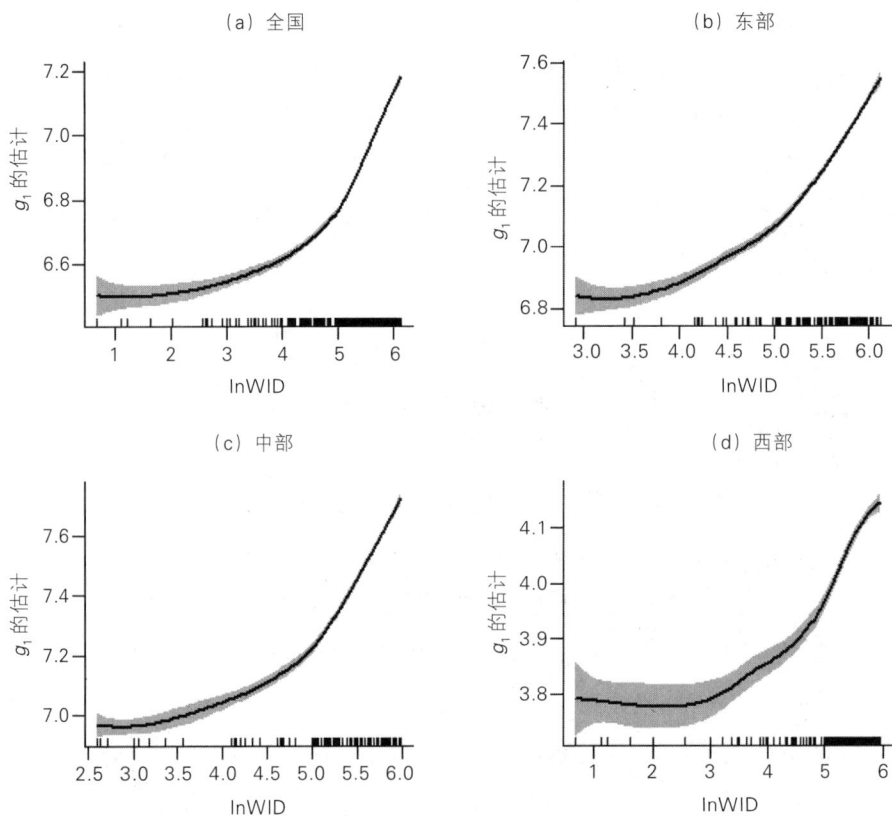

图7-5　覆盖广度对居民消费水平的非线性影响（非参数部分）

　　首先，分析一下数字普惠金融覆盖广度与居民消费水平之间的关系。由图7-5可以看出，无论是从全国层面，还是分区域来看，数字普惠金融的覆盖广度与居民消费水平之间呈明显的非线性关系。在数字普惠金融发展初期，随着覆盖广度的增大，居民消费水平缓慢提升；当数字普惠金融发展到一定阶段后，随着覆盖广度的继续增加，居民消费水平提升的速度会迅速加快。在数字普惠金融发展初期，随着数字金融服务逐步覆盖更多人群，虽能初步改善支付便利性，但受限于居民金融素养、服务配套完善度等因素，消费提升不明显。然而，随着数字普惠金融发展深化，金融服务更加便捷、高效且个性化，不仅

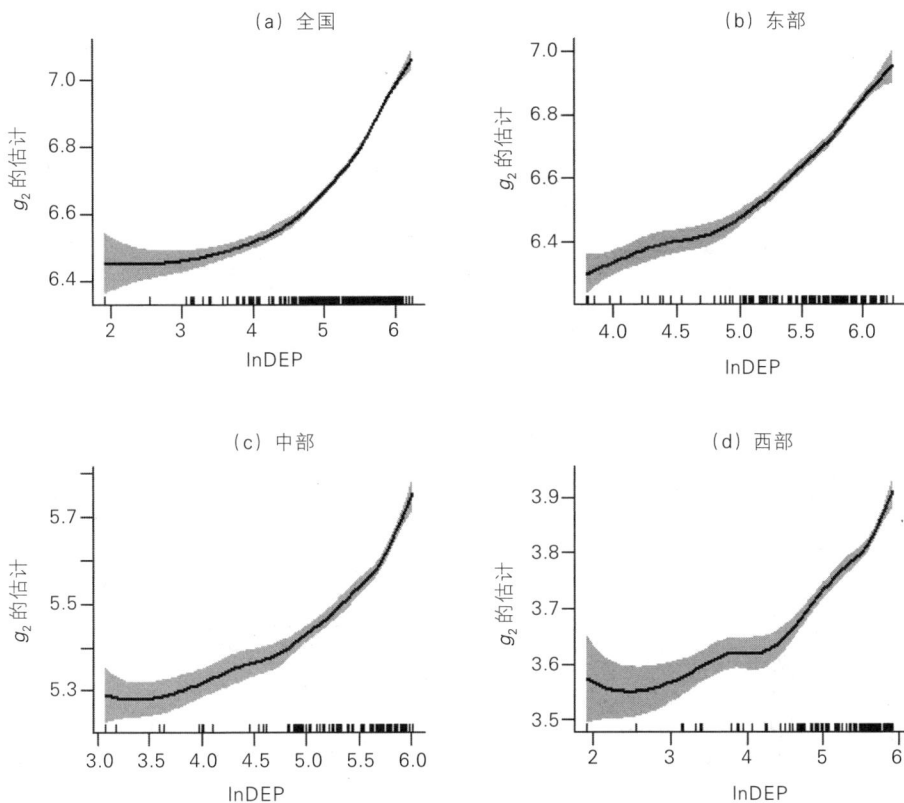

图7-6 使用深度对居民消费水平的非线性影响（非参数部分）

降低了交易成本，还促进了信贷可获得性，有效激发了潜在消费需求。此外，数字金融教育普及也提升了居民的理财意识和消费信心，从而在更广覆盖的基础上实现了消费水平的加速提升。

接下来，分析一下数字普惠金融使用深度与居民消费之间的关系。由图7-6的分析结果可以看出，无论是从全国层面，还是分区域来看，数字普惠金融使用深度与居民消费水平之间呈现出非线性的递增关系。具体而言，在数字普惠金融发展初期，随着使用深度的增加，居民消费水平缓慢提升；当数字普惠金融发展到一定阶段后，随着使用深度的继续增加，居民消费水平提升的速度会迅速变大。这一非线性递增关系反映了数字普惠金融使用深度对居民消费

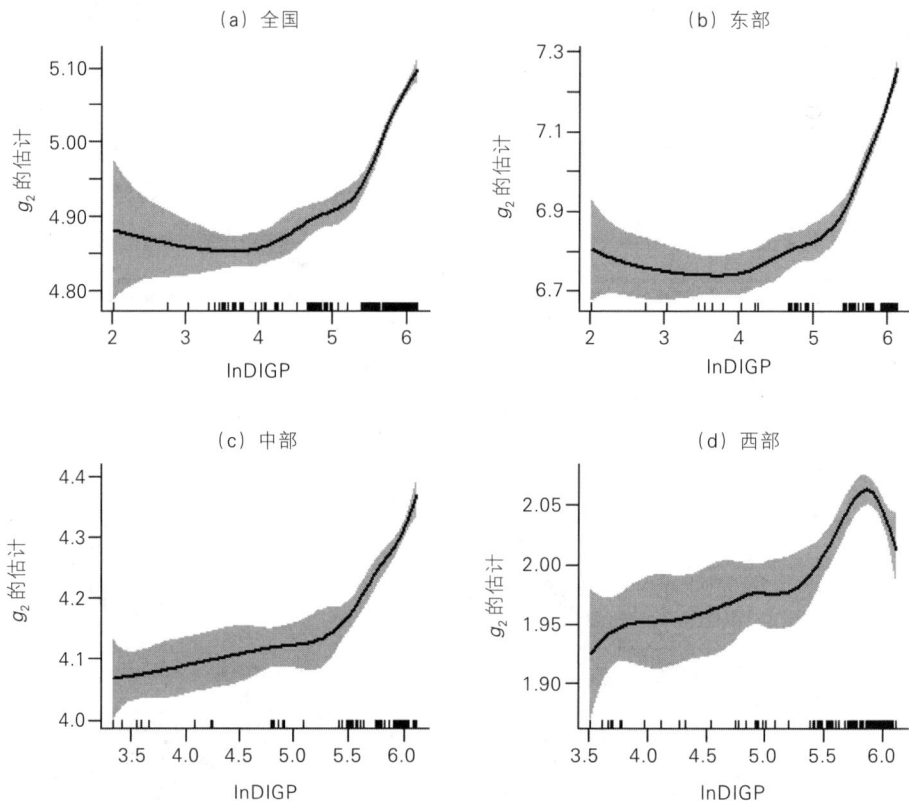

图7-7　数字化程度对居民消费水平的非线性影响（非参数部分）

水平的深远影响。在数字普惠金融发展初期，随着数字金融工具的逐步深入使用，如移动支付、网络借贷等，居民开始体验其便利性，但消费习惯的改变和信任建立需要时间，因此消费水平提升较为缓慢。然而，当数字普惠金融发展至成熟阶段，深度使用不仅促进了金融服务的个性化与精准化，还增强了消费者的金融素养和风险管理能力，从而激发了更大的消费潜力。此时，居民能更自信地利用金融工具满足多样化需求，导致消费水平迅速提升。

最后，分析一下数字普惠金融数字化程度与居民消费之间的关系。由图7-7的分析结果可以看出，无论是从全国层面，还是分区域来看，数字普惠金融数字化程度与居民消费水平之间呈现出非线性的递增关系。具体而言，从全国层面来看，由图7-7（a）可以发现，数字普惠金融的数字化程度与居民消费水平之间呈显著的"U"形关系。在数字普惠金融发展初期，随着数字化程度的增大，居民消费水平略有下降；当数字普惠金融发展到一定阶段后，随着数字化程度的继续加深，居民消费水平开始反弹并且缓慢增长；当数字化程度增大到一定程度时，居民消费水平提升的速度开始加快。数字普惠金融初期，数字化程度提升虽带来便利，但技术门槛高、信任度低，导致部分居民难以适应，消费水平略降。随着发展深入，技术普及、信任建立，居民逐渐享受其便捷性，消费开始反弹并缓慢增长。当数字化程度达到高水平，规模效应、网络效应显著，金融服务更加个性化、高效，更多居民能够跨越技术障碍，享受到便捷、低成本的金融服务，从而显著提升了其消费能力和消费水平。因此，整体上呈现出先降后升的"U"形关系。这表明，在推动数字普惠金融发展的过程中，需要关注并解决技术普及和公平性问题，以充分发挥其对居民消费水平的促进作用。

按区域来看，由图7-7（b）至图7-7（d）可以看出，对于东部地区，随着数字化程度的发展，数字化程度与居民消费水平呈显著的倒"U"形关系；对于中部和西部地区，随着数字化程度的发展，居民消费水平缓慢提升，当数字化程度增大到一定程度时，居民消费水平的提升速度会加快。由此可见，数字化程度的加快发展，有助于提升我国居民的消费水平。然而我们也要注意到，对于西部地区，当数字化程度发展到高级阶段时，居民消费水平会有所下降。其原因可能源于多方面，例如，技术普及带来的"数字鸿沟"问题，部分低技能或偏远地区居民未能充分享受数字化红利；或者是经济结构单一，数字化未能有效带动产业升级和促进多元化发展。这提醒我们在加快发展数字化程度的同时，也要注意关注区域差异和潜在风险，特别是西部地区，需加强基础设施建设、提升居民数字素养、促进产业多元化发展，并适时调整政策与监管措施，以确保数字化红利惠及更广泛人群，避免消费水平下降的情况发生。

7.6　本章小结

本章基于 2011—2022 年我国 31 个省（自治区、直辖市）的样本数据，研究了数字普惠金融与居民消费水平之间的关系。首先，对我国各省居民消费水平的发展现状进行了分析；其次，运用 Moran's I 检验研究了各省居民消费水平的空间相关性问题，并运用 LM 检验和 Hausman 检验来确定建立空间面板误差模型；接下来，运用空间面板误差模型分析了数字普惠金融对居民消费水平的线性时空效应；最后，通过构建半参数空间面板误差模型探讨了数字普惠金融对居民消费水平的非线性时空效应。研究结果表明：

第一，数字普惠金融对提升居民消费水平存在显著的正向促进效应，但这种促进效应并非简单的线性关系，而是呈现非线性特征。在数字普惠金融发展初期，其对居民消费水平的促进作用较为温和；随着数字普惠金融的不断发展，其对居民消费水平的促进作用逐渐增强，并最终达到显著的正向影响。这表明，数字普惠金融的发展需要经历一个积累的过程，才能充分发挥其对居民消费的促进作用。

第二，数字普惠金融对居民消费的影响存在显著的区域差异。东部地区由于经济发展水平较高，数字普惠金融发展较为成熟，其对居民消费的促进作用也最为显著。中部地区和西部地区由于经济发展水平相对较低，数字普惠金融发展相对滞后，其对居民消费的促进作用也相对较弱。此外，数字普惠金融还存在空间溢出效应，即一个地区的数字普惠金融发展不仅会对本地区的居民消费产生影响，还会对邻近地区的居民消费产生一定的带动作用。这表明，国家在发展数字普惠金融时，应充分考虑区域差异，制定差异化的政策和发展策略，促进区域均衡发展。

第三，数字普惠金融的三个维度（覆盖广度、使用深度和数字化程度）对居民消费水平的影响也存在差异。覆盖广度和使用深度对居民消费水平的促进作用最为显著，而数字化程度的影响则呈现出先降后升的"U"形关系。这表明，在发展数字普惠金融时，应重点关注覆盖广度和使用深度，通过扩大金融服务覆盖范围和提升金融服务深度，更好地满足居民多样化的金融需求，从而促进居民消费水平的提升。同时，还需要关注并解决技术普及和公平性问题，确保数字化红利惠及更广泛人群。

第四，地区经济发展水平、城镇化水平、政府干预程度和产业结构调整等因素均对居民消费水平产生显著的正向影响。这说明，要推动居民消费增长，需要从经济发展、城镇化、政府干预和产业结构等多方面入手，形成合力，共同促进居民消费水平的提升。

总之，数字普惠金融作为一种新兴的金融服务模式，对居民消费的影响日益显著。未来，随着数字普惠金融的不断发展，其对居民消费的促进作用将更加显著。政策制定者应充分认识到数字普惠金融的重要性，并采取有效措施，推动数字普惠金融的健康发展，以更好地发挥其对居民消费的促进作用，最终实现经济增长和社会进步的目标。

基于上述分析，我们提出以下几点建议：

第一，加强数字基础设施建设，缩小地区差距。数字普惠金融的发展高度依赖于完善的数字基础设施，包括高速互联网、移动支付系统和智能终端设备的普及。政府应加大对中西部及偏远地区的数字基础设施建设投入，确保数字服务能够覆盖到每一个角落，缩小数字鸿沟，使更多居民能够享受到数字普惠金融的便利，从而激发其消费潜力。

第二，创新金融产品与服务，满足多元化消费需求。数字普惠金融企业应充分利用大数据、人工智能等先进技术，深入了解居民消费习惯和需求，开发出更加个性化、便捷、低成本的金融产品与服务。例如，推出符合不同收入水平、风险偏好和消费场景的金融产品，以及提供一站式、全天候的金融服务，以提升居民的消费体验和满意度。

第三，提升金融素养，增强居民消费信心。数字普惠金融的快速发展要求居民具备一定的金融知识和风险识别能力。政府、金融机构和社会组织应共同努力，通过线上线下相结合的方式，普及金融知识，提高居民的金融素养和风险意识。同时，加强对数字金融产品的宣传和推广，帮助居民了解并信任这些产品，从而增强其消费信心，促进消费增长。

　　第四，强化监管与风险控制，保障消费者权益。随着数字普惠金融的快速发展，监管和风险控制的挑战也日益凸显。政府应建立健全数字金融监管体系，完善相关法律法规，明确监管主体和职责，加强对数字金融产品的风险评估和监测。同时，金融机构应建立健全内部风险控制机制，保障消费者权益，避免金融风险对居民消费产生负面影响。

　　第五，推动数字普惠金融与实体经济深度融合。数字普惠金融的发展应与实体经济紧密结合，通过支持小微企业发展、促进产业升级等方式，提高实体经济的竞争力和盈利能力。这不仅可以为居民消费提供更多高质量的产品和服务，还可以增加居民的收入来源，进一步提升其消费能力。

　　综上所述，发展数字普惠金融对居民消费具有积极的影响。通过加强数字基础设施建设、创新金融产品与服务、提升金融素养、强化监管与风险控制以及推动与实体经济的深度融合等措施，可以充分发挥数字普惠金融在促进居民消费方面的潜力，为经济高质量发展提供有力支撑。

第8章　数字普惠金融与对外直接投资（OFDI）

8.1　引言

随着信息技术的飞速发展，数字普惠金融作为一种新型金融模式，正深刻改变着金融服务的面貌。数字普惠金融通过降低金融服务门槛，提高金融服务覆盖面，为广大中小企业和低收入群体提供了便捷的金融支持。在这一背景下，对外直接投资（OFDI）作为企业国际化的重要途径，其与数字普惠金融之间的关系日益受到关注。本章旨在探讨数字普惠金融对OFDI的影响机制及其非线性经济效应。

长期以来，我国企业在对外直接投资过程中面临着融资难、融资贵的问题，这在一定程度上制约了企业"走出去"的步伐。数字普惠金融的发展为企业提供了新的融资渠道，有助于缓解企业融资约束，促进对外直接投资。近年来，国内外学者对数字普惠金融与对外直接投资的关系进行了广泛研究。一方面，部分学者认为数字普惠金融有助于降低融资成本、提高融资效率，从而促进对外直接投资；另一方面，也有学者指出数字普惠金融可能带来一定的风险和不确定性，对企业对外直接投资产生负面影响。然而，现有研究大多基于线性时空视角，而数字普惠金融与对外直接投资之间的关系可能并非一直是线性关系，有可能存在一定的非线性特征。因此，深入研究数字普惠金融对对外直接投资的影响，对于优化我国对外投资结构、提高对外投资效益具有重要意义。

8.2 变量选择、数据来源及描述性统计分析

8.2.1 变量选择

（1）被解释变量

本章选取中国商务部所发布的各省OFDI作为被解释变量。OFDI的数据包括流量和存量两种形式，这里选用OFDI的存量数据（单位：美元），并依据中国统计年鉴所公布的当年平均汇率折算成人民币现价价格。

（2）核心解释变量

本章选取北京大学数字金融研究中心发布的数字普惠金融指数作为核心解释变量，该指数包含总指数（DIFI）和三个分维度指数：覆盖广度（WID）、使用深度（DEP）和数字化程度（DIG），这三个分维度指数分别从三个方面综合测算了数字普惠金融的发展状况。其中，覆盖广度由金融机构的网点数量和网络覆盖率构成；使用深度由金融机构提供的网络信贷产品数量和可获得性构成；数字化程度由金融机构运用的互联网技术等对信贷业务进行数字化程度测度得到。这三个维度指数可以在一定程度上反映我国数字普惠金融的发展状况。

（3）控制变量

基于文献上已有的研究成果，本章共选择了如下6个控制变量：

经济发展水平（PGDP）：本章使用人均地区生产总值来刻画地区经济发展水平。地区经济发展与OFDI有着密切的相关关系。随着一个地区的经济实力的增强，其企业和居民拥有更多的资本积累，增强了进行对外直接投资的能力。同时，较高的经济发展水平也意味着更多的市场机会、技术积累和管理经验，这为企业开展跨国经营提供了有力支持。因此，经济发展水平高的地区往往拥有更高的对外直接投资规模和更广泛的投资领域。反之，经济发展水平较

低的地区则可能面临资金短缺、技术和管理经验不足等挑战，限制了其对外直接投资的规模和范围。

城镇化水平（*Urbanization*）：本章使用城镇人口占年末总人口的比例来刻画城镇化水平。城镇化是现代化进程中的重要组成部分，反映了人口从农村向城市转移和城市化发展的情况，能够助推产业结构优化升级，增进经济增长，提升劳动生产效率与创新实力，带动地区对外直接投资的发展。

人力资本水平（*EDU*）：拥有高素质、高技能的人力资本能够提升企业的国际竞争力，增强其在海外市场的适应能力和创新能力，从而促进对外直接投资。具体而言，人力资本丰富的国家或地区更容易吸引跨国企业的投资，因为这些国家或地区的人才储备能够为企业提供持续的技术支持和管理经验，降低跨国经营的风险和成本。现有研究针对人力资本测算多采用劳动力平均受教育年限的近似。本章分别把小学、初中、高中及大专以上受教育年限设为 6 年、9 年、12 年和 16 年，则人力资本水平＝小学受教育比例×6＋初中受教育比例×9＋高中受教育比例×12＋大专以上受教育比例×16。

R&D 投入强度（*RD*）：本章使用工业企业 R&D 支出来刻画 R&D 投入强度。高水平的 R&D 投入能够增强企业的技术创新能力，提升产品竞争力和附加值，从而为企业开展对外直接投资提供强大的支持。具体来说，R&D 投入有助于企业开发新产品、改进生产工艺、提高生产效率，进而增强企业在国际市场上的竞争力。这种竞争力的提升不仅有助于企业扩大海外市场份额，还能够降低对外直接投资的风险和成本。因此，理论上来讲，R&D 投入强度的提高有助于推动企业对外直接投资、促进经济全球化发展。

技术创新水平（*TEC*）：本章使用发明专利授权量来反映地区的技术创新水平。技术创新能够提升企业的核心竞争力，使企业在国际市场上更具吸引力，从而增加对外直接投资的机会和提高成功率。此外，技术创新能够推动产品和服务的升级换代，满足海外市场的多样化需求，进一步拓展企业的海外市场份额。而且，技术创新还能够降低生产成本，提高生产效率，增强企业的盈利能力，为对外直接投资提供坚实的经济基础。

政府干预程度（*GOV*）：本章使用政府公共财政支出占地区生产总值的比

例来衡量某一地区政府干预程度的相对大小。财政支出作为地方政府履行公共服务职责不可或缺的工具,将关系到地区经济的发展。

相关变量选取、符号、名称及描述如表8-1所示。

表8-1   变量定义、符号及描述

变量类型	变量符号	变量名称	变量描述
被解释变量	OFDI	对外直接投资	对外直接投资存量
核心解释变量	DIFI	数字普惠金融总指数	数字普惠金融指数
	WID	覆盖广度	
	DEP	使用深度	
	DIG	数字化程度	
控制变量	PGDP	经济发展水平	人均地区生产总值
	Urbanization	城镇化水平	城镇人口占年末总人口的比例
	EDU	人力资本水平	劳动力平均受教育年限
	RD	R&D投入强度	工业企业R&D支出
	TEC	技术创新水平	发明专利授权量
	GOV	政府干预程度	政府公共财政支出占地区生产总值的比例

8.2.2 数据来源及描述性统计分析

本章选取中国31个省(自治区、直辖市)(不包括香港、澳门和台湾地区)2011—2022年的空间面板数据作研究数据。其中,被解释变量的数据来自中华人民共和国商务部发布的《中国对外直接投资统计公报》,核心解释变量数字普惠金融指数的数据源自北京大学数字金融研究中心官网,其他控制变量的数据均来自中国统计年鉴及Wind数据库。

各变量统计性描述结果如表8-2所示。

表 8-2　　　　　　　　　　　　变量的描述性统计

变量名称	样本量	平均值	标准差	最小值	最大值
OFDI	372	1 142.427	2 244.569	0.243	15 700
DIFI	372	242.876	107.644	16.220	460.690
WID	372	226.011	110.703	1.960	455.930
DEP	372	235.600	107.402	6.760	510.690
DIG	372	311.795	117.835	7.580	467.170
PGDP	372	60 056.60	30 289.44	16 413.00	190 313.00
Urbanization	372	0.592	0.130	0.227	0.896
EDU	372	9.211	1.120	4.222	12.681
RD	372	383.903	525.849	0.164	3 217.755
TEC	372	70 494.34	114 909.1	121	872 209
GOV	372	0.277	0.193	0.107	1.334

从表 8-2 中可以看出：*OFDI*、*DIFI*、*WID*、*DEP*、*DIG*、*PGDP*、*RD*、*TEC* 这些变量的样本数据有着非常大的差异性，在统计建模时如果不对这种大的差异性进行处理，会导致我们的统计结果不准确。为了消除这种差异性对统计分析结果带来的影响，我们对其进行对数化处理。

图 8-1 和图 8-2 分别描述了我国各省 OFDI 在 2011—2022 年间的发展状况及环比增长变化情况。从图 8-1 可以看出，从 2011 年至 2022 年，我国各省 OFDI 一直处于增长状态。2011 年全国 OFDI 平均为 175.708 亿元，而到了 2022 年全国 OFDI 增长到平均 2 023.2 亿元，增长了 10 倍多。从图 8-2 来看，尽管我国各省 OFDI 总体上呈现上升态势，但其环比增长率却呈现出震荡下降走势。具体来说，2011 年的 OFDI 的环比增长速度平均为 69.38%，2014 年的 OFDI 的环比增长速度下降到平均 38.77%，2015 年达到一个高峰值 102.56%，随后开始持续回落至 2021 年的 0.68%，在 2022 年又有所回升。

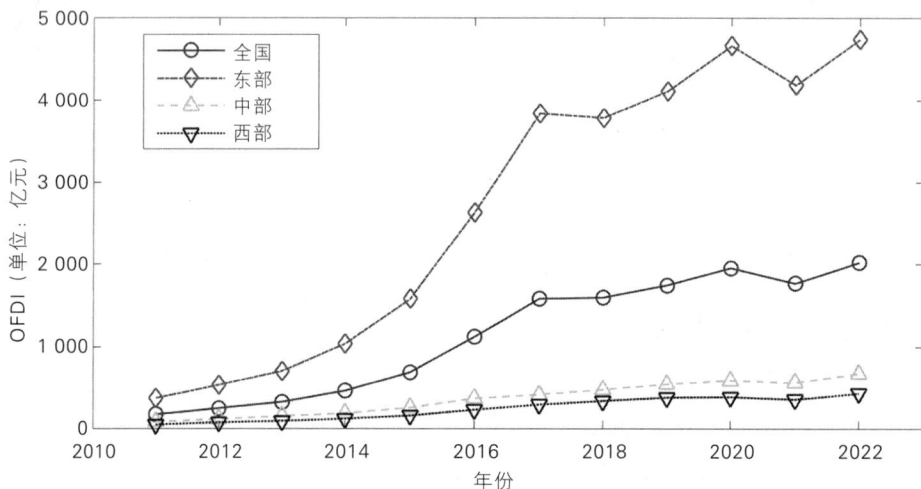

图8-1 2011—2022年我国各省OFDI发展趋势

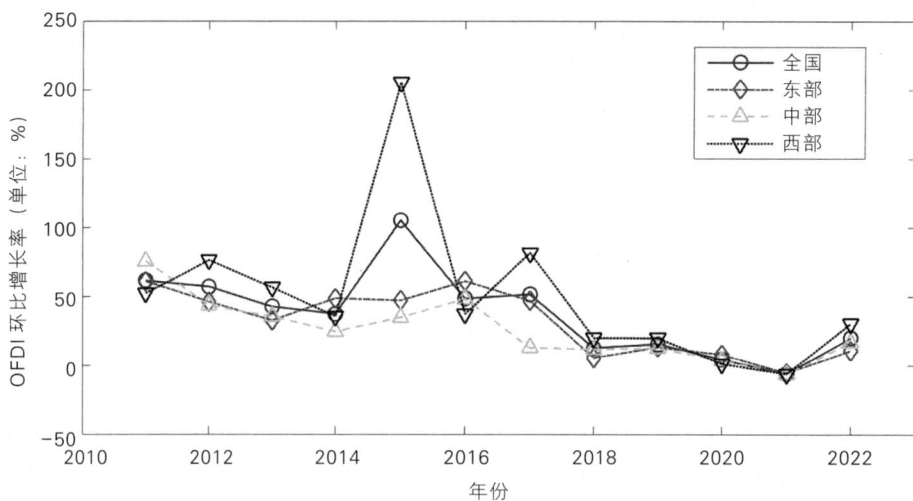

图8-2 2011—2022年我国各省OFDI环比增长变化趋势

分区域看，由图8-1可以发现，我国各省的OFDI呈现出显著的不平衡性。东部地区的OFDI常年最高，高出全国OFDI的平均水平1倍左右，而中西部地区的OFDI则常年落后于全国OFDI的平均水平，低约30%。东部地区邻近沿海，经济发达，交通便利，对外贸易发展活跃，汇聚了大量的技术密集型产业，第三产业高度发达，高等院校众多，人力资源整体素质较高，这些优势共同造就了东部地区的 OFDI 长期居于领先地位的格局。中西部地区虽然坐拥丰富的自然资源，但单纯依赖资源驱动经济增长的效力远不及技术创新对经济的推动力，加之中西部地区人力资源相对比较匮乏，这就造成了中西部地区的经济发展落后于东部地区，其 OFDI 亦远远低于东部地区。

基于图 8-2，我们发现西部地区的 OFDI 的环比增长速度整体上来看常年高于全国平均值，东部地区的 OFDI 的环比增长速度与全国平均值差不多，中部地区的 OFDI 的环比增长速度略低于全国平均值。这表明尽管西部地区的经济发展从绝对意义上要低于东部地区和中部的经济发展，但凭借其独特优势和丰富的自然资源，加上国家政策的大力扶持，特别是 2013 年共建"一带一路"倡议的提出与发展，为西部各省的经济发展带来了契机，使其在对外贸易上发展迅速，并带动其经济发展，从而促进了其 OFDI 的快速发展。

8.3　OFDI 的探索性空间分析

8.3.1　空间权重矩阵的设定

本节将对我国 31 个省（自治区、直辖市）的经济增长进行空间相关性分析。在进行空间相关性分析之前要先确定空间权重矩阵，这里我们选择了一种常用的邻接权重矩阵 $W = \left(w_{ij} \right)_{n \times n}$，作为空间权重矩阵，其中，$n = 31$，$w_{ij}$ 的定义如下：

$$w_{ij} = \begin{cases} 1, & \text{若地区} i \text{和地区} j \text{相邻接} \\ 0, & \text{若地区} i \text{和地区} j \text{不邻接} \end{cases} \tag{8.1}$$

8.3.2　OFDI 的空间相关性检验

给定空间权重矩阵 W，我们借助 Moran's I 检验和 Geary's C 检验判断我国各省 OFDI 是否存在显著的空间相关关系，统计检验结果见表 8-3。

表8-3 OFDI的空间相关性检验结果

年份	Moran's I	z值	p值	Geary's C	z值	p值
2011	0.179	1.877	0.060	0.782	−1.524	0.127
2012	0.191	1.972	0.049	0.762	−1.684	0.092
2013	0.229	2.340	0.019	0.730	−1.856	0.063
2014	0.258	2.593	0.010	0.708	−2.016	0.044
2015	0.317	2.982	0.003	0.656	−2.606	0.009
2016	0.314	3.010	0.003	0.666	−2.427	0.015
2017	0.360	3.332	0.001	0.641	−2.750	0.006
2018	0.365	3.374	0.001	0.627	−2.850	0.004
2019	0.404	3.691	0.000	0.583	−3.212	0.001
2020	0.394	3.607	0.000	0.597	−3.107	0.002
2021	0.425	3.865	0.000	0.551	−3.471	0.001
2022	0.429	3.891	0.000	0.551	−3.478	0.001

根据表8-3的分析结果可以看出，2011—2022年我国31省（自治区、直辖市）的OFDI的空间Moran's I指数和Geary's C指数均大于零，且2012年以后的Moran's I指数均通过了显著性水平为5%的空间相关性检验，而2014年以后的Geary's C指数亦均通过了显著性水平为5%的空间相关性检验，因此可以认为我国各省OFDI存在显著的空间正相关性。

为进一步探究我国各省OFDI的局域空间集聚形态，接下来我们采用局部Moran's I指数来分析其局部相关性。图8-3绘制了我国31省（自治区、直辖市）的OFDI分别在2011、2014、2018、2022年的Moran散点图。观察散点图发现，大多数省份的观测值在散点图的第一象限（高-高，H-H）与第三象限（低-低，L-L），少量观测值在第二象限（低-高，L-H）和第四象限（高-低，

H-L）。这一分布清晰地揭示了我国各省的OFDI在空间上呈现出显著的"高值聚集"与"低值聚集"特征，换言之，邻近省区之间的OFDI具有明显的空间依赖和空间聚集。进一步分析发现，自2011年以来，早期阶段位于第一象限（高-高，H-H）的省份数量超过位于第三象限（低-低，L-L）的省份数量，而到了后期阶段，位于第三象限（低-低，L-L）的省份数量超过位于第一象限（高-高，H-H）的省份数量，这意味着我国在早期阶段各省的OFDI倾向于形成"高-高"集聚模式，而到了后期则更倾向于形成"低-低"集聚模式，从而揭示出我国不同地域的OFDI存在不均衡状态。总而言之，全国范围内的OFDI存在一定的空间相关关系，因而运用空间计量模型来分析我国各省OFDI数据可能会比较恰当。

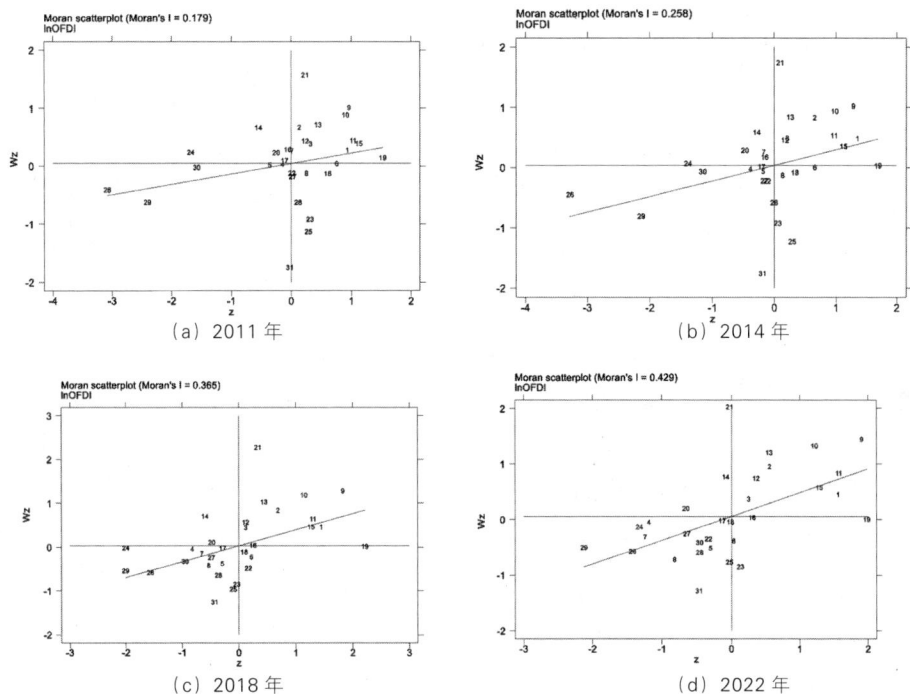

(a) 2011 年　　　　　(b) 2014 年

(c) 2018 年　　　　　(d) 2022 年

图 8-3　我国各省 OFDI 的 Moran 散点图

8.4 数字普惠金融对 OFDI 的线性时空影响

8.4.1 模型设定与选择

基于前文分析，本节我们构建如下的空间面板模型：

空间面板滞后模型（SAR）：

$$\ln OFDI_{it} = \rho \sum_{j=1}^{n} w_{ij} \ln OFDI_{jt} + \beta \ln DIFI_{it} + \gamma^{\mathrm{T}} X_{it} + \mu_i + \varepsilon_{it} \tag{8.2}$$

空间面板误差模型（SEM）：

$$\ln OFDI_{it} = \beta \ln DIFI_{it} + \gamma^{\mathrm{T}} X_{it} + \mu_i + \varepsilon_{it}, \quad \varepsilon_{it} = \lambda \sum_{j=1}^{n} w_{ij} \varepsilon_{jt} + \nu_{it} \tag{8.3}$$

空间面板杜宾模型（SDM）：

$$\ln OFDI_{it} = \rho \sum_{j=1}^{n} w_{ij} \ln OFDI_{jt} + \beta \ln DIFI_{it} + \delta \sum_{j=1}^{n} w_{ij} \ln DIFI_{jt}$$

$$+ \gamma^{\mathrm{T}} X_{it} + \phi^{\mathrm{T}} \sum_{j=1}^{n} w_{ij} X_{jt} + \mu_i + \varepsilon_{it} \tag{8.4}$$

其中，$i = 1, 2, \cdots, n$ 表示省份，$t = 1, 2, \cdots, T$ 表示年份，$\ln OFDI$ 表示 OFDI 的对数，$\ln DIFI$ 表示数字普惠金融总指数的对数，X_{it} 为由控制变量所构成的向量，$W = \left(w_{ij} \right)_{n \times n}$ 表示空间权重矩阵，用于刻画不同空间单元之间的相互影响关系，空间相关系数 ρ 衡量这种影响的强度和方向，β 和 δ 为核心解释变量的回归系数，γ 和 ϕ 为控制变量的回归系数，μ_i 为个体效应，ε_{it} 表示随机误差项。

首先运行 LM 检验和 Robust LM 检验。由表 8-4 展示的检验结果可以看出，在 1% 的显著性水平下，运用 LM 检验发现空间面板误差模型和空间面板滞后模型均通过了显著性检验，然而接下来运用 Robust LM 检验方法发现空间面板误差模型通过了 1% 的显著性检验，空间面板滞后模型没有通过 1% 的显著性检验，故最后确定选用空间面板误差模型。

表8-4　　　　　　　　　　　　　LM检验统计量及统计表值

模型	检验方法	统计量	p值
空间面板误差模型	LM	16.684	0.000
	Robust LM	8.322	0.004
空间面板滞后模型	LM	8.801	0.003
	Robust LM	0.438	0.508

　　面板模型分为固定效应面板模型和随机效应面板模型两种，为确定哪一个模型最优，接下来进行Hausman检验。表8-5展示的Hausman检验结果中，统计量的样本值为19.61，对应的p值为0.001，模型通过了1%的显著性检验，因此应选择固定效应空间面板误差模型（8.3）来分析数字普惠金融对地区对外直接投资的时空影响效应。

表8-5　　　　　　　　　　　　　Hausman检验结果

检验方法	统计量	p值
Hausman	19.61	0.001

8.4.2　数字普惠金融总指数对OFDI的线性影响分析

　　本节假定核心解释变量为数字普惠金融总指数（$DIFI$），然后运用模型（8.3）来研究数字普惠金融总指数对全国31个省（自治区、直辖市）的OFDI的线性时空影响。此外，考虑到中国不同区域的普惠金融和经济发展程度不同，将我国各省份按地域划分为东部、中部和西部三个地区，分别运用模型（8.3），探讨三个不同地区的数字普惠金融总指数对该地区OFDI影响的差异性。

　　首先从全国层面来分析数字普惠金融总指数及其他控制变量对我国OFDI的线性时空影响。由表8-6的分析结果可以发现，数字普惠金融总指数对于我国各省OFDI起到了显著的正向促进作用，这表明数字普惠金融发展能够有效刺激我国OFDI的发展。对于其他控制变量，地区经济发展水平、教育水平、政府干预程度和技术创新水平均能显著促进我国OFDI的发展；R&D投入强度虽然对我国OFDI发展也起到了促进作用，但这种促进效应并不显著；城镇化水平则阻碍了我国OFDI的发展。由此可见，我国各省OFDI受多重因素影响，其中地区经济发展水平、教育水平提升、政府适度干预和技术创新是主要推动力。经济发展水平和教育水平提高为OFDI提供了坚实的经济基础与人才支持；政府干预可能通过政策引导和市场规范促进OFDI；技术创新则增强了企业国际竞争力。然而，R&D投入虽有正面促进效应但该效应不显著，可能因成果转化周期长或市场适应性不足。至于城镇化水平阻碍OFDI，可能因资源过度集中于国内城市化进程，减少了对外投资的资本与资源分配，或国内市场需求增长吸引了更多投资，削弱了对外投资动力。

表8-6　　　　　　　　数字普惠金融总指数对OFDI的线性影响分析

变量	全国	东部	中部	西部
$\ln DIFI$	0.528*** (5.19)	0.565*** (3.93)	0.389*** (5.17)	0.552*** (4.72)
$\ln PGDP$	0.603** (2.02)	2.778*** (5.49)	−0.384 (−0.81)	0.430 (0.68)
EDU	0.571*** (4.62)	0.270* (1.65)	−1.057*** (−6.05)	0.741*** (3.37)
$Urbanization$	−3.081** (−2.05)	−2.528 (−1.55)	15.873*** (5.62)	1.264 (0.40)
GOV	2.074** (2.30)	10.753*** (5.31)	−3.796** (−2.38)	4.376*** (3.24)
$\ln RD$	0.139 (1.05)	−0.454** (−2.03)	0.377* (1.89)	−0.114 (−0.50)
$\ln TEC$	0.438*** (4.52)	−0.099 (−0.95)	−0.127 (−0.95)	0.297* (1.80)
λ	0.422*** (6.64)	0.295** (2.38)	−0.047 (−0.37)	−0.148 (−0.90)
N	372	132	96	144
R^2	0.794	0.910	0.902	0.815

注：***、**、*对应的显著性水平分别为1%、5%、10%；括号内的数值为z统计量样本值。

接下来按划分的东中西部三大地区来详细讨论数字普惠金融总指数及其他控制变量对各地区的OFDI发展的影响。

由表8-6的分析结果可以发现，数字普惠金融发展对东中西部三大区域的OFDI发展均产生了显著的正向促进作用，这表明大力发展数字普惠金融，有助于促进各地区的OFDI发展。对于其他控制变量，地区经济发展水平仅对东部地区的OFDI起到了显著的正向促进作用；教育水平对东部和西部地区的OFDI发展起到了显著的正向促进作用，而对中部地区的OFDI发展却起到了负向的抑制作用；城镇化水平仅对中部地区的OFDI发展产生了显著的正向促进作用，且拉动效应非常强；政府干预程度对东部和西部地区的OFDI发展均起到了显著的正向促进作用，但对中部地区的OFDI发展却起到了负向抑制作用。

综上分析，各地区的OFDI发展的差异性比较大，受到多重因素影响，数字普惠金融发展能够有效促进OFDI发展，但其他因素的效应各有差异。这提示我们在制定OFDI发展战略时需因地制宜，考虑各自的经济、教育、城镇化进程及政策环境，制定差异化策略以促进OFDI的健康发展。

8.4.3　数字普惠金融的三个维度对OFDI的线性影响分析

本节分别假定核心解释变量为数字普惠金融的覆盖广度（WID）、使用深度（DEP）和数字化程度（DIG），构建如下的空间面板误差模型：

覆盖广度：$\ln OFDI_{it} = \beta \ln WID_{it} + \gamma^{\mathrm{T}} X_{it} + \mu_i + \varepsilon_{it}, \quad \varepsilon_{it} = \lambda \sum_{j=1}^{n} w_{ij} \varepsilon_{jt} + \nu_{it}$ （8.5）

使用深度：$\ln OFDI_{it} = \beta \ln DEP_{it} + \gamma^{\mathrm{T}} X_{it} + \mu_i + \varepsilon_{it}, \quad \varepsilon_{it} = \lambda \sum_{j=1}^{n} w_{ij} \varepsilon_{jt} + \nu_{it}$ （8.6）

数字化程度：$\ln OFDI_{it} = \beta \ln DIG_{it} + \gamma^{\mathrm{T}} X_{it} + \mu_i + \varepsilon_{it}, \quad \varepsilon_{it} = \lambda \sum_{j=1}^{n} w_{ij} \varepsilon_{jt} + \nu_{it}$ （8.7）

然后分别运行模型（8.5）–（8.7）来研究数字普惠金融的三个维度对全国31个省（自治区、直辖市）的OFDI以及东部、中部和西部三个地区的OFDI的影响，分析结果见表8-7。

由表8-7的分析结果可以发现，无论是从全国层面，还是分区域来看，数字普惠金融的覆盖广度、使用深度和数字化程度对各省的OFDI均起到了显著的正向促进作用。其中，覆盖广度对东部地区的OFDI的促进效应最强，对中

表8-7　　　　　数字普惠金融的三个维度对OFDI的线性影响分析

变量	全国	东部	中部	西部
$\ln WID$	0.388***	0.435***	0.320***	0.394***
	（5.36）	（3.57）	（4.61）	（5.01）
$\ln DEP$	0.535***	0.623***	0.369***	0.486***
	（5.26）	（4.13）	（4.41）	（4.19）
$\ln DIG$	0.352***	0.311***	0.329***	0.447***
	（4.99）	（3.46）	（5.62）	（4.12）

注：***、**、*对应的显著性水平分别为1%、5%、10%；括号内的数值为z统计量样本值。

部地区的OFDI的促进效应最弱；使用深度对东部地区的OFDI的促进效应最强，对中部地区的OFDI的促进效应最弱；数字化程度对西部地区的OFDI的促进效应最强，对东部地区的OFDI的促进效应最弱。这提示我们在发展OFDI时要针对这种区域发展不平衡采用不同策略，例如，东部地区应持续优化国际化网络，深化数字化应用；中部地区应加速提高覆盖广度和使用深度，缩小与东部差距；而西部地区应继续强化数字化转型，并探索与东部地区合作的新模式，促进各地区的OFDI均衡、高质量发展。

8.5　数字普惠金融对OFDI的非线性时空影响——基于半参数空间面板误差模型

8.5.1　半参数空间面板误差模型的构建与估计

在进行建模之前，绘制具有代表性的省（自治区、直辖市）的$\ln DIFI$与该地区的$\ln OFDI$关系的散点图，如图8-4所示。此散点分布图直观揭示了数字普惠金融与OFDI之间可能存在非线性关系，进而侧面印证了本节运用非参数模型进行探究的合理性与必要性。

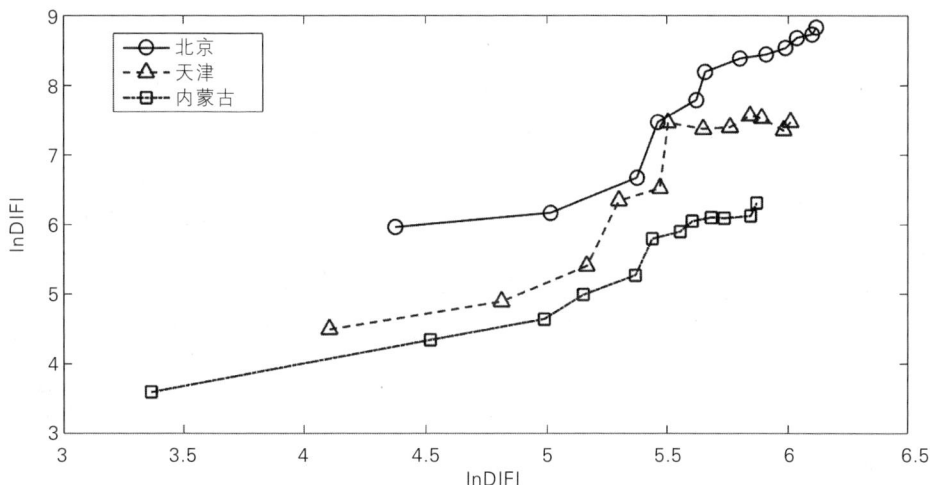

图 8-4　部分省市数字普惠金融和 OFDI 的散点图

为研究数字普惠金融总指数对 OFDI 的非线性时空影响，本节建立如下的半参数空间面板误差模型：

$$\ln OFDI_{it} = g(\ln DIFI_{it}) + \gamma^{\mathrm{T}} X_{it} + \mu_i + \varepsilon_{it}, \quad \varepsilon_{it} = \lambda \sum_{j=1}^{n} w_{ij} \varepsilon_{jt} + \nu_{it} \tag{8.8}$$

其中，i 表示省份，t 表示年份，$\ln OFDI$ 表示对外直接投资的对数；$g(\cdot)$ 为未知光滑回归函数，刻画了省份 i 的数字普惠金融对该地区的 OFDI 的函数型影响，其他变量和符号如前文所述。易见，当 $g(x) = x$ 时，模型（8.8）则转化为了模型（8.3），因而模型（8.8）比模型（8.3）更为灵活、应用更广泛。

由于模型（8.8）中的 $g(\cdot)$ 为未知光滑函数，我们采用非参数统计方法对其进行估计，具体的估计方法见第 2.6.4 节。

不失一般性，不妨假设 $\ln DIFI_{it}$ 的取值范围为 $[0, 1]$。首先选取等距离节点 $0 = \kappa_0 < \kappa_1 < \cdots < \kappa_L < \kappa_{L+1} = 1$，这里 $L = 4$，从而将 $[0, 1]$ 区间划分成若干个子区间 $[\kappa_l, \kappa_{l+1}]$，$l = 0, 1, \cdots, L$。基于这些节点，选取 3 次 B-样条基函数：$B_1(\cdot), \cdots, B_K(\cdot)$，这里 $K = L + d = 7$。于是 $g(\cdot)$ 可近似表示为：

$$g(\ln DIFI_{it}) \approx \sum_{k=1}^{K} B_k(\ln DIFI_{it}) b_k \equiv b^{\mathrm{T}} B(\ln DIFI_{it}) \tag{8.9}$$

其中，$B(\cdot) = \left(B_1(\cdot), \cdots, B_K(\cdot)\right)^{\mathrm{T}}$ 为基函数向量，$b = \left(b_1, \cdots, b_K\right)^{\mathrm{T}}$ 为待估的基函数系数。将式（8.9）代入模型（8.8）中，可得：

$$\ln OFDI_{it} = b^{\mathrm{T}} B(\ln DIFI_{it}) + \gamma^{\mathrm{T}} X_{it} + \mu_i + \varepsilon_{it}, \quad \varepsilon_{it} = \lambda \sum_{j=1}^{n} w_{ij} \varepsilon_{jt} + \nu_{it} \tag{8.10}$$

由模型（8.10）可以得到 $\hat{b}$，$\hat{\gamma}$，$\hat{\lambda}$。最后，$g(\cdot)$ 的估计为：$\hat{g}(\cdot) = \sum_{k=1}^{K} \hat{b}_k B_k(\cdot)$。

8.5.2 数字普惠金融总指数对OFDI的非线性影响分析

我们运用模型（8.8）分析全国样本数据和东中西部地区的样本数据，分析结果见表8-8及图8-5。

表8-8 数字普惠金融总指数对OFDI的非线性影响分析（参数部分）

变量	全国	东部	中部	西部
$\ln PGDP$	0.960*** (3.16)	1.559*** (4.42)	0.286 (0.56)	0.970* (1.92)
EDU	0.575*** (4.78)	0.177 (1.22)	-0.693*** (-3.69)	0.941*** (5.07)
$Urbanization$	-5.934*** (-3.66)	-5.021*** (-3.56)	16.715*** (4.62)	1.536 (0.35)
GOV	1.713** (2.02)	6.217*** (3.74)	-3.081** (-2.05)	2.195* (1.87)
$\ln RD$	0.176 (1.35)	0.024 (0.14)	0.251 (1.29)	-0.105 (-0.54)
$\ln TEC$	0.342*** (3.90)	-0.226** (-2.43)	-0.014 (-0.11)	0.374** (2.52)
λ	0.156** (2.27)	0.210** (2.55)	-0.264*** (-2.82)	-0.421*** (-3.40)
N	372	132	96	144
R^2	0.952	0.969	0.940	0.936

注：***、**、*对应的显著性水平分别为1%、5%、10%；括号内的数值为z统计量样本值。

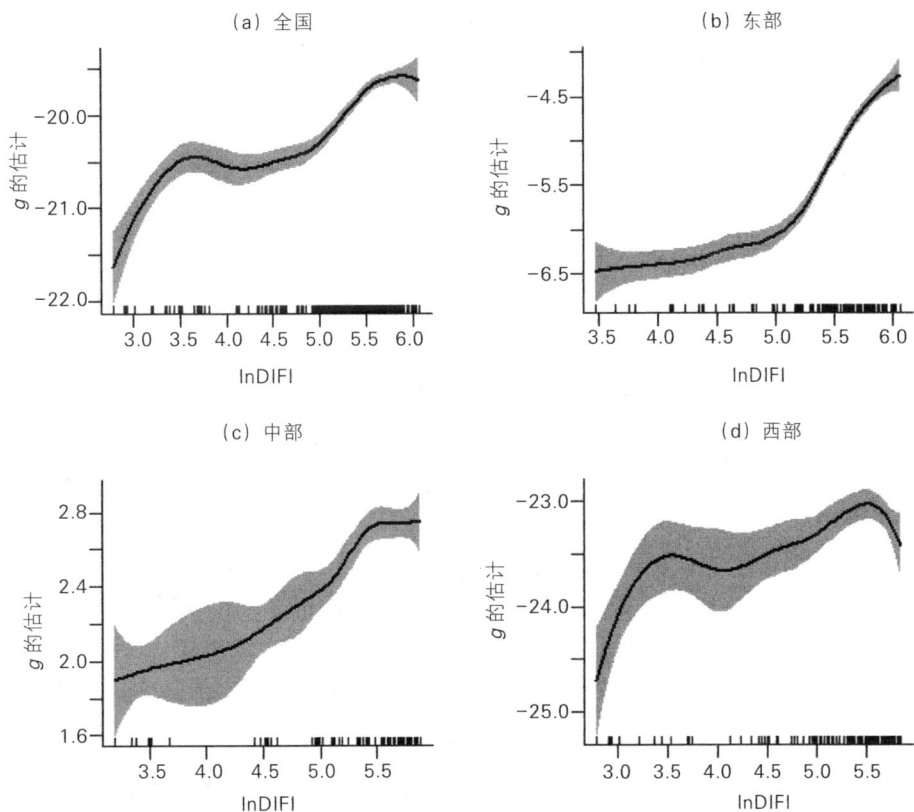

图 8-5 数字普惠金融总指数对 OFDI 的非线性影响（非参数部分）

首先由表 8-8 的分析结果可以发现，与模型（8.3）相比，半参数空间面板误差模型（8.8）有着更大的 R^2 值，因而可以认为，模型（8.8）要优于模型（8.3）。

下面分析一下数字普惠金融总指数与我国各省 OFDI 的关系。

从全国层面来看，由图 8-5（a）可以发现，数字普惠金融总指数与各省 OFDI 的关系大致呈震荡上升的趋势。在数字普惠金融发展初期，随着总指数的增大，我国各省 OFDI 迅速递增；当总指数发展到一定程度后，各省 OFDI 的增速开始变缓，甚至出现递减的趋势，但 OFDI 很快就出现反弹并加速上涨的走势。在数字普惠金融发展初期，各省 OFDI 迅速上涨，反映了金融普惠对 OFDI 的显著刺激作用，随着总指数提升，融资渠道拓宽，促进了企业对外投资。然而，当总指数达到较高水平后，增速放缓可能源于市场饱和、投资回报递减或企业审慎决策。递减趋势的短暂出现，可能是市场调整期，企业在评估风险与收益后，选择更稳健的投资策略。但随后，随着数字普惠金融进一步成熟，技术创新、市场多元化等因素推动，OFDI 迅速反弹并加速上涨，显示出数字普惠金融对 OFDI 的长期积极影响。由此可见，数字普惠金融是促进我国各省 OFDI 的一个有力驱动因素。

接下来按照东中西部地区来考察数字普惠金融总指数与各地区 OFDI 的关系。由图 8-5（b）至图 8-5（d）可以发现，总指数与东中西部地区 OFDI 均呈明显的非线性关系，然而这种非线性关系又各有差异。

对于东部地区，在数字普惠金融发展初期，随着总指数的发展，东部地区各省 OFDI 在缓慢增长，而当总指数发展到一定阶段后，各省 OFDI 的发展速度迅速增大。这表明，高水平的数字化普惠金融能够显著促进 OFDI，降低交易成本，提高决策效率和精准性，进而增强投资竞争优势。这一结论强调了普惠金融的数字化在推动东部地区 OFDI 增长中的关键作用。

对于中部地区，数字普惠金融总指数与中部地区各省 OFDI 大致呈倒"U"形关系。在数字普惠金融发展初期，随着总指数的提升，中部地区各省 OFDI 大致呈线性递增趋势，而当总指数发展到一定阶段后，各省 OFDI 达到一个高峰值后会迅速下降。其原因可能是，在数字普惠金融发展初期，由于数字化普惠金融降低了信息壁垒，提高了投资效率，因而 OFDI 得到一定促进；然而，当数字化水平过高时，中部地区可能因技术创新能力不足、国际市场适应性差等，OFDI 竞争力下降，从而在高点后迅速滑落。这提示我们，中部地区在推进数字化普惠金融发展进程中，需注重提升核心技术竞争力和市场拓展能力，以充分利用数字化红利，实现 OFDI 的持续增长。

对于西部地区，数字普惠金融总指数与 OFDI 之间呈现出一种复杂的非线性关系。在数字普惠金融发展初期，随着总指数的不断发展，西部地区各省 OFDI 迅速递增；而当总指数发展到一定阶段后，各省 OFDI 略有下滑，然后开始呈现缓慢抬升趋势；当数字化普惠金融发展到很高程度后，各省 OFDI 迅速减少。其原因可能是，在数字普惠金融发展初期，数字化显著降低了信息成本，促进了 OFDI 的快速增长。但随着数字化深入，西部地区可能面临技术吸收能力不足、基础设施滞后等问题，导致 OFDI 略有下滑。随后，通过政策扶持、技术引进等措施，OFDI 开始缓慢回升。然而，当数字化达到极高水平时，若未能有效转化为实际竞争力，OFDI 可能因国际市场竞争加剧而迅速减少。因而，西部地区需加强技术吸收与创新能力，完善基础设施，以充分利用数字化红利，实现 OFDI 的稳健增长。

下面分析一下其他控制变量对 OFDI 的影响效应。由表 8-8 的分析结果可以发现，从全国层面来看，地区经济发展水平、教育水平、政府干预程度和技术创新对于各省 OFDI 均起到了显著的正向促进作用。经济发展提升了资本积累和对外投资能力；教育水平提高促进了高素质人才的培养，增强了企业国际竞争力；适度的政府干预能优化资源配置，提供政策支持；技术创新则提高了企业核心竞争力和国际市场适应能力。这些因素共同作用，为各省 OFDI 提供了良好的经济基础、人才保障、政策环境和技术支撑，促进了对外投资的持续增长和优化。同时，也要注意到城镇化显著阻碍了东部地区 OFDI 的发展。这可能是因为，东部地区在快速城镇化过程中，资源高度集中于城市区域，导致对外投资的资本和人才相对短缺。同时，高城镇化水平可能也意味着国内市场竞争激烈，企业更倾向于在国内寻找增长机会，而非对外投资。此外，高生活成本和房地产泡沫也可能使企业更倾向于将资金用于国内市场，而非海外投资。

分区域来看，由表 8-8 的分析结果可以发现，这些控制变量对于当地 OFDI 的发展所起到的作用各不相同，存在很大的差异性。

对于东部地区，地区经济发展和政府干预均对当地 OFDI 的发展起到了显著的正向促进作用；而城镇化和技术创新则对当地 OFDI 起到了显著的负向阻碍作用。产生这一现象的原因可能是，随着城镇化加深，大量资源向城市集中，减少了可用于对外投资的资本和人才；而技术创新具有一定的不确定性，新技术研发需要大量投入，且市场接受度未知，这增加了企业对外投资的风险；此外，技术创新也可能促使企业更专注于国内市场，以快速响应技术变革带来的市场机遇。

对于中部地区，城镇化发展能够显著促进当地 OFDI 的增长，而教育和政府干预则显著地阻碍了当地 OFDI 增长。对于西部地区，地区经济增长、教育、政府干预和技术创新，均对当地 OFDI 的增长起到了显著的正向促进作用。

通过上述分析可以看出，数字普惠金融发展有助于促进我国各省 OFDI 的发展。此外，地区 OFDI 发展受到多重因素的影响，需因地制宜。东部地区应继续推动经济发展，同时审慎管理城镇化和技术创新带来的挑战。中部地区需优化教育资源配置，减少政府过度干预，以激发 OFDI 潜力。西部地区应全面促进经济增长、教育、政府支持和技术创新，形成 OFDI 发展的良好环境。

8.5.3 数字普惠金融的三个维度对 OFDI 的非线性影响分析

下面我们研究数字普惠金融的三个维度对 OFDI 的非线性时空影响。为此，本节建立如下的半参数空间面板误差模型：

覆盖广度：$\ln OFDI_{it} = g_1(\ln WID_{it}) + \gamma^{\mathrm{T}} X_{it} + \mu_i + \varepsilon_{it}$,

$$\varepsilon_{it} = \lambda \sum_{j=1}^{n} w_{ij} \varepsilon_{jt} + \nu_{it} \tag{8.11}$$

使用深度：$\ln OFDI_{it} = g_2(\ln DEP_{it}) + \gamma^{\mathrm{T}} X_{it} + \mu_i + \varepsilon_{it}$,

$$\varepsilon_{it} = \lambda \sum_{j=1}^{n} w_{ij} \varepsilon_{jt} + \nu_{it} \tag{8.12}$$

数字化程度：$\ln OFDI_{it} = g_3(\ln DIG_{it}) + \gamma^{\mathrm{T}} X_{it} + \mu_i + \varepsilon_{it}$,

$$\varepsilon_{it} = \lambda \sum_{j=1}^{n} w_{ij} \varepsilon_{jt} + \nu_{it} \tag{8.13}$$

其中，$g_1(\cdot)$、$g_2(\cdot)$ 和 $g_3(\cdot)$ 为未知光滑回归函数，分别刻画了省份 i 的覆盖广度、使用深度和数字化程度对该地区的对外直接投资的函数型影响，其他变量和符号如前文所述。

我们选取 $d = 3$，$K = 7$，基于全国样本数据和东中西部地区的样本数据，运用第 2.6.4 节的估计方法来拟合模型（8.11）—（8.13），所得到的分析结果见图 8-6 至图 8-8（参数部分的结果与表 8-8 类似，故略去）。

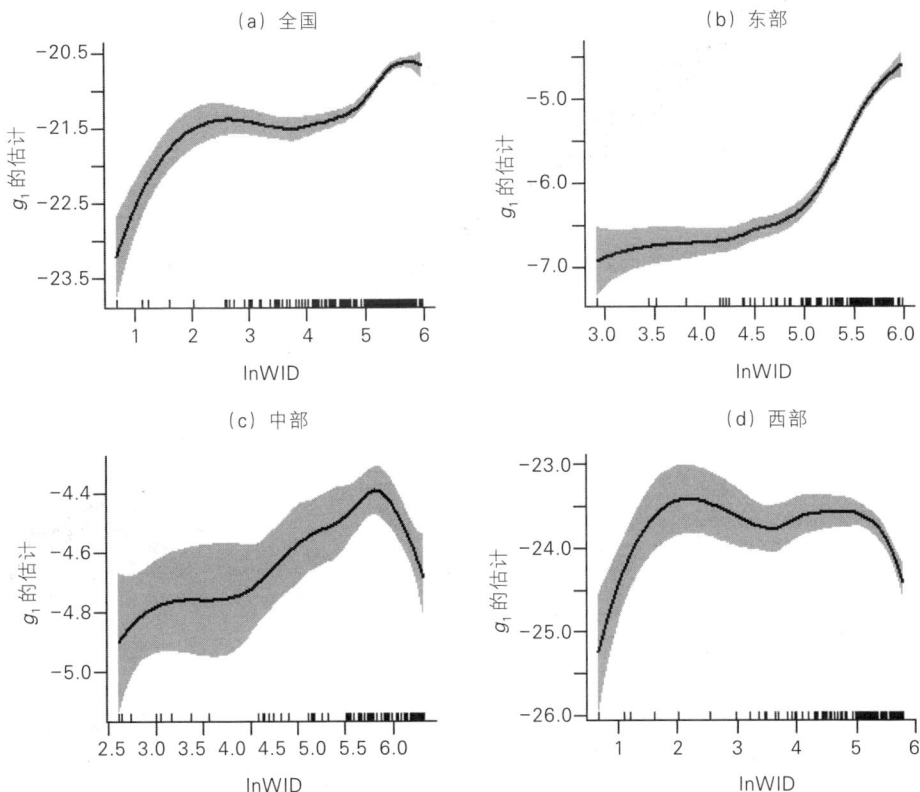

图 8-6　覆盖广度对 OFDI 的非线性影响（非参数部分）

首先，分析一下数字普惠金融覆盖广度与 OFDI 之间的关系。由图 8-6 可以看出，无论是从全国层面，还是分区域，覆盖广度与 OFDI 之间都呈现出复杂的动态非线性关系。

从全国层面来看，在数字普惠金融发展初期，随着覆盖广度的增加，我国各省 OFDI 迅速增长；当数字普惠金融发展到一定阶段后，随着覆盖广度的继续增加，各省 OFDI 略有下滑，随后开始缓慢增长；当覆盖广度发展到很高程度后，各省 OFDI 开始呈现出递减趋势。这一现象反映了数字普惠金融与 OFDI 之间复杂的动态非线性关系。在数字普惠金融发展初期，数字普惠金融的广泛覆盖降低了融资门槛，促进了企业尤其是中小企业的国际化进程，从而推动了

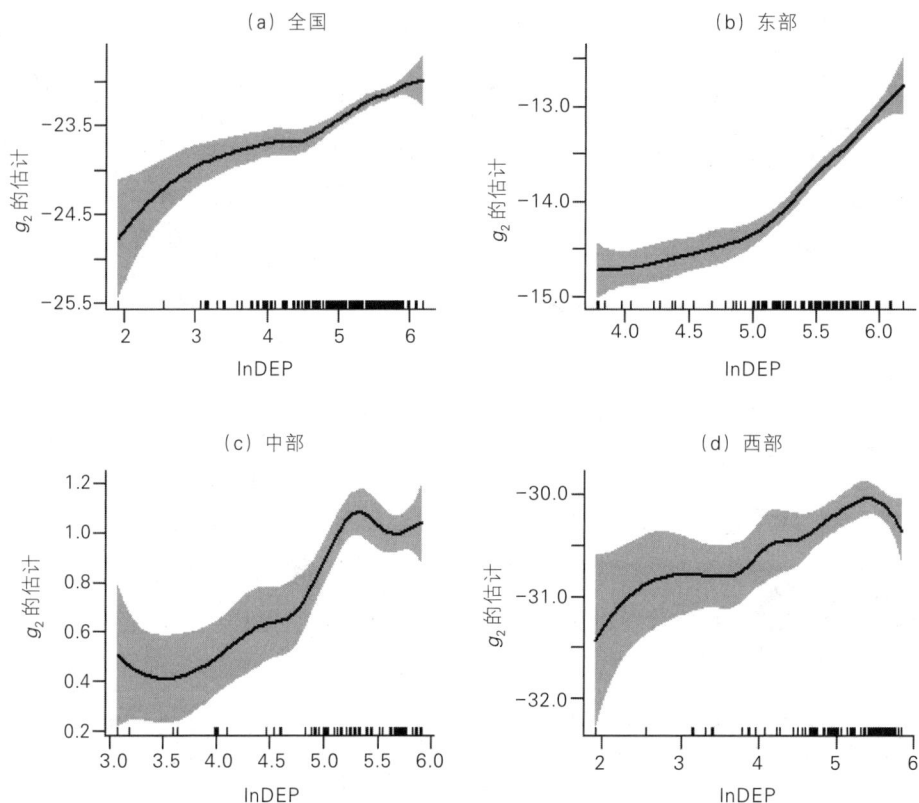

图 8-7　使用深度对 OFDI 的非线性影响（非参数部分）

OFDI 快速增长。然而，随着覆盖广度进一步增加，市场趋于饱和，竞争加剧，可能导致部分低效投资减少，OFDI 增速放缓甚至出现短期下滑。随后，在高质量发展和技术创新驱动下，OFDI 开始以更稳健的速度增长。但当数字普惠金融覆盖达到极高水平时，边际效益递减，加之国际市场不确定性增加，OFDI 可能面临新的挑战，如投资回报率下降，进而呈现递减趋势。

若分区域来看，对于东中西部地区，覆盖广度与 OFDI 发展呈现出不同的动态非线性关系，具有非常大的差异性。

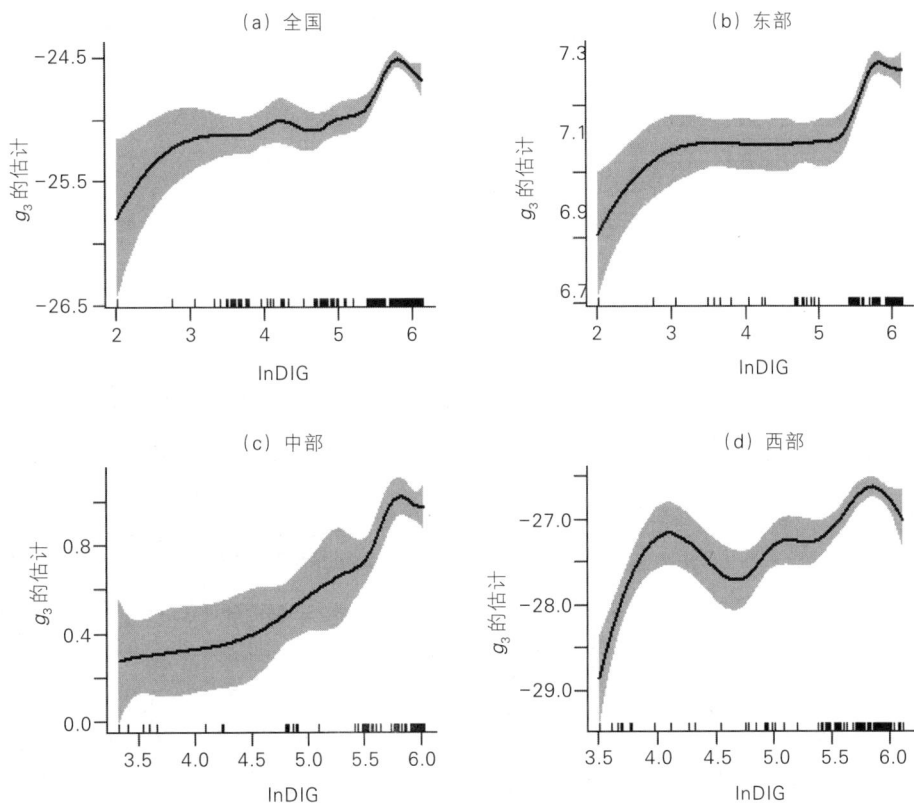

图8-8 数字化程度对OFDI的非线性影响（非参数部分）

对于东部地区，在数字普惠金融发展初期，随着覆盖广度的增加，各省OFDI缓慢增长；当覆盖广度发展到一定程度后，各省OFDI的增长速度迅速变大。在数字普惠金融发展初期，由于新技术与金融体系的融合需要时间，以及企业对新兴金融服务有着认知与接受过程，东部地区各省的OFDI虽在逐渐增长但增长速度比较缓慢；随着覆盖广度的进一步加深，数字普惠金融的优势逐渐显现，包括更便捷的融资渠道、更精准的风险评估，以及更高效的资金配置等，这些都为东部企业"走出去"提供了强有力的支持。因此，当覆盖广度发展到一定程度后，东地区部各省的OFDI增长速度迅速变大。这凸显了数字普惠金融在推动东部地区OFDI中的关键作用。

对于中部地区，在数字普惠金融发展初期，随着覆盖广度的深入，各省OFDI缓慢增长；然而当覆盖广度发展到高水平阶段后，各省OFDI却出现迅速下降的趋势。这种现象的原因可能是：得益于资金流动性的改善和投资门槛的降低，随着初期阶段覆盖广度的逐渐深入，各省OFDI开始缓慢增长；当覆盖广度达到高水平阶段，由于中部企业在快速金融化过程中，过于依赖短期投资回报，忽略了长期战略规划和风险管理；同时，高水平覆盖也可能导致市场竞争加剧，部分企业在国际化进程中遭遇挫折，因而出现了中部地区各省OFDI迅速下降的趋势。

对于西部地区，在数字普惠金融发展初期，随着覆盖广度的增大，各省OFDI迅速增长；当数字普惠金融发展到一定阶段后，随着覆盖广度的继续增大，各省OFDI开始下滑，但随后又缓慢增长；而当覆盖广度发展到很高程度后，各省OFDI开始呈现出递减趋势。在西部地区，数字普惠金融初期覆盖广度的扩大显著促进了各省OFDI的迅速增长，这得益于资金流动性的提升和投资渠道的拓宽。然而，随着发展到一定阶段，OFDI出现下滑，可能是因为部分企业投资经验不足，面临市场挑战时采取了保守策略。随后，通过学习与适应，OFDI缓慢回升。但当覆盖广度达到很高程度时，市场竞争加剧、资源分配不均等问题显现，加之外部环境变化，导致OFDI再次呈现递减趋势。这反映了西部地区在数字普惠金融推动下的OFDI具有波动性和复杂性。

接下来，分析一下数字普惠金融使用深度与OFDI之间的关系。由图8-7可以看出，无论是从全国层面，还是分区域，使用深度与OFDI之间都呈现出复杂的动态关系，整体上都呈现出上升趋势。从全国层面来看，使用深度与我国各省OFDI之间大致呈递增的线性关系。若分区域来看，对于东部地区，在数字普惠金融发展初期，随着使用深度的增大，各省OFDI呈现缓慢增长，而当使用深度发展到一定程度后，各省OFDI增长速度会迅速变大；对于中部地区，在数字普惠金融发展初期，各省OFDI出现短暂的下滑，但随着使用深度的持续提高，各省OFDI开始稳步上涨；对于西部地区，在数字普惠金融发展初期，各省OFDI迅速增大，然而其增长速度很快变缓，呈现出持续稳定的向上发展态势，当使用深度发展到很高程度后，各省OFDI则出现了下滑的趋势。整体而言，数字普惠金融的使用深度对各省OFDI发展具有积极的促进作用，但区域间差异显著，动态关系复杂，需因地制宜制定政策，促进各地区的OFDI均衡发展与持续增长。

最后，分析一下数字普惠金融数字化程度与OFDI之间的关系。由图8-8可以看出，无论是从全国层面，还是分区域，数字化程度与OFDI之间都呈现出复杂的动态关系，整体上数字化程度的发展有助于促进各省OFDI的增长，但各地区间又存在一定差异。

从全国层面来看，在数字普惠金融发展初期，各省OFDI快速增长，但很快趋于平缓；而当数字化程度发展到很高程度后，各省OFDI增长速度会迅速变大，达到一个高峰后，开始出现迅速下滑。其原因可能是，在初期阶段，金融服务的普及与效率提升，促进了对外投资活动，因而各省OFDI快速增长。然而，随着基础设施与服务的逐步完善，增速开始逐渐平缓，进入稳定期。当数字化程度达到高水平，技术创新与金融深度融合，OFDI迎来新一轮爆发式增长，达到高峰。但随后，可能因市场竞争加剧、资源瓶颈或政策调整等因素，OFDI增速迅速下滑，进入调整期。这反映了数字普惠金融对OFDI的复杂影响及市场周期性变化。

若分区域来看，对于东部地区，在数字普惠金融发展初期，随着数字化程度的增大，各省OFDI呈现缓慢增长，而当使用数字化程度到高水平后，各省OFDI增长速度会迅速加快；对于中部地区，随着数字化程度的持续发展，各省OFDI呈现出稳步上升的趋势；对于西部地区，在数字普惠金融发展初期，各省OFDI迅速增大，然而其增长速度很快变缓，甚至在某些时期出现了OFDI短暂递减，而当数字化程度发展到很高程度后，各省OFDI则出现了迅速增大然后又迅速减小的走势。整体而言，数字普惠金融的数字化发展对各省OFDI发展具有积极的促进作用，但区域间差异显著，动态关系复杂，需因地制宜制定政策，促进各地区的OFDI均衡发展与持续增长。

8.6 本章小结

本章基于 2011—2022 年我国 31 个省（自治区、直辖市）的样本数据，研究了数字普惠金融与 OFDI 之间的关系。首先，对我国各省 OFDI 的发展现状进行了分析；其次，运用 Moran's I 检验研究了各省 OFDI 的空间相关性问题，并运用 LM 检验和 Hausman 检验来确定建立空间面板误差模型；接下来，运用空间面板误差模型分析了数字普惠金融对各省 OFDI 的线性时空效应；最后，通过构建半参数空间面板误差模型探讨了数字普惠金融对各省 OFDI 的非线性时空效应。研究结果表明：

第一，数字普惠金融对 OFDI 具有显著的促进作用。无论从全国层面还是分区域来看，数字普惠金融总指数及其三个维度（覆盖广度、使用深度、数字化程度）均对 OFDI 产生了正向影响。这表明，数字普惠金融发展能够有效缓解企业融资约束，拓宽融资渠道，降低融资成本，提高融资效率，从而促进企业"走出去"进行对外直接投资。

第二，数字普惠金融对 OFDI 的正向促进效应存在非线性动态特征。在不同的数字普惠金融发展阶段，其对 OFDI 的影响程度和方向可能存在差异。例如，在数字普惠金融发展初期，其对 OFDI 的影响可能较弱，但随着数字普惠金融的不断发展，其对 OFDI 的影响会逐渐增强。

第三，数字普惠金融对 OFDI 的影响存在区域差异性。东部、中部和西部地区数字普惠金融发展水平存在差异，其对 OFDI 的影响也存在差异。东部地区数字普惠金融发展较为成熟，其对 OFDI 的影响更为显著；中部地区数字普惠金融发展相对滞后，其对 OFDI 的影响较弱；西部地区数字普惠金融发展起步较晚，但其对 OFDI 的影响潜力巨大。

第四，其他因素对各省 OFDI 的影响也存在差异。经济发展水平、教育水平、政府干预程度和技术创新水平等因素均对 OFDI 产生显著影响，但其影响程度和方向在不同地区存在差异。例如，经济发展水平对东部地区的 OFDI 具有显著的正向影响，但对中部地区的影响不显著；城镇化水平对中部地区的

OFDI 具有显著的正向影响，但对东部地区的影响不显著。

通过本章的实证研究，我们深刻认识到数字普惠金融与 OFDI 之间存在着复杂的非线性关系。这种关系不仅体现在总体促进作用的差异上，还表现在不同区域、不同分维度以及不同控制变量作用下的多样化表现上。这种非线性关系的存在提示我们，在推动数字普惠金融发展的过程中，必须充分考虑其地域差异、维度差异以及与其他经济因素的相互作用关系，制定更加精准有效的政策措施。同时，企业在进行海外投资时也应充分考虑数字普惠金融的影响因素，充分利用其优势资源降低投资风险、提高投资效率。

基于上述结论和分析，我们提出几点建议：

第一，加强数字基础设施建设，提升普惠金融覆盖面。数字普惠金融的发展依赖于强大的数字基础设施，包括互联网、移动通信、大数据中心等。政府应加大投资力度，推动偏远和欠发达地区的信息网络覆盖，确保数字金融服务的广泛可得性。同时，金融机构应利用先进技术，如区块链、人工智能等，降低服务成本，提高服务效率，扩大普惠金融的服务边界，为更多企业和个人提供跨境金融服务，促进对外直接投资。

第二，深化金融科技创新，提升服务质量和风险防控能力。金融科技创新是数字普惠金融发展的核心动力。应鼓励金融机构与科技公司合作，研发满足对外直接投资需求的金融产品和服务，如跨境支付、海外信贷、风险管理解决方案等。通过科技手段提高金融服务的智能化水平，实现风险精准识别和防控，减少对外直接投资中的不确定性和风险，增强投资者的信心。

第三，加强政策引导和支持，优化对外直接投资的金融环境。政府应出台一系列政策措施，支持数字普惠金融在对外直接投资领域的应用。包括提供税收优惠、补贴奖励等激励措施，鼓励企业和金融机构积极参与对外直接投资。同时，应建立健全监管体系，保障金融市场的稳定和安全，为对外直接投资提供良好的金融环境。此外，应加强国际合作，推动数字普惠金融标准的国际互认，为跨境金融服务提供便利。

第四，提升金融素养，培养具备国际化视野的金融人才。数字普惠金融的发展需要高素质的金融人才支撑。应加强对企业和个人的金融知识教育，提升金融素养和风险意识。同时，注重培养具备国际化视野和跨文化沟通能力的金融人才，为对外直接投资提供智力支持。通过教育和培训，提升金融人才的专业技能和创新能力，推动数字普惠金融在对外直接投资中的广泛应用。

第五，强化风险管理，确保数字普惠金融的稳健发展。在推动数字普惠金融与对外直接投资相结合的过程中，风险管理是至关重要的一环。应建立健全风险评估体系，对跨境金融服务和投资项目进行全面的风险评估和监测。同时，加强与国际金融组织的合作，学习借鉴国际先进的风险管理经验和技术手段，提升风险管理水平。在保障金融安全的前提下，推动数字普惠金融在对外直接投资中的稳健发展。

综上所述，发展数字普惠金融与对外直接投资需要政府、金融机构、科技企业和个人等多方面的共同努力。通过加强数字基础设施建设、深化金融科技创新、优化政策环境、提升金融素养和强化风险管理等措施，有效推动数字普惠金融在对外直接投资中的广泛应用，促进经济的全球化发展和高质量发展。

第9章　结论与政策建议

通过前面的实证分析，我们发现数字普惠金融经济效应是非常复杂的，既存在空间上的溢出效应，也存在时间上的动态效应，而且这种效应机制还呈现出非线性特征。此外，数字普惠金融能够通过促使经济增长、推动产业结构升级、缩小城乡收入差距、刺激居民消费、提升对外直接投资等来促进中国经济社会不断发展与进步，成为我国拉动经济不断增长的新动力。本章首先对前文的实证分析所得到的主要结论进行概括总结，然后基于所得到的结论提出相应的政策建议。

9.1　主要结论

第一，我国数字普惠金融发展迅速，总指数和三个维度指数整体均呈现逐年递增趋势；但区域发展存在明显差异，东部地区领先，中西部地区相对滞后，但发展速度较快。此外，Theil指数分解显示，总体差距经历先减小后扩大再趋于稳定的过程，主要源于地区内差异，东部地区内部差距最大，中部地区最均衡，西部地区差距逐渐缩小但仍较高。σ收敛分析表明，全国及东中西部地区数字普惠金融发展水平波动均趋于收敛；β收敛分析发现，全国及东中西部地区数字普惠金融发展水平存在显著的绝对β收敛性，即落后地区对领先地区具有追赶效应，中部地区收敛速度最快，西部地区其次，东部地区最慢；条件 β 收敛分析显示，经济发展水平、互联网发展水平、科技创新能力对数字普惠金融发展具有显著的正向促进作用，而城乡收入差距会阻碍其发展。

第二，数字普惠金融对经济增长的促进作用呈现出显著的非线性特征，并随着数字普惠金融发展程度的不同而呈现出阶段性变化。在初期阶段，数字普惠金融的促进作用相对较弱且发展较为平稳，这主要受制于基础设施薄弱、技术支持不足、民众认知度低等因素。随着数字普惠金融的普及和深入，其对经济增长的促进作用逐渐增强，主要表现在促进金融包容性、提高经济效率、推动创新和创业、促进消费和投资等方面。然而，当数字普惠金融发展到一定程度后，其边际效应逐渐递减，但仍然能够为经济增长提供稳定支持。此外，东、中、西部地区数字普惠金融对经济增长的影响存在显著差异，东部地区促进作用较强，中部地区呈现先抑制后促进的趋势，西部地区则表现为"促进作用下降—促进作用平稳—促进逐渐加强"的趋势。另外，数字普惠金融的三个维度（覆盖广度、使用深度、数字化程度）对经济增长的影响亦存在显著的非线性特征，且表现出区域差异性。总体而言，覆盖广度在所有地区均显著促进经济增长，尤其对西部地区影响最为显著；使用深度在东部地区呈现"W"型关系，在中部地区先抑制后促进，在西部地区先促进后抑制；数字化程度在东部地区呈现先平稳后快速上升的趋势，在中部地区和西部地区呈现先上升后下降再上升的趋势。

第三，数字普惠金融与产业结构升级之间存在复杂的非线性关系，其影响具有阶段性和地域差异性。在数字普惠金融发展的早期阶段，其通过提升资金流动效率、促进信息透明和优化资源配置，为产业升级提供初步动力，但效果较为温和。随着数字普惠金融的成熟和发展，其对产业结构升级的促进作用会显著增强，推动产业结构向更高层次、更多元化的方向发展。从地域差异来看，数字普惠金融对东部地区产业结构升级的促进作用最为显著，主要得益于其数字基础设施完善、人才集中和市场活跃。中部地区次之，西部地区则相对较弱，主要受限于其数字基础设施薄弱、金融服务渗透率低和人才技术短缺等因素。因此，各地区应根据自身特点，有针对性地发展数字普惠金融的不同维度，例如东部地区应着重增加使用深度，中部地区应扩大覆盖广度，西部地区则需加强数字化程度。此外，数字普惠金融的三个维度对产业结构升级的影响也存在差异。覆盖广度和使用深度对产业结构升级的促进作用最为显著，而数字化程度的影响则较为复杂，呈现出先升后降的倒"U"形关系。因此，在推动数字普惠金融发展的过程中，应注重平衡各维度的发展，避免过度依赖单一维度，以确保其对产业结构升级的持续促进作用。

第四，数字普惠金融在缩小城乡收入差距方面发挥着重要作用，但其影响并非线性，而是呈现出复杂的非线性关系。从总体影响来看，数字普惠金融在发展初期有助于缩小城乡收入差距，但随着发展程度的加深，其缩小效应逐渐减弱，甚至在后期可能导致差距的扩大。这表明数字普惠金融并非万能的解决方案，需要关注其发展的阶段性特征，并采取相应的政策措施。此外，数字普惠金融对城乡收入差距的影响存在明显的区域差异性。在东部地区，数字普惠金融的减贫效应最为显著，但随着发展程度的加深，城乡收入差距也出现反弹。中部地区的数字普惠金融发展对缩小城乡收入差距的影响相对较弱，但其减贫效应呈现倒"U"形关系，即先扩大差距后缩小差距。西部地区数字普惠金融的减贫效应最为显著，且随着发展程度的加深，其缩小效应不断增强。另外，数字普惠金融的三个维度对城乡收入差距的影响也存在差异。覆盖广度在东、中、西部地区均能显著缩小城乡收入差距，且其减贫效应随着发展程度的加深而增强。使用深度对城乡收入差距的影响呈现"U"形关系，即先缩小差距后扩大差距，且在东部、中部和西部地区都存在这种趋势。数字化程度在初期会扩大城乡收入差距，但随着发展程度的加深，其扩大效应逐渐减弱，并在后期可能转变为缩小效应。

第五，数字普惠金融对居民消费的影响呈现出明显的动态非线性特征。初期，随着数字普惠金融的覆盖范围扩大和使用深度提升，居民消费水平缓慢增长；但当数字普惠金融发展到一定程度后，其对消费的促进作用会显著增强，表现为消费水平的快速提升。这种非线性效应体现了数字普惠金融对消费的推动力量，也表明其发展潜力和空间巨大。此外，数字普惠金融对居民消费的影响存在区域差异性。东部地区由于经济发展水平较高，金融基础设施完善，数字普惠金融发展较为成熟，数字普惠金融对消费的促进作用更为显著。中部地区和西部地区由于经济发展相对滞后，金融基础设施相对薄弱，以及居民金融素养和消费观念相对滞后等因素，数字普惠金融发展尚处于起步阶段，其对消费的促进作用相对较弱。另外，数字普惠金融的三个维度对居民消费的影响也呈现出非线性特征。其中，覆盖广度和使用深度对居民消费的影响较为一致，均表现为随着数字普惠金融发展水平的提升，其对居民消费的促进作用逐渐增强。而数字化程度对居民消费的影响则呈现出先降后升的"U"形关系。在数字普惠金融发展初期，数字化程度的提升可能导致部分居民难以适应，从而对消费产生抑制作用。但随着数字化程度的进一步发展，其带来的便利性和效率提升将显著促进居民消费。

第六，数字普惠金融对对外直接投资（OFDI）具有显著的促进作用，但其影响并非线性，呈现出非线性特征，并存在区域差异性。从全国层面来看，数字普惠金融对OFDI的促进作用随着其发展水平的提升而增强。初期，数字普惠金融通过降低融资门槛、提高融资效率，为中小企业和低收入群体提供便捷的金融支持，从而促进OFDI的快速增长。然而，随着数字普惠金融的进一步发展，其影响可能会出现短期波动，例如市场饱和、投资回报递减或企业审慎决策等因素可能导致OFDI增速放缓甚至出现短期下滑。但长期来看，随着数字普惠金融的持续发展，技术创新、市场多元化等因素将推动OFDI重新进入快速增长阶段。此外，数字普惠金融对OFDI的影响存在区域差异性。东部地区数字化程度较高，OFDI增长与数字普惠金融发展呈现正相关关系；中部地区OFDI增长与数字化程度呈现倒"U"形关系；西部地区OFDI增长与数字化程度呈现先上升后下降再上升的倒"U"形趋势。另外，数字普惠金融的三个维度（覆盖广度、使用深度、数字化程度）对OFDI的影响也存在差异。覆盖广度对OFDI的影响呈现出复杂的动态非线性关系，初期促进作用显著，但随着发展可能出现短期下滑和波动。使用深度对OFDI的影响整体上呈上升趋势，但区域间差异显著。数字化程度对OFDI的影响也呈现出非线性特征，初期促进作用显著，但随着发展可能出现短期波动和下滑。

9.2 政策建议

9.2.1 加强数字普惠金融基础设施建设

数字普惠金融作为金融创新的重要方向，对经济增长具有显著的促进作用。而数字普惠金融的发展离不开完善的基础设施建设，这为其提供了必要的硬件支撑和技术保障。因此，加强数字普惠金融基础设施建设是推动其发展的首要任务，也是实现经济高质量发展的重要基础。

首先，要提升网络基础设施覆盖广度和质量。网络基础设施是数字普惠金融发展的基石，其覆盖范围和质量直接决定了数字普惠金融服务的可及性和便捷性。目前，我国农村、偏远地区的信息通信基础设施建设相对滞后，网络覆盖率低，网速慢，这限制了数字普惠金融在这些地区的应用和发展。因此，政府应加大对农村、偏远地区的信息通信基础设施建设投入，提升5G网络覆盖率，扩大光纤网络建设范围，实现网络"村村通"，降低偏远地区居民接入网络的成本，为数字普惠金融发展提供坚实的网络基础。

其次，要完善数字金融服务平台。数字金融服务平台是数字普惠金融发展的关键，其功能完善程度直接决定了数字普惠金融服务的效率和便捷性。政府应推动建立"政府+企业+金融"一体化信用评价体系，促进信用信息共享，为数字普惠金融发展提供数据支撑。此外，还应鼓励金融机构开发和完善数字金融服务平台，提供在线开户、转账、缴费、贷款、理财等功能，为用户提供便捷、高效的数字金融服务。

最后，要加强金融科技研发和应用。金融科技是数字普惠金融发展的核心驱动力，其技术创新和应用水平直接决定了数字普惠金融服务的效率和质量。政府应鼓励金融机构加大对金融科技的研发投入，利用大数据、人工智能、区块链等技术提升金融服务效率和风险管理能力，例如，利用大数据技术分析用户行为和信用状况，实现精准营销和风险控制；利用人工智能技术实现智能客服、智能投顾等功能，提升用户体验和服务效率；利用区块链技术实现数据安全和可信交易，降低交易成本，提高交易效率。

通过加强数字普惠金融基础设施建设，有效解决了数字普惠金融发展中的"最后一公里"问题，让更多用户能够便捷地享受数字金融服务，促进了金融资源均衡配置，推动了经济高质量发展。

9.2.2　营造良好的数字普惠金融发展环境

数字普惠金融作为金融创新的重要方向，对经济增长具有显著的促进作用。然而，数字普惠金融的发展需要一个良好的政策环境和制度保障。因此，营造良好的数字普惠金融发展环境是推动其发展的关键环节。

首先，要完善数字普惠金融法律法规。法律法规是数字普惠金融发展的基石，其完善程度直接决定了数字普惠金融发展的规范性和安全性。目前，我国数字普惠金融相关法律法规尚不健全，存在一些监管空白和风险隐患。因此，政府应加快制定和完善数字普惠金融相关法律法规，明确监管职责，规范市场秩序，保护消费者权益，防范系统性金融风险，为数字普惠金融发展提供法律保障。

其次，要制定差异化发展策略。数字普惠金融发展具有区域差异性，不同地区的经济发展水平、基础设施状况和金融需求存在差异。因此，政府应制定差异化发展策略，根据不同地区的实际情况，制定差异化的数字普惠金融发展政策，避免"一刀切"的政策。例如，加大对中西部地区数字普惠金融基础设施建设、人才培养、产品创新等方面的支持力度，缩小区域发展差距；鼓励金融机构针对不同群体开发多样化的数字普惠金融产品和服务，例如针对小微企业、农村居民等推出定制化的信贷、保险、理财等产品。

最后，要加强政策宣传和金融教育。政策宣传和金融教育是提高公众对数字普惠金融认知度和接受度的重要途径，也是推动数字普惠金融发展的重要保障。政府应利用多种渠道宣传数字普惠金融知识，提高公众对数字普惠金融的认知度和接受度，增强风险防范意识。例如，利用电视、广播、互联网等媒体开展金融知识普及活动，向公众介绍数字普惠金融的优势、功能、操作方法等信息；加强对全民的金融知识普及教育，提高公众的金融素养和风险防范意识，为数字普惠金融发展创造良好的社会环境。

通过营造良好的数字普惠金融发展环境，可以促进数字普惠金融健康发展，让更多用户能够便捷地享受数字金融服务，促进金融资源均衡配置，推动经济高质量发展。

制定差异化发展策略，根据不同地区的经济发展水平、基础设施状况和金融需求，制定差异化的数字普惠金融发展策略，避免"一刀切"的政策。

9.2.3　提升数字普惠金融服务水平

数字普惠金融作为金融创新的重要方向，对经济增长具有显著的促进作用。然而，数字普惠金融的最终目标是服务实体经济，促进经济增长。因此，提升数字普惠金融服务水平是推动其发展的核心任务，也是实现经济高质量发展的重要保障。

首先，鼓励金融机构创新产品和服务。数字普惠金融产品和服务创新是提升其服务水平和扩大覆盖面的重要途径。金融机构应针对不同群体开发多样化的数字普惠金融产品和服务。例如，针对小微企业，可以开发小额贷款、信用贷款、供应链金融等产品，解决小微企业融资难、融资贵问题；针对农村居民，可以开发农村电商贷款、农村信用贷款、农业保险等产品，支持农村经济发展；针对低收入群体，可以开发助农贷款、消费贷款、理财等产品，满足低收入群体的金融需求。

其次，加强金融科技应用。金融科技是数字普惠金融发展的核心驱动力，其技术创新和应用水平直接决定了数字普惠金融服务的效率和质量。金融机构应积极应用云计算、大数据、人工智能、区块链等技术，提升金融服务效率和风险管理能力。例如，利用大数据技术分析用户行为和信用状况，实现精准营销和风险控制；利用人工智能技术实现智能客服、智能投顾等功能，提升用户体验和服务效率；利用区块链技术实现数据安全和可信交易，降低交易成本，提高交易效率。

最后，优化金融资源配置。金融资源配置效率是数字普惠金融发展的重要指标，也是其服务实体经济的重要体现。金融机构应优化金融资源配置，加大对中小微企业、科技创新等领域的金融支持力度，引导金融资源向实体经济倾斜，促进经济高质量发展。例如，通过定向降准、降低贷款利率等措施，降低中小微企业融资成本，缓解融资约束；通过创新融资模式，推动供应链金融、股权众筹等融资模式创新，拓宽融资渠道，满足不同群体的融资需求；通过发展绿色金融，推动绿色金融发展，支持绿色产业发展，促进经济绿色转型。

通过提升数字普惠金融服务水平，可以更好地满足不同群体的金融需求，促进金融资源均衡配置，推动经济高质量发展，为经济转型升级提供有力支撑。

9.2.4 完善数字普惠金融监管体系

数字普惠金融作为一种新兴的金融模式，其发展速度快，创新性强，但也面临着一些新的风险和挑战。因此，完善数字普惠金融监管体系是保障其健康发展的关键。

首先，建立健全监管框架。建立健全监管框架是数字普惠金融监管的基础。监管机构应明确监管职责，制定监管规则，建立监管制度，形成完善的监管体系。例如，明确央行、银保监会、证监会等监管机构的监管职责，避免监管空白和监管套利；制定数字普惠金融业务规则、数据安全规则、消费者保护规则等，规范市场秩序，防范系统性金融风险；建立市场准入制度、市场退出制度、信息披露制度、风险监测预警制度等，加强对数字普惠金融的监管。

其次，加强风险监测和防范。数字普惠金融风险具有隐蔽性、传染性等特点，加强风险监测和防范是保障其健康发展的关键。监管机构应加强对数字普惠金融风险的监测和评估，及时发现和处置风险。例如，利用大数据、人工智能等技术建立风险监测预警机制，及时发现和预警风险；定期开展风险评估，评估数字普惠金融业务的风险水平，制定风险防控措施；建立风险处置机制，及时处置风险，防止风险蔓延。

再次，完善数据安全和消费者保护。数字普惠金融涉及大量的用户数据，数据安全和消费者保护是保障其健康发展的重要保障。监管机构应完善数据安全和消费者保护制度，保护用户数据安全和消费者合法权益。例如，制定数据安全规则，明确数据收集、存储、使用、共享等环节的安全要求，防止用户数据泄露和滥用；加强对数据安全风险的监管，防止数据安全事件的发生；完善消费者保护制度，加强对消费者权益的保护，及时处理消费者投诉，维护消费者合法权益。

最后，加强国际合作。数字普惠金融具有全球性特征，加强国际合作是推动其健康发展的重要途径。监管机构应加强与国际监管机构的合作，借鉴国际先进经验，推动数字普惠金融监管标准国际化。例如，加强与国外监管机构的交流合作，共享监管信息，共同防范跨境金融风险；积极参与国际数字普惠金融监管标准制定，推动数字普惠金融监管标准国际化；加强与国际监管机构的人员交流，学习先进经验，提升监管能力。

通过完善数字普惠金融监管体系，可以保障数字普惠金融健康有序发展，更好地服务实体经济，促进经济高质量发展。

9.2.5 加强区域合作和协调发展

数字普惠金融的发展具有显著的区域差异性，东部沿海地区发展较快，而中西部地区发展相对滞后。为了更好地发挥数字普惠金融的普惠性，促进区域协调发展，需要加强区域合作，实现优势互补，共同发展。

首先，打破区域壁垒，促进资源流动。为此，要打破行政壁垒，消除地区之间的政策歧视和限制，促进金融资源自由流动，实现区域金融一体化；要建立区域合作机制，加强区域之间的沟通协调，共同制定区域金融发展规划，推动区域金融协同发展；要加强基础设施建设，完善区域信息网络，促进区域之间的信息共享和互联互通，为数字普惠金融发展提供基础保障。

其次，发挥区域优势，推动产业协同。为此，对于东部地区，要发挥东部地区经济发达、科技水平高、人才聚集的优势，推动数字普惠金融产品和服务创新，提升数字普惠金融的数字化程度，为其他地区提供经验和技术支持；对于中部地区，要发挥中部地区资源丰富、市场潜力大的优势，积极发展数字普惠金融，支持当地产业发展，缩小与东部地区的差距；对于东北地区，要积极发展数字普惠金融，支持老工业基地改造升级，促进产业转型和升级；对于西部地区，要积极发展数字普惠金融，支持西部大开发战略，促进区域经济发展。

再次，加强人才培养和交流。为此，要加强数字普惠金融人才培养，为数字普惠金融发展提供人才支撑；要加强区域之间的人才交流，促进人才合理流动，为数字普惠金融发展提供智力支持。

最后，加强政策协同。为此，要制定区域协同政策，引导金融资源向中西部地区倾斜，促进区域协调发展；要加强区域之间政策协调，避免政策冲突和重复建设，形成政策合力。

通过加强区域合作和协调发展，促进数字普惠金融的均衡发展，更好地服务实体经济，促进区域协调发展，为实现共同富裕目标提供有力支撑。

9.2.6 加强人才培养和储备

数字普惠金融作为一种新兴的金融模式，需要大量的专业人才来推动其发展。加强人才培养和储备是保障数字普惠金融健康发展的重要举措。

第一，加强数字普惠金融专业人才培养。高校应开设数字普惠金融、金融科技等相关专业，培养数字普惠金融专业人才；此外，还要加强数字普惠金融相关课程建设，将数字技术、金融知识、风险管理等内容纳入课程体系，培养学生的专业技能和综合素质；最后，还要加强数字普惠金融实践教学，为学生提供实习和实践机会，提升学生的实践能力。

第二，加强金融科技人才培养。为此，应当加强金融科技人才培养，培养具备金融知识和数字技术技能的专业人才；此外，还要加强高校、科研机构、企业之间的产学研合作，促进科技成果转化，为数字普惠金融发展提供技术支撑。

第三，加强人才引进和交流。为此，要制定人才引进政策，吸引国内外数字普惠金融人才，为数字普惠金融发展提供人才保障；此外，还要加强区域之间的人才交流，促进人才合理流动，为数字普惠金融发展提供智力支持。

第四，加强人才培养的持续性和系统性。为此，要建立健全人才培养体系，形成从高校到企业的全链条人才培养机制；此外，还要加强人才培养的持续性和系统性，不断提升人才培养质量和水平，为数字普惠金融发展提供源源不断的人才支持。

通过加强人才培养和储备，可以为数字普惠金融发展提供充足的人才支撑，推动数字普惠金融的健康发展，更好地服务实体经济，促进区域协调发展，为实现共同富裕目标提供有力支撑。

9.2.7　推动数字普惠金融与实体经济深度融合

数字普惠金融的本质是服务实体经济，推动数字普惠金融与实体经济深度融合，是发挥其促进经济发展作用的必要途径。

第一，加强数字普惠金融对小微企业的支持。为此，针对小微企业的融资需求，应当创新金融产品和服务，如无抵押贷款、信用贷款、供应链金融等，降低小微企业的融资门槛，解决小微企业融资难、融资贵问题；此外，应当加强数字普惠金融的风险防控，建立完善的风险管理体系，降低小微企业的融资风险；最后，应当优化营商环境，降低小微企业的运营成本，激发小微企业的创新创业活力。

第二，推动数字普惠金融与农业融合发展。为此，要大力发展农村数字普惠金融，为农业生产提供金融服务，支持农业现代化发展；要大力推动农村电商发展，为农民提供便捷的金融服务，增加农民收入，缩小城乡差距；要大力发展绿色金融，支持农业绿色发展，促进生态文明建设。

第三，推动数字普惠金融与产业升级融合发展。为此，应当支持战略性新兴产业，推动产业转型升级，促进经济高质量发展；应当支持科技创新，为科技创新提供资金支持，推动科技成果转化；应当支持绿色发展，推动绿色产业发展，促进生态文明建设。

第四，加强数字普惠金融与实体经济的政策协同。为此，要制定支持数字普惠金融与实体经济融合发展的政策，引导金融资源向实体经济倾斜；要加强财政、金融、产业等政策的协同，形成政策合力，促进数字普惠金融与实体经济深度融合。

通过推动数字普惠金融与实体经济深度融合，可以为实体经济提供更加便捷、高效、低成本的金融服务，促进实体经济发展，实现经济高质量发展。

9.2.8　加强国际合作和交流

数字普惠金融的发展需要借鉴国际经验，加强国际合作和交流，可以促进数字普惠金融的创新发展，提升数字普惠金融的国际竞争力。

首先，积极参与国际规则制定。例如，积极参与国际金融组织和标准制定机构的活动，参与国际规则制定，推动数字普惠金融的国际合作；积极提出中国方案，推动数字普惠金融的国际合作，分享中国数字普惠金融发展的经验。

其次，加强国际交流与合作。例如，开展国际研讨会，加强与国际金融机构、科研机构、企业的交流合作，学习借鉴国际先进经验；开展国际人才交流，引进国际数字普惠金融人才，提升中国数字普惠金融的专业水平。

再次，推动数字普惠金融国际合作项目。例如，开展数字普惠金融国际合作项目，推动数字普惠金融的跨境发展，促进全球金融包容性；建立数字普惠金融国际合作平台，促进国际交流合作，推动数字普惠金融的创新发展。

最后，加强数字普惠金融国际标准建设。例如，积极参与国际数字普惠金融标准制定，推动建立国际数字普惠金融标准体系；制定中国数字普惠金融标准，提升中国数字普惠金融的国际竞争力。

通过加强国际合作和交流，促进数字普惠金融的创新发展，提升数字普惠金融的国际竞争力，推动数字普惠金融的全球化发展，为实现全球金融包容性目标贡献力量。

综上，发展数字普惠金融是推动经济高质量发展的重要举措，需要政府、金融机构、企业和社会各界共同努力，加强基础设施建设，完善政策环境，提升服务水平和监管能力，推动数字普惠金融健康发展，为经济高质量发展提供有力支撑。

参考文献

[1] AI C R, ZHANG Y Q. Estimation of partially specified spatial panel data models with fixed-effects [J]. Econometric Reviews, 2017, 36: 6-22.

[2] ANSELIN L. Spatial econometrics: methods and models [M]. Boston: Kluwer Academic Publishers, 1988.

[3] ANSELIN L, BERA A K, FLORAX R. Simple diagnostic tests for spatial dependence [J]. Regional Science and Urban Economics, 1996, 26 (1): 77-104.

[4] ANSELIN L.Spatial externalities, spatial multipliers and spatial econometrics [J]. International Regional Science Review, 2003, 26: 153-166.

[5] ARELLANO M A, BOND S R. Some tests of specification for panel data: monte Carlo evidence and an application to employment equations [J]. The Review of Economic Studies, 1991, 58: 277-297.

[6] BAI Y, ZHOU S F, FAN Z Y. A Monte Carlo comparison of GMM and QMLE estimators for short dynamic panel data models with spatial errors [J]. Journal of Statistical Computation and Simulation, 2018, 88 (2): 376-409.

[7] BALTAGI B H. Econometric analysis of panel data [M]. New York: Wiley, Chichester, 2005.

[8] BALTAGI B H, LIU L. Instrumental variable estimation of a spatial autoregressive panel model with random effects [J]. Economics Letters, 2011, 111 (2): 135-137.

[9] BALTAGI B H, SONG S H, KOH W. Testing panel data models with spatial error corre-

lation [J]. Journal of Econometrics, 2003, 117 (1): 123–150.

[10] BARTLETT M S. Molecular vibrations and the density of states [J]. Review of Modern Physics, 1946, 18 (2): 85–101.

[11] BUCKLEY P J, CLEGG L J, CROSS A R, et al. The determinants of Chinese outward foreign direct investment [J]. Journal of International Business Studies, 2007, 38 (4): 499–518.

[12] BURRIDGE P. On the Cliff–Ord test for spatial correlation [J]. Journal of the Royal Statistical Society Series B, 1980, 42: 107–108.

[13] CAO Y J, HU T. The influence of the belt and road initiative on China's OFDI: investment outflows and risk attitude change [J]. China Soft Science, 2021, (1): 165–173.

[14] CHAKRAVARTY S R, PAL R. Financial inclusion in India: an axiomatic approach [J]. Journal of Policy Modeling, 2013, 5: 813–837.

[15] CHEN H. Estimation of a partly linear model with multiple non–stochastic regressors [J]. Econometric Theory, 1988, 4 (3): 481–495.

[16] CHEUNG Y W, QIAN X. Empirics of China's Outward Direct Investment [J]. Pacific Economic Review, 2009, (14): 312–341.

[17] CLAESSENS S. Access to financial services: a review of the issues and public policy objectives [J]. The World Bank Research Observer, 2006, (2): 207–240.

[18] Desbordes R, Wei S J. The effects of financial development on foreign direct investment [J]. Journal of Development Economics, 2017, 127, 153–168.

[19] ELHORST J P. Specification and estimation of spatial panel data models [J]. International Regional Science Review, 2003, 26 (3): 244–268.

[20] ELHORST J P. Unconditional maximum likelihood estimation of linear and log–linear dynamic models for spatial panels [J]. Geographical Analysis, 2005, 37 (1): 62–83.

[21] Elhorst J P. Spatial panel data models [C] //In Fischer Manfred M, Getis Arthur (eds). Handbook of applied spatial analysis: software tools, methods and applications [A]. Berlin: Springer, 2010a, pp377–407.

[22] ELHORST J P. Dynamic panels with endogenous interaction effects when T is small [J]. Regional Science and Urban Economics, 2010b, 40 (5): 272–282.

[23] ELHORST J P, PIRAS G, ARBIA G. Growth and convergence in a multi–regional model

with space-time dynamics [J]. Geographical Analysis, 2010, 42 (3): 338-355.

[24] ELHORST J P. Spatial econometrics: from cross-sectional data to spatial panels [M]. Berlin: Springer, 2013.

[25] ERTUR C, KOCH W. Growth, technological interdependence and spatial externalities: theory and evidence [J]. Journal of Applied Econometrics, 2007, 22 (6): 1033-1062.

[26] FAN J, GIJBELS I. Local polynomial modeling and its applications [M]. New York: Chapman and Hall/CRC. 1996.

[27] ROBERT J, FRANZESE J R. Spatial econometric models of cross-sectional interdependence in political science panel and time-series-cross-section data [J]. Political Analysis, 2007, 15 (2): 140-164.

[28] GETIS A, ORD J K. The analysis of spatial association by the use of distance statistics [J]. Geographical Analysis, 1992, 24 (3): 189-206.

[29] GOMBER P, KOCH J A, SIERING M. Digital finance and fintech: current research and future research directions [J]. Journal of Business Economics, 2017, 87 (5): 537-580.

[30] GOODCHILD M F. Spatial Autocorrelation [Z]. Norwich: GeoBooks, 1986.

[31] GOODCHILD M F, HAINING R P, WISE S. Integrating GIS and spatial data analysis: problems and possibilities [J]. International Journal of Geographical Information Systems, 1992, 6 (5): 407-423.

[32] GRIFFITH D A, LAGONA F. On the quality of likelihood-based estimators in spatial autoregressive models when the data dependence structure is misspecified [J]. Journal of Statistical Planning and Inference, 1998, 69 (1): 153-174.

[33] HAHN J, KUERSTEINER G. Asymptotically unbiased inference for a dynamic panel model with fixed effects when both N and T are large [J]. Econometrica, 2002, 70: 1639-1657.

[34] HSIAO C, PESARAN M H, TAHMISCIOGLU A K. Maximum likelihood estimation of fixed effects dynamic panel data models covering short time periods [J]. Journal of Econometrics, 2002, 109 (1): 107-150.

[35] KAPOOR M, KELEJIAN H H, PRUCHA I R. Panel data models with spatially corre-

lated error components [J]. Journal of Econometrics, 2007, 140 (1): 97-130.

[36] KELEJIAN H H, PRUCHA I R. A generalized spatial two-stage least squares procedure for estimating a spatial autoregressive model with autoregressive disturbances [J]. The Journal of Real Estate Finance and Economics, 1998, 17: 99-121.

[37] KORNIOTIS G M. Estimating panel models with internal and external habit formation [J]. Journal of Business & Economic Statistics, 2010, 28 (1): 145-158.

[38] LEE L. Best spatial two-Stage least square estimators for a spatial autoregressive model with autoregressive disturbances [J]. Econometric Reviews, 2003, 22 (4): 307-335.

[39] LEE L F, YU J. Estimation of spatial autoregressive panel data models with fixed effects [J]. Journal of Econometrics, 2010a, 154 (2): 165-185.

[40] LEE L F, YU J. A spatial dynamic panel data model with both time and individual fixed effects [J]. Econometric Theory, 2010b, 26 (2): 564-597.

[41] LEE L F, YU J. Spatial panels: Random components versus fixed effects [J]. International Economic Review, 2012, 53: 1369-1388.

[42] LEE L F, YU J. Efficient GMM estimation of spatial dynamic panel data models with fixed effects [J]. Journal of Econometrics, 2014, 180 (2): 174-197.

[43] LESAGE J P, PACE R K. Introduction to spatial econometrics [M]. Oxford: Taylor & Francis, 2009.

[44] MONTES-ROJAS G V. Testing for random effects and serial correlation in spatial autoregressive model [J]. Journal of Statistical Planning and Inference, 2010, 140: 1013-1020.

[45] MORAN P A P. The interpretation of statistical map [J]. Journal of Royal Statistical Society, Series B, 1948, 10: 243-251.

[46] NADARAYA E A. On estimating regression [J]. Theory of Probability and its Applications, 1964, 9 (1): 141-142.

[47] NAUMENKOVA S, MISHCHENKO S, DOROFEIEV D. Digital financial inclusion: evidence from Ukraine [J]. Investment Management & Financial Innovations, 2019, 16 (3): 194-205.

[48] ORD J K, GETIS A. Local spatial autocorrelation statistics: distributional issues and an application [J]. Geographical Analysis, 1995, 27: 286-305.

[49] OWEN A. Empirical likelihood for linear models [J]. The Annals of Statistics, 1991, 19 (2): 1725-1747.

[50] PAN W, XIE T, WANG Z, et al. Digital economy: an innovation driver for total factor productivity [J]. Journal of Business Research, 2022, 139: 303-311.

[51] PERIC K. Digital financial inclusion [J]. Journal of Payments Strategy & Systems, 2015, 9 (3): 212-214.

[52] PFAFFERMAYR M. Maximum likelihood estimation of a general unbalanced spatial random effects model: a Monte Carlo study [J]. Spatial Economic Analysis, 2009, 4 (4): 467-483.

[53] PARENT O, LESAGE J P. A spatial dynamic panel model with random effects applied to commuting times [J]. Transportation Research, Part B, 2010, 44 (5): 633-645.

[54] PARENT O, LESAGE J P. A space-time filter for panel data models containing random effects [J]. Computational Statistics & Data Analysis, 2011, 55 (1): 475-490.

[55] SARMAN M, PAIS J. Financial inclusion and development [J]. Journal of International Development, 2011, 23 (5): 613-628.

[56] SEVERINI T A, STANISWALIS J G. Quasi-likelihood estimation in semiparametric models [J]. Journal of the American Statistical Association, 1994, 89 (425): 501-511.

[57] SPECKMAN P. Kernel smoothing in partial linear models [J]. Journal of the Royal Statistical Society. Series B, 1988, 50 (3): 413-436.

[58] STONE C J. Consistent nonparametric regression [J]. The Annals of Statistics, 1977, 5 (3): 595-620.

[59] STONE C J. Optimal global rates of convergence for nonparametric regression [J]. The Annals of Statistics, 1980, 8 (6): 1348-1360.

[60] SU L, YANG Z. QML Estimation of dynamic panel data models with spatial errors [J]. Journal of Econometrics, 2015, 185: 230-258.

[61] TAY L Y, TAI H T, TAN G S. Digital financial inclusion: a gateway to sustainable development [J]. Heliyon, 2022: e09766.

[62] TOBLER W R. A computer movie simulating urban growth in the detroit region [J]. Economic Geography, 1970, 46: 234-240.

[71] VERBEEK M. A guide to modern econometrics [M]. Hoboken: Wiley, 2000.

[72] WATSON G S. Smooth regression analysis [J]. Sankhya：the Indian Journal of Statistics，Series A，1964，26：359-372.

[73] YU J，DE JONG R，LEE L. Quasi-maximum likelihood estimators for spatial dynamic panel data with fixed effects when both n and T are large [J]. Journal of Econometrics，2008，146（1）：118-134.

[74] ZHANG Y Q，SUN Y Q. Estimation of partially specified dynamic spatial panel data models with fixed-effects [J]. Regional Science and Urban Economics，2015，51：37-46.

[76] 安博文，侯震梅，白喆. 新疆数字普惠金融发展的空间效应研究——基于空间计量模型的影响因素分析 [J]. 江汉大学学报（社会科学版），2021，38（6）：89-101+125-126.

[77] 白志红. 数字普惠金融发展的社会经济价值研究 [J]. 统计与管理，2020，35（8）：112-121.

[78] 贝多广，李焰. 数字普惠金融新时代 [M]. 北京：中信出版社，2017.

[79] 陈鸣，陈峰，廖世伟. 数字普惠金融与农村经济增长：空间溢出机制与经验证据 [J]. 首都经济贸易大学学报，2022，24（6）：14-27.

[80] 陈啸，陈鑫. 普惠金融数字化对缩小城乡收入差距的空间溢出效应 [J]. 商业研究，2018（8）：167-176.

[81] 陈晓霞. 数字普惠金融支持居民消费升级的影响效应——基于收入渠道视角的实证检验 [J]. 商业经济研究，2020（18）：45-48.

[82] 陈银娥，尹湘，金润楚. 中国农村普惠金融发展的影响因素及其时空异质性 [J]. 数量经济技术经济研究，2020（5）：44-59.

[83] 程广斌，赵川，李祎. 数字普惠金融、空间溢出与经济增长 [J]. 统计与决策，2022，38（16）：132-136.

[84] 成学真，龚沁宜. 数字普惠金融如何影响实体经济的发展——基于系统GMM模型和中介效应检验的分析 [J]. 湖南大学学报（社会科学版），2020，34（3）：59-67.

[85] 褚翠翠，佟孟华，李洋，等. 中国数字普惠金融与省域经济增长——基于空间计量模型的实证研究 [J]. 经济问题探索，2021（6）：179-190.

[86] 崔治文，张晓甜，白家瑛. 普惠金融发展区域差异及影响因素研究——以甘肃为例 [J]. 地方财政研究，2016（12）：80-86.

[87] 丁世豪，张纯威. 制度距离抑制了中国对共建"一带一路"沿线国家投资吗 [J]. 国际经贸探索，2019，35（11）：66-81.

[88] 杜强，潘怡. 普惠金融对我国地区经济发展的影响研究——基于省际面板数据的实证分析 [J]. 经济问题探索，2016（3）：178-184.

[89] 范潇文. 数字普惠金融如何影响城乡收入差距水平？——基于地级市面板数据的分析 [J]. 北方金融，2024（5）：43-47.

[90] 樊轶侠，徐昊，马丽君. 数字经济影响城乡居民收入差距的特征与机制 [J]. 中国软科学，2022，378（6）：181-192.

[91] 范兆媛. 基于空间面板模型的新型城镇化经济效应研究 [M]. 北京：科学技术文献出版社，2019.

[92] 方蕾，粟芳. 我国农村普惠金融的空间相关特征和影响因素分析——基于上海财经大学2015"千村调查"[J]. 财经论丛，2017（1）：39-48.

[93] 方先明，刘韬尔，陈楚. 数字普惠金融、居民消费与经济增长——来自我国省域面板数据的经验证据 [J]. 东南大学学报（哲学社会科学版），2022，24（3）：40-50.

[94] 冯兴元，孙同全，董翀，等. 中国县域数字普惠金融发展：内涵、指数构建与测度结果分析 [J]. 中国农村经济，2021（10）：84-105.

[95] 傅利福，厉佳妮，方霞，等. 数字普惠金融促进包容性增长的机理及有效性检验 [J]. 统计研究，2021，38（10）：62-75.

[96] 傅秋子，黄益平. 数字金融对农村金融需求的异质性影响——来自中国家庭金融调查与北京大学数字普惠金融指数的证据 [J]. 金融研究，2018，32（11）：68-84.

[97] 高昕，李国权. 中部地区数字普惠金融的时空演进与发展趋势 [J]. 金融理论与实践，2022（1）：56-64.

[98] 葛和平，朱卉雯. 中国数字普惠金融的省域差异及影响因素研究 [J]. 新金融，2018（2）：47-53.

[99] 葛和平，毛毅翀. 我国普惠金融发展对贫富差距的影响效应研究 [J]. 湘潭大学学报（哲学社会科学版），2019，43（6）：85-92.

[100] 葛和平，张立. 数字普惠金融发展对产业结构升级的影响 [J]. 财会月刊，2021（9）：135-141.

[101] 郭峰，王靖一，王芳，等. 测度中国数字普惠金融发展：指数编制与空间特征

[J]. 经济学（季刊），2020，19（4）：1401-1418.

[102] 郭守亭，金志博. 数字普惠金融对区域产业结构升级的空间溢出效应研究 [J]. 经济经纬，2022，39（6）：77-87.

[103] 郝云平，雷汉云. 数字普惠金融推动经济增长了吗？——基于空间面板的实证 [J]. 当代金融研究，2018（3）：90-101.

[104] 何俊勇，万粲，张顺明. 东道国金融开放度、制度质量与中国对外直接投资：共建 "一带一路" 沿线国家的证据 [J]. 国际金融研究，2021（10）：36-45.

[105] 胡必亮，张坤领. 共建 "一带一路" 倡议下的制度质量与中国对外直接投资关系 [J]. 厦门大学学报（哲学社会科学版），2021（6）：48-61.

[106] 胡锦娟. 数字普惠金融发展影响因素实证研究 [J]. 中国商论，2019（23）：75-78.

[107] 胡亚权. 空间面板数据模型及其应用研究 [M]. 武汉：武汉大学出版社，2019.

[108] 黄琳. 数字普惠金融对城乡居民消费差距的影响研究 [J]. 乡村科技，2023，14（19）：47-50.

[109] 黄益平，黄卓. 中国的数字金融发展：现在与未来 [J]. 经济学（季刊），2018，17（4）：1489-1502.

[110] 冀相豹. 企业融资约束是否影响中国对外直接投资？[J]. 中国经济问题. 2016（2）：3-15.

[111] 江红莉，蒋鹏程. 数字普惠金融的居民消费水平提升和结构优化效应研究 [J]. 现代财经（天津财经大学学报），2020，40（10）：18-32.

[112] 蒋庆正，李红，刘香甜. 农村数字普惠金融发展水平测度及影响因素研究 [J]. 金融经济学研究，2019，34（4）：123-133.

[113] 蒋竹媛. 数字普惠金融对居民消费的影响——来自省级面板数据的实证 [J]. 商业经济研究，2020（10）：56-59.

[114] 焦瑾璞，黄亭亭，汪天都，等. 中国普惠金融发展进程及实证研究 [J]. 上海金融，2015（4）：12-22.

[115] 焦云霞. 中国数字普惠金融的空间不平衡性与成因探究——基于国家重大战略区域的考察 [J]. 技术经济，2022，41（4）：107-119.

[116] 黎翠梅，周莹. 数字普惠金融对农村消费的影响研究——基于空间计量模型 [J]. 经济地理，2021，41（12）：177-186.

[117] 李国柱，郭征然．数字普惠金融对城乡收入差距的影响研究［J］．金融理论与教学，2023，（1）：1-6；29．

[118] 李海奇，张晶．金融科技对我国产业结构优化与产业升级的影响［J］．统计研究，2022，39（10）：102-118．

[119] 李嘉，王乾宇．数字普惠金融对居民消费升级的影响机制——基于流通效率的门槛效应分析［J］．商业经济研究，2024（12）：68-72．

[120] 李建军，彭俞超，马思超．普惠金融与中国经济发展：多维度内涵与实证分析［J］．经济研究，2020，55（4）：37-52．

[121] 李建军，韩珣．普惠金融、收入分配和贫困减缓——推进效率和公平的政策框架选择［J］．金融研究，2019（3）：129-148．

[122] 李俊成，李建军．共建"一带一路"倡议对企业海外投资的增进效应［J］．金融论坛，2022，27（4）：31-41．

[123] 李泉，邓淑婧，赵巍．数字普惠金融能提升居民消费水平吗？——基于空间面板杜宾模型的计量分析［J］．社科纵横，2024，39（4）：44-52．

[124] 李小雨，朱丽娟．数字普惠金融助推地区经济增长的实证研究［J］．金融理论与教学，2024，42（3）：40-46．

[125] 李欣，李福平．高铁开通对数字普惠金融发展的影响研究——来自地级市准自然实验的证据［J］．工业技术经济，2021，40（11）：136-145．

[126] 李优树，李福平，李欣．环境规制、数字普惠金融与城市产业升级——基于空间溢出效应与调节效应的分析［J］．经济问题探索，2022（1）：50-66．

[127] 梁榜，张建华．中国城市数字普惠金融发展的空间集聚及收敛性研究［J］．财经论丛，2020（1）：54-64．

[128] 林光平，龙志和，吴梅．我国地区经济收敛的空间计量实证分析：1978——2002年［J］．经济学（季刊），200（4）：67-82．

[129] 林玲．数字普惠金融研究综述和展望［J］．北方经贸，2021（6）：97-99．

[130] 林胜，边鹏，闫晗．数字普惠金融政策框架国内外比较研究［J］．征信，2020（1）：78-82．

[131] 刘成飞．数字普惠金融对缩小城乡收入差距的影响研究——理论机制与经验事实［J］．商展经济，2023（5）：120-124．

[132] 刘瑾，李振，田靖文．数字普惠金融、农村居民消费与乡村振兴［J］．技术经济与

管理研究，2024（4）：146-152.

[133] 刘伟丽，陈腾鹏. 数字经济是否促进了共同富裕？——基于区域协调发展的研究视角 [J]. 当代经济管理，2023，45（3）：1-10.

[134] 刘心怡，黄颖，黄思睿，等. 数字普惠金融与共同富裕：理论机制与经验事实 [J]. 融经济学研究，2022，37（1）：135-149.

[135] 刘洋. 数字经济、消费结构优化与产业结构升级 [J]. 经济与管理，2023，37（2）：68-75.

[136] 刘亦文，丁李平，李毅，等. 中国普惠金融发展水平测度与经济增长效应 [J]. 中国软科学，2018（3）：36-46.

[137] 刘志东，高洪玮. 东道国金融发展、空间溢出效应与我国对外直接投资——基于共建"一带一路"沿线国家金融生态的研究 [J]. 国际金融研究，2019，388（8）：45-55.

[138] 龙晓柏. 共建"一带一路"视域下中国对外直接投资影响机制研究——基于东道国视域 [J]. 江西社会科学，2021，41（11）：57-67.

[139] 陆凤芝，黄永兴，徐鹏. 中国普惠金融的省域差异及影响因素 [J]. 金融经济学研究，2017，32（1）：111-120.

[140] 吕雁琴，赵斌. 数字普惠金融与城乡居民消费差距 [J]. 金融与经济，2019，508（12）：76-81.

[141] 吕越，邓利静. 金融如何更好地服务实体企业对外直接投资？——基于中资银行"走出去"的影响与机制分析 [J]. 国际金融研究，2019（10）：53-63.

[142] 马聪，彭丹萍. 我国数字普惠金融基本情况与发展策略研究 [J]. 信息通信技术与政策，2019（7）：10-16.

[143] 牟晓伟，盛志君，赵天唯. 我国数字金融发展对产业结构优化升级的影响 [J]. 经济问题，2022（5）：10-20.

[144] 彭政钦，李伶俐，万妍辰. 数字普惠金融的经济增长效应——基于人力资本的门槛效应分析 [J]. 统计与决策，2024，40（10）：156-161.

[145] 钱海章，陶云清，曹松威，等. 中国数字金融发展与经济增长的理论与实证 [J]. 数量经济技术经济研究，2020，37（6）：26-46.

[146] 任太增，殷志高. 数字普惠金融与中国经济的包容性增长：理论分析和经验证据 [J]. 管理学刊，2022，35（1）：23-35.

[147] 任海军，王艺璇. 乡村振兴战略下的西部数字普惠金融效率测度及影响因素研究 [J]. 兰州大学学报（社会科学版），2021，49（5）：40-48.

[148] 沈丽，张好圆，李文君. 中国普惠金融的区域差异及分布动态演进 [J]. 数量经济技术经济研究，2019，36（7）：62-80.

[149] 司继春，余陈，刘永辉. 东道国投资便利化及其对中国对外直接投资的影响——基于空间面板杜宾模型的实证检验 [J]. 国际商务研究，2024（2）：34-50.

[150] 司颖华，杨晨昱. 数字普惠金融对经济增长的影响研究 [J]. 湖北经济学院学报，2024，22（1）：67-78；127.

[151] 司增绰，曹露玉，张义. 数字普惠金融助推产业结构升级的效果与机制研究 [J]. 首都经济贸易大学学报，2024，26（2）：19-32.

[152] 宋玉茹. 中国数字普惠金融发展分布特征测度 [J]. 区域金融研究，2022（2）：11-18.

[153] 宋瑜. 数字普惠金融对产业结构升级的影响研究 [J]. 财会通讯，2024（2）：79-83.

[154] 孙璐璐. 县域数字普惠金融测度及发展研究——以河南省兰考县为例 [J]. 华北金融，2019（1）：62-67.

[155] 汤继强，李婷，张兴焱，等. 数字普惠金融、科技创新与产业结构优化 [J]. 统计与决策，2022，38（17）：134-139.

[156] 唐文进，李爽，陶云清. 数字普惠金融发展与产业结构升级——来自283个城市的经验证据 [J]. 广东财经大学学报，2019，34（6）：35-49.

[157] 屠萍萍. 数字普惠金融与缩小城乡收入差距 [J]. 价格理论与实践，2024（2）：185-188；224.

[158] 涂强楠，何宜庆. 数字普惠金融、科技创新与制造业产业结构升级 [J]. 统计与决策，2021，37（5）：95-99.

[159] 唐宇，龙云飞，郑志翔. 数字普惠金融的包容性经济增长效应研究——基于中国西部12省的实证分析 [J]. 西南金融，2020（9）：60-73.

[160] 王耕南，张国俊，周春山. 珠三角数字普惠金融的时空演化特征及影响因子 [J]. 地域研究与开发，2022，41（5）：25-31.

[161] 王姣. 数字普惠金融与传统普惠金融对农村居民收入影响实证分析 [J]. 农业经济，2022，24（8）：114-116.

[162] 王露露. 中国数字普惠金融的空间异质性及影响因素研究 [J]. 金融与经济，2021

(3)：12-20．

[163] 王平，王琴梅．消费金融驱动城镇居民消费升级研究——基于结构与质的多重响应 [J]．南京审计大学学报，2018，15（2）：69-77．

[164] 王善高，陈燕齐，田旭．中国数字普惠金融的发展现状及收敛性研究——基于logt 检验方法的考察 [J]．兰州学刊，2022（1）：53-66．

[165] 汪晓文，陈明月，陈南旭．数字经济、绿色技术创新与产业结构升级 [J]．经济问题，2023，521（1）：19-28．

[166] 王晓颖．东道国自然资源禀赋、制度禀赋与中国对ASEAN直接投资 [J]．世界经济研究，2018，（8）：123-134；137．

[167] 王悦．数字普惠金融能否促进中国的对外直接投资？——基于30个省份面板数据的实证研究 [J]．金融发展评论，2021，（6）：28-40．

[168] 王勇，樊仲琛，李欣泽．禀赋结构、研发创新和产业升级 [J]．中国工业经济，2022，414（9）：5-23．

[169] 王永仓．数字普惠金融影响农民收入增长的门槛效应研究 [J]．金融理论与实践，2021（6）：94-109．

[170] 汪伟，刘玉飞，彭东东．人口老龄化的产业结构升级效应研究 [J]．中国工业经济，2015（11）：47-61．

[171] 王永仓，温涛．数字金融的经济增长效应及异质性研究 [J]．现代经济探讨，2020（11）：56-69．

[172] 王媛媛，韩瑞栋．新型城镇化对数字普惠金融的影响效应研究 [J]．国际金融研究，2021（11）：3-12．

[173] 文余源，刘洋．数字普惠金融与经济包容性增长的关系及影响机制研究 [J]．西南民族大学学报（人文社会科学版），2023，44（11）：93-100．

[174] 吴金旺，顾洲一．数字普惠金融文献综述 [J]．财会月刊，2018（19）：123-129．

[175] 吴金旺，顾洲一．长三角地区数字普惠金融一体化实证分析——基于函数型主成分分析方法 [J]．武汉金融，2019（11）：23-28+44．

[176] 吴金旺，郭福春，顾洲一．数字普惠金融发展影响因素的实证分析——基于空间面板模型的检验 [J]．浙江学刊，2018（3）：136-146．

[177] 吴茂国，武振宇．普惠金融对城乡收入差距影响的实证研究 [J]．青海民族大学学报（社会科学版），2020，46（4）：63-78．

[178] 吴庆田，王倩. 普惠金融发展质量与中小企业融资效率 [J]. 金融与经济，2020，(9)：37-43；67.

[179] 吴雪峰，苏伟洲. 论数字普惠金融的发展对缩小我国城乡收入差距的研究——基于空间面板杜宾模型的实证研究 [J]. 西南科技大学学报（哲学社会科学版），2020，37（2）：72-77.

[180] 项本武. 东道国特征与中国对外直接投资的实证研究 [J]. 数量经济技术经济研究，2009（7）：33-46.

[181] 谢佳芳. 中国数字普惠金融的区域差异及其影响因素分析 [D]. 上海：上海师范大学，2019.

[182] 谢家智，吴静茹. 数字金融、信贷约束与家庭消费 [J]. 中南大学学报（社会科学版），2020，26（2）：9-20.

[183] 谢汝宗，杨明婉，白福臣. 数字普惠金融、居民消费与产业结构升级——基于广东省地级面板数据的PVAR动态分析 [J]. 调研世界，2022，341（2）：59-70.

[184] 谢绚丽，沈艳，张皓星，等. 数字金融能促进创业吗？——来自中国的证据 [J]. 经济学（季刊），2018，17（4）：1557-1580.

[185] 熊德平，陈昱燃. 数字普惠金融发展对城乡收入差距的影响——基于非均衡效应与门槛效应的实证分析 [J]. 长白学刊，2020（5）：99-106.

[186] 熊峰. 数字普惠金融发展对经济增长的影响研究 [D]. 成都：西南财经大学，2022.

[187] 徐光顺，冯林. 数字普惠金融对城乡收入差距影响的再检验——基于农户人力资本投资调节效应的视角 [J]. 农业经济问题，2022（5）：60-82.

[188] 徐敏，姜勇. 中国产业结构升级能缩小城乡消费差距吗？[J]. 数量经济技术经济研究，2015，32（3）：3-21.

[189] 徐圣翔，刘传江. 互联网使用的收入溢价：兼论城乡收入差距与共同富裕 [J]. 软科学，2023，37（6）：81-88；122.

[190] 薛军，周鹏冉. 数字化转型与对外直接投资的非线性关系研究 [J]. 天津师范大学学报（社会科学版），2024（4）：66-77.

[191] 薛留根. 现代统计模型 [M]. 北京：科学出版社，2012.

[192] 晏鸿萃，刘成杰. 数字普惠金融与经济增长的关系——基于285个地级市的实证分析 [J]. 当代金融研究，2020，(2)：78-86.

[193] 杨彩林，李雯雅，曹秋菊. 数字普惠金融、农户信贷供给与城乡收入差距 [J]. 统

计与决策，2022，38（12）：130-135.

[194] 杨德勇，代海川，黄帆帆. 数字普惠金融对城乡居民收入差距的门限效应研究——基于不同发展维度的实证分析 [J]. 经济与管理评论，2022，38（3）：89-101.

[195] 杨刚，张亨溢. 数字普惠金融、区域创新与经济增长 [J]. 统计与决策，2022，38（2）：155-158.

[196] 杨虹，王乔冉. 数字普惠金融对产业结构升级的影响及机制研究 [J]. 投资研究，2021，40（9）：4-14.

[197] 杨亚平，高玥. 共建"一带一路"沿线国家的投资选址——制度距离与海外华人网络的视角 [J]. 经济学动态，2017（4）：41-52.

[198] 杨宇，张彩虹. 基于空间面板杜宾模型的数字普惠金融与我国区域经济增长研究 [J]. 中国商论，2021（24）：109-113.

[199] 杨志明. 金融发展对共建"一带一路"沿线国家和地区对外直接投资影响的实证研究 [J]. 金融发展研究，2020（5）：44-49.

[200] 叶阿忠，吴继贵，陈生明. 空间计量经济学 [M]. 厦门：厦门大学出版社，2015.

[201] 叶阿忠，张锡书，朱松平，等. 应用空间计量经济学：软件操作和建模实例 [M]. 北京：清华大学出版社，2020.

[202] 叶大清. 数字普惠金融驱动中国经济高质量发展 [N]. 金融时报，2018-05-26.

[203] 叶广宇，金钰莹. 对外直接投资、制度环境与全球价值链地位 [J]. 江汉论坛，2022（4）：31-38.

[204] 易行健，周利. 数字普惠金融发展是否显著影响了居民消费——来自中国家庭的微观证据 [J]. 金融研究，2018（11）：47-67.

[205] 余官胜，苏锦红. 产品创新如何影响我国企业对外直接投资速度？——基于微观层面数据的实证检验 [J]. 商业经济与管理，2018（6）：74-82.

[206] 于之倩，朱宁. 数字经济、普惠金融与经济增长 [J]. 暨南学报（哲学社会科学版），2021，43（11）：51-61.

[207] 曾慧，乔柳玲，贾丽娜，等. 共建"一带一路"沿线国家营商环境对中国OFDI影响的实证研究——基于国别差异视角 [J]. 调研世界，2021（2）：38-45.

[208] 曾燕，黄晓迪，杨波. 中国数字普惠金融热点问题评述（2018—2019）[M]. 北京：中国社会科学出版社，2019.

[209] 翟华云，刘易斯. 数字金融发展、融资约束与企业绿色创新关系研究 [J]. 科技进

步与对策，2021，38（17）：116-124．

[210] 詹韵秋．数字普惠金融对经济增长数量与质量的效应研究——基于省级面板数据的系统 GMM 估计 [J]．征信，2018，36（8）：51-58．

[211] 张德钢，朱旭森．中国九大城市群数字普惠金融发展的时空差异及动态演进 [J]．当代经济管理，2020，42（12）：88-96．

[212] 张栋浩，王栋，杜在超．金融普惠、收入阶层与中国家庭消费 [J]．财经科学，2020（6）：1-15．

[213] 张栋浩，尹志超．金融普惠、风险应对与农村家庭贫困脆弱性 [J]．中国农村经济，2018（4）：54-73．

[214] 张嘉怡，胡志明．中国城市数字普惠金融发展的时空演化特征及影响因素研究 [J]．西南民族大学学报（人文社会科学版），2022，43（4）：108-118．

[215] 张金林，董小凡，李健．数字普惠金融能否推进共同富裕？——基于微观家庭数据的经验研究 [J]．财经研究，2022，48（7）：4-17；123．

[216] 张军扩，侯永志，刘培林，等．高质量发展的目标要求和战略路径 [J]．管理世界，2019，35（7）：1-7．

[217] 张乐柱，高士然．金融普惠逻辑、数字化转型与城乡收入差距 [J]．华南农业大学学报（社会科学版），2023，22（1）：107-117．

[218] 张龙耀，邢朝辉．中国农村数字普惠金融发展的分布动态、地区差异与收敛性研究 [J]．数量经济技术经济研究，2021，38（3）：23-42．

[219] 张倩肖，刘怡杉，刘虎．数字普惠金融对产业结构升级影响效应的统计检验 [J]．统计与决策，2023，39（18）：139-143．

[220] 张彤进，蔡宽宁．数字普惠金融缩小城乡居民消费差距了吗？——基于中国省级面板数据的经验检验 [J]．经济问题，2021（9）：31-39．

[221] 张小锋，王菁彤．数字普惠金融对区域经济协调发展的影响效应 [J]．商业研究，2022（2）：40-48．

[222] 张晓玫，伏倚天，张倩倩．"有备无患"还是"本末倒置"——普惠金融政策与中小企业金融资产配置 [J]．财贸经济，2021，42（7）：82-96．

[223] 张雪玲，焦月霞．中国数字经济发展指数及其应用初探 [J]．浙江社会科学，2017，（4），32-40；157．

[224] 张勋，万广华，张佳佳，等．数字经济、普惠金融与包容性增长 [J]．经济研究，

2019，54（8）：71-86.

[225] 张亚斌. 共建"一带一路"投资便利化与中国对外直接投资选择——基于跨国面板数据及投资引力模型的实证研究 [J]. 国际贸易问题，2016（9）：165-176.

[226] 张珩，罗剑朝，郝一帆. 农村普惠金融发展水平及影响因素分析——基于陕西省107家农村信用社全机构数据的经验考察 [J]. 中国农村经济，2017（1）：2-15；93.

[227] 张宇，赵敏. 农村普惠金融发展水平与影响因素研究——基于西部六省的实证分析 [J]. 华东经济管理，2017，31（3）：77-82.

[228] 张泽卉. 对外直接投资金融支持理论分析 [J]. 合作经济与科技，2017（10）：64-65.

[229] 张正平，窦慧敏，魏楠. 新型农村金融机构瞄准目标客户影响因素研究——基于普惠金融视角的实证检验 [J]. 经济与管理评论，2019，35（3）：71-81.

[230] 章志华，唐礼智，孙林. 对外直接投资、金融发展与产业结构升级 [J]. 国际商务（对外经济贸易大学学报），2021（5）：96-109.

[231] 张志强. 空间面板参数估计的小样本特性研究 [J]. 数量经济技术经济研究，2012，29（9）：122-140.

[232] 赵晓鸽，钟世虎，郭晓欣. 数字普惠金融发展、金融错配缓解与企业创新 [J]. 科研管理，2021，42（4）：158-169.

[233] 郑海勇. 数字普惠金融发展对消费的刺激效应——基于非线性影响检验 [J]. 商业经济研究，2020（17）：41-45.

[234] 郑美华. 农村数字普惠金融：发展模式与典型案例 [J]. 农村经济，2019（3）：96-104.

[235] 周波，李国英，李冀. 共建"一带一路"与中国对外直接投资：效应和影响机制 [J]. 税务研究，2022（4）：112-120.

[236] 周立，陈彦羽. 数字普惠金融与城乡居民收支差距：理论机制、经验证据及政策选择 [J]. 世界经济研究，2022，339（5）：117-134；137.

[237] 周璐瑶. 数字普惠金融发展研究综述 [J]. 财会月刊，2022（1）：147-153.

[238] 朱兵. 数字普惠金融发展影响因素研究——基于政策文本分析 [J]. 农村经济与科技，2021，32（20）：199-201.

[239] 邹新月，王旺. 数字普惠金融对居民消费的影响研究——基于空间计量模型的实证分析 [J]. 金融经济学研究，2020，（4）：133-145.

索引